고등학교 우등생이 되려면

중3 공부를 잡아라

고등학교 우등생이 되려면
중3 공부를 잡아라

저자_ 이병훈

1판 1쇄 발행_ 2007. 7. 31.
1판 14쇄 발행_ 2017. 6. 11.

발행처_ 김영사
발행인_ 김강유

등록번호_ 제406-2003-036호
등록일자_ 1979. 5. 17.

경기도 파주시 문발리 197(문발동) 우편번호 413-120
마케팅부 031)955-3100, 편집부 031)955-3250, 팩스 031)955-3111

값은 표지에 있습니다.
ISBN 978-89-349-2632-0 53370

독자의견 전화_ 031) 955-3200
홈페이지_ http://www.gimmyoung.com 카페_ cafe.naver.com/gimmyoung
페이스북_ facebook.com/gybooks 이메일_ bestbook@gimmyoung.com

좋은 독자가 좋은 책을 만듭니다.
김영사는 독자 여러분의 의견에 항상 귀 기울이고 있습니다.

고등학교 우등생이 되려면 중3 공부를 잡아라

이병훈 지음

김영사

공부, 쉬웠으면 벌써 다들 잘했다

-달콤한 공부와의 씨름-

여러분은 요즘 같은 세상에 그냥 착하고 조용히 아름답게 살고 싶은가? 아니면 세상과 반대로 향하는 삶을 살고 싶은가? 그것도 아니면 최대한 적응해서 살아갈 것인가? 이런 문제는 물론 개인 철학이나 선택의 문제이다. 그러나 분명 지금 이 순간 오직 경쟁하고 노력해서 피땀 흘려 얻어 내야 하는 것이 있다고 믿는다. 세상은 생각보다 아름답지 못한 일도 많기 때문에 그 속에서 아름다운 나만의 가치와 꿈과 목표를 지키기 위해서는 괴롭고 힘든 노력을 마다하지 말아야 한다. 호수에 떠다니는 우아한 새들도 물속에서 쉴 새 없이 발놀림을 해야 하는 것처럼 말이다. 그렇게 쌓아 올린 아름다운 결과만이 우리가 살아 있음을 증명해 준다. 몸이 부서져라 노력해 보고, 깨져 보고, 눈물도 흘려 보고 다시 일어서서 쟁취해야 한다. 그래야 다 버리고, 내려놓고, 비우고, 한 발 물러서는 것의 의미도 제대로 알 수 있다.

세상을 바라보는 눈은 어느 하나가 정답일 수 없다. 이 책에 쓰인 나의 관점이나 주장, 그리고 방법도 절대로 정답이 아니다. 이 책에 쓰인 내용을 정답이라고 믿을 필요는 없다. 이것도 하나의 의견일 뿐이다. 여러분이 입맛대로 참고해서 활용하고 버릴 것은 버리면 그만이다. 그래서 이 책은 가능한 한 많은 방법과 해결의 실마리를 제대로 보여 주기 위해 최선을 다했다.

아마 많은 책들이 커피에 들어 있는 설탕과 같이 쓰여졌을 것이다. 그 맛은 입 안에 달콤함을 주고 기분을 좋게 만든다. 하지만 읽고 나도 별반 달라지는 건 없다. 밝고 위대하고 긍정적이고 착한, 달콤한 승리의 성공수기가 여러분에게 따스함과 감동과 눈물로 의욕을 불러일으킨다면 그것은 길어야 며칠 정도이다. 목표를 높게 잡고, 할 수 있다고 스스로 세뇌하고, 구호를 몇 번 외치고 글귀를 컴퓨터로 예쁘게 뽑아서 책상에 붙여 놓아 봤자 고작 한두 시간이라는 말이다. 막연한 방법들은 다 그렇다. 좋은 말만 늘어놓을 수도 있지만, 이 책에서는 보다 구체적이고 현실에서 누구나 적용할 수 있는 방법을 제시하고자 했다.

이 책은 커피 속에 있는 카페인과 같다. 몸에 별 도움은 안 되지만 당신을 각성하게 하고 일깨워서 움직이게 한다. 고등학교 공부라는 큰 산을 정복할 수 있도록 깨어 있게 해줄 것이다. 고등학교 공부는 깨어 있지 않으면 잘할 수 없다. 왜냐하면 솔직히 말해서 고등학교 공부는 그리 쉽지 않기 때문이다. 쉬웠으면 벌써 다들 잘했어야 옳다. 하지만 그만큼 어렵고 힘들기 때문에 잘해 볼 가치가 있고 도전해 볼 만하다. 그리고 다행스럽게도 나중에 이런 고등학교 공부를 다시 할 일도 별로 없다.

이 책은 자녀에게 따뜻하고 착하고 아름답고 뻔한 성공스토리만 들려줄 어른이나 그런 이야기만 좋아하는 학생에게는 너무 건조한 카페인일 수 있다. 그냥 두루뭉술하고 무난한 공부 원칙 같은 것을 알고 싶은 사람에게는 별로 도움이 되지 않을 것이다. 하지만 보다 구체적이고 손에 잡히며 내 눈으로 보고 경험할 수 있는 진짜 방법을 원하는 사람에게는 최고의 멘토가 되리라고 믿는다.

고통스럽고, 하기 싫고, 자고, 먹고, 늘어지고 싶은 욕망을 끊어 버리고 공부하려면 감수해야 할 것이 분명히 있다. 하지만 감수하고 나면 분명히 얻는 것도 있다. 나는 모두가 스스로의 삶과 목표에 당당하고 완전하게 승리하기를 바란다. 고등학교 공부를 통해서 삶에 대해 능동적이고 적극적이며 진취적인 자세를 배우기를 희망한다. 그리고 그것을 얻기 위해 치러야 할 고통을 감수하고 당당히 다시 태어날 때까지 도움을 주고자 한다. 마치 커피 안에 담긴 카페인이 당신을 깨우듯이 말이다.

이 책을 올바로 읽기 위한 활용 도우미

- 책은 처음부터 순서대로 읽어도 좋지만 자신이 궁금한 내용을 발췌해서 읽으세요. 그러면 지루하지 않게 이 책을 정복할 수 있습니다.
- 이 책에 나온 예시 문항들은 직접 풀어 보세요. 문제를 직접 풀어 보면서 읽으면 더욱 좋은 효과를 얻을 수 있습니다.
- 이 책은 중 고 학생 모두를 위한 책입니다. 중고생 모두를 위해 다양한 문제와 설명을 곁들였습니다.
- 책을 읽다가 내용에 관한 질문이 생기면 언제든지 이메일로 보내주세요. byunghoon_lee@eduplex.net(24시간 안에 답변 드립니다)

이 책의 특징

더 이상 '내가 중학교 때까지는 공부 좀 했는데……' 라는 후회는 없다.

새옹지마라는 말이 있다. 인생에는 기회인 줄로만 알았던 일이 위기가 되기도 하고, 위기라고 느꼈던 일이 기회가 되는 경우가 종종 일어난다. 그래서 사람은 누구나 기회가 왔을 때 신중하고 위기에서도 침착해야 한다. 중학교와 고등학교 간의 차이도 이런 말이 딱 들어맞는다. 이 큰 차이에 대비하지 못한 학생은 큰 위기를 맞겠지만 이를 대비한 학생은 대역전의 기회로 삼을 수 있다. 누가 얼마나 준비하고 침착하게 대응하느냐에 따라 위기는 기회일 수도 있는 것이다.

1. 위기

과연 중학교 때 공부를 잘하면 고등학교 때도 잘할까? 많은 사람들이 입버릇처럼 하는 말이 바로 '내가 그래도 중학교 때까지는 말이야, 공부 좀 했다고!' 이다. 그런데 고등학교 때부터 자기가 공부를 안 해서 결국 후회한다는 이야기이다. 하지만 고등학교 때 왜 잘 못했는지 정확한 이유를 모른다. 이미 지나간 일이라서 관심도 없다. 그런데 여기에 비밀이 숨어 있다. 중학교식 공부법이 고등학교 때는 안 통하기 때문이다. 그 이유를 알아본다.

2. 기회

학창 시절에 많은 학생들이 공통적으로 변화와 혼란을 느끼는 시기가 네 번 있다. 그중에 중학교와 고등학교로 넘어가는 시기는 공부의 차원이 달라지기 때문에 네 번의 터닝 포인트(turning point) 기회 중에서도 가장 중요하다. 하지만 새로운 터닝 포인트를 만들 수 있는 기회는 누구에게나 열려 있다.

아무도 알려 주지 않는 중학교와 고등학교 공부의 결정적 차이를 명확히 알려 준다.

고등학교 공부에 대비하기 위해서는 우선 중학교와 고등학교 공부 사이에 얼마나 많은 차이가 있는지 정확히 알아야 한다. 그래야 시행착

오를 겪지 않고 중학교 때부터 차이와 변화에 차근차근 대비할 수 있다. 이 책을 통해 일반적인 차이 말고도 과목별 차이를 구체적으로 알아본다.

다른 공부법 책들과 달리 중고생 모두를 위한 구체적이고 적용 가능한 방법을 알려준다.

이 책은 누구나 따라 하기 쉬워 적용할 수 있고, 구체적이어서 답답하지 않은 원칙과 이에 따른 방법만 제시하기 위해 노력했다. 쉽게 따라 할 수 없다면 좋은 공부법이 아니기 때문이다. 또한 중고등학교 학습 과정의 전체적인 틀에 기반을 두고 제시하므로 현재 어느 학년이든지 상관없이 도움이 된다. 특히 이 책은 학습 매니지먼트를 통해서 직접 중고생들에게 적용한 방법만을 기반으로 하였다. 따라서 공부법은 궁극적으로 공부를 잘하기 위한 것이라는 본래의 목적을 잃지 않는 공부 원칙으로 정리된다.

초 중 고 학부모님께

이 책은 학부모님에게도 많은 도움이 될 것입니다. 특히 중고생 학부모님 중에 첫째 아이여서 경험이 없거나 주위에서 자문을 구하기 어려운 경우 책 안에서 해답을 찾을 수 있습니다. 그리고 장차 중고등학교에 진학할 초등학생 자녀를 둔 학부모님들은 중고등학교에 진학하면 어떻게 공부를 도와주어야 하는지 미리 알 수 있습니다.

차례

4. 주요과목을 공략하는 전략과 전술

A – 개괄편

B – 과목별 공략법

국어 공략법

영어 공략법

수학 공략법

사회 공략법

과학 공략법

Chapter 1

누구에게나 터닝포인트는 있다

1 STUDY

학창 시절 누구에게나 네 번의 터닝 포인트가 있다

사람이 살아가다 보면 누구나 터닝 포인트(turning point), 즉 전환점을 기회로 만들 수 있는 때가 있다. 그런 기회를 아무 때나 스스로 만들 수 있다면 가장 좋다. 그러나 스스로 만들지 못할 경우에는 누구에게나 공평하게 주어지는 발전할 수 있는 기회, 즉 좋은 때가 왔을 때 잘 잡기만 해도 성공할 수 있다. 반대로 나쁜 때가 오더라도 열심히 고민하고 노력하면 더 좋은 기회로 만들 수도 있다.

학창 시절에도 터닝 포인트가 될 만한 좋은 시기들이 있다. 그 시기마다 현명하게 대처해서 좋은 기회로 만든다면 승리하는 학창 시절을 보낼 것이다. 반면에 그런 기회를 놓쳐 버린다면 아무런 변화나 발전 없이 정체된 학창 시절을 보낼 것이다.

학창 시절에 많은 학생들이 학습적 · 정서적으로 변화와 혼란을 느끼는 터닝 포인트는 네 번 찾아온다. 이때가 아니면 역전의 기회를 쉽게 잡을 수 없다. 하지만 반대로 이때를 잘 보내면 학창 시절을 수월하게 보낼 수 있다.

첫 번째는 초등학교 4학년 때이다. 학습난이도가 많이 높아지면서 처음으로 어려움을 겪는다. 두 번째는 초등학교 6학년에서 중학교 1학년

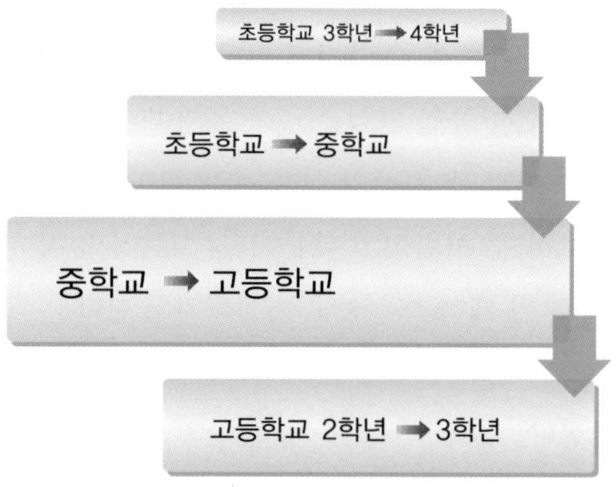

[네 번의 터닝 포인트]

으로 진학하는 시기인데, 새로운 환경과 학습적인 변화가 많은 혼란을 가져온다. 세 번째가 중3에서 고1로 올라가는 시기이다. 이때는 초등학교에서 중학교로 진학할 때와 달리 입시라는 관문이 시작된다는 점에서 훨씬 더 큰 변화가 있다. 따라서 굉장한 긴장감을 갖게 된다. 마지막은 바로 고2에서 고3으로 올라가는 시기로, 단순한 내신 위주의 공부에서 본격적인 전 범위 학습이 필요하다. 또한 수능, 대학별 고사, 논구술 등 입시에 대한 준비를 시작한다. 이런 때마다 열심히 노력해서 기회를 잡는 학생은 성적 역전과 성취감을 느낄 수 있다. 반대로 기회를 잡지 못하면 만회하기 어렵거나 예전의 영광마저 놓칠 수 있다.

그중에서도 가장 중요한 시점은 바로 중학교에서 고등학교로 바뀌는 시기이다. 공부의 차원이 달라지고, 정신적으로도 많은 변화가 일어나기 때문이다. 따라서 실제 중학교와 고등학교 공부의 양적 · 질적 차이를 제대로 알아야 한다. 더불어 사춘기의 정점인 이 시기를 지혜롭게 보내야 실패할 확률이 적다.

아이팟(iPOD)과 매킨토시 컴퓨터로 잘 알려진 애플사의 CEO 스티브 잡스는 회사 제품뿐만 아니라 훌륭한 연설이나 프레젠테이션으로 많은 사람에게 감동을 주는 것으로 잘 알려져 있다. 대학도 졸업하지 않은 그가 스탠포드 대학에서 한 졸업 연설은 매우 유명하다. 그가 특히 대단한 것은 역경과 고난을 이겨 낸 자신의 삶을 통해 그야말로 터닝 포인트가 무엇인지 제대로 보여 준 사람이기 때문이다. 그는 끝없이 성공만 해온 마이크로소프트사의 빌 게이츠와 자주 비교되기도 한다.

스티브 잡스는 스탠포드 대학 연설을 통해 자신이 겪은 세 번의 터닝 포인트에 대해 말한다.

스티브 잡스는 양부모 밑에서 자랐다. 그는 자신이 처한 환경에서 대학 학비는 걸맞지 않는 것이라 생각하고, 다니던 대학을 과감히 그만두었다. 이것은 그에게 첫 번째 터닝 포인트였다. 그는 이 선택에 대해서 자랑스러워한다. 왜냐하면 일상의 대학 교육에서 배울 수 없는 자신의 꿈과 비전, 그리고 관심사를 위해 노력할 수 있었고, 아름다운 서체로 유명한 애플 컴퓨터를 만들 수 있었기 때문이다.

두 번째 터닝 포인트는 그가 만든 애플 컴퓨터 회사에서 쫓겨나 실패를 거듭했을 때 이야기이다. 그는 말 그대로 자신이 만든 회사에서 쫓겨났다. 하지만 포기하지 않고 새로운 하드웨어 회사인 넥스트를 만들었다. 또한 그는 픽사라는 회사를 통해 우리에게 잘 알려진 〈토이스토리〉나 〈니모를 찾아서〉와 같은 애니메이션으로 큰 성공을 거두었다. 미래를 내다보는 그의 안목이 드디어 빛을 발한 것이다. 특히 넥스트가 만들어 낸 기술들이 현재 애플의 부흥을 주도하고 있다. 이 모든 것은 아무리 힘든 상황에서도 자신이 하는 일을 사랑하고, 좋은 터닝 포인트로 만들었기에 가능했던 것이다.

세 번째 터닝 포인트는 죽음의 문턱까지 다녀온 경험이다. 그는 암으로 죽음 직전까지 갔지만 포기하지 않고 결국 건강을 되찾았다. 이것은 그가 삶에 대한 자세를 적극적으로 바꾸는 동기가 되었다. 또한 이를 통해 자신이 진정 원하고 바라는 것에 최선을 다하여 주어진 시간을 낭비하지 말라는 메시지를 전해 준다.

마지막으로 그는 1970년대에 손으로 만든 유명한 백과사전에 대해서 설명한다. 그 시절에는 전자출판이나 컴퓨터의 도움이 없었기 때문에 타자기, 풀과 가위 그리고 폴라로이드 카메라로 만들었다. 그 백과사전의 최종판 마지막 커버에는 "배고픔과 함께 미련함과 함께"라는 문구가 있다고 한다. 새로운 시작을 하는 사람들에게 이런 방법으로 노력할 것을 주문하면서 연설을 마친다.

이처럼 인생을 송두리째 변화시킬 수 있는 터닝 포인트는 언제든 찾아오기 마련이다. 그리고 우리에게 터닝 포인트의 기회가 왔을 때 그것은 두려움과 걱정의 시기일 수도 있다. 하지만 용기를 잃지 않고 때로는 배고프게, 때로는 미련해 보일 정도로 노력한다면 불가능은 없다. 지금을 터닝 포인트로 삼아 진검 승부를 펼쳐야 하는 고등학교 때 더 잘하기 위해서 준비해 보자.

지금은 우등생이 아니더라도 큰 역전을 노리고 준비하는 모든 친구들에게 터닝 포인트를 만들라고 응원하고 싶다. 그리고 지금 고등학교 학습에 적응하지 못하여 의기소침해져 있다 하더라도 용기를 내어 터닝 포인트를 만든다면 반드시 성공할 수 있다고 확신한다. 스티브 잡스가 노력하고 준비해서 이루어 낸 것처럼 말이다.

2 STUDY 왜 중학교 때는 잘하다가 고등학교에 가서 성적이 떨어질까?

주변을 보면 중학교 때까지는 성적이 좋다가 고등학교 때부터 갑자기 성적이 눈에 띄게 떨어지는 학생들이 많다. 심지어 중학교 우등생의 3분의 2가 고등학교에서 탈락한다고 한다. 왜 중학교 우등생이 고등학교에 가서 예전처럼 잘 못하는 것일까?

대부분의 사람들은 그냥 막연히 '공부하기가 싫었다', '사춘기라서 공부를 안 했을 것이다', '선행학습을 안 해서 그렇다'와 같은 신빙성이나 논리적 근거가 별로 없는 이유 때문이라고 생각하고 넘어가 버린다. 그러나 진짜 이유는 중학교 때 잘못된 공부방법이나 습관이 더 이상 고등학교에서 통하지 않게 된 경우가 많다. 혹은 고등학교 공부의 특징을 잘 이해하지 못해서 힘들어지는 경우도 있다.

많은 사람들이 입버릇처럼 하는 말이 바로 '내가 중학교 때까지는 그래도 공부 좀 했는데……' 이다. 그리고 고등학교 때부터 공부를 안 해서 후회한다는 이야기를 한다. 그러나 고등학교 때는 왜 잘 못했는지 정확한 이유를 찾거나 분석하지는 않는다. 사실은 여기에 비밀이 숨겨져 있다. 그럼 중학교 우등생이 고등학교에서 열등생이 되는 가장 큰 이유는 무엇일까?

내신성적만 좋은 우등생?

밤하늘의 별의 밝기에 대해 공부할 때 겉보기 등급과 절대 등급이라는 내용을 배운다. 겉보기 등급이란 눈에 보이는 등급을 말한다. 그리고 모든 별들이 지구에서 10pc(파섹) 거리에 있다는 가정하에 계산한 별의 실질적인 밝기를 절대 등급이라고 한다. 중학교 우등생 중에 절대 등급에 비해 겉보기 등급이 훨씬 높은 경우가 있다. 즉, 진짜 실력에 비해 중학교 내신성적만 좋은 경우로, 대개 중학교 공부에 매몰된 학생들이다. 영어나 수학 같은 주요 과목은 학교시험을 다 맞추는 정도만 공부하고, 나머지 과목에 힘을 기울이면 전체적인 평균 점수가 높아진다. 그러나 이런 식으로 3년을 공부하면 결국 겉보기에는 우등생으로 보이지만 실제로는 높은 실력을 갖추지 못한다. 그래서 중학교 때는 평균이 97, 98점 심지어 99점까지 나오지만 고등학교에 가면 중학교와 고등학교 사이에 존재하는 엄청난 학습적 차이를 정확히 알지 못하고 막연하게 공부하다가 성적이 확 떨어진다. 고등학교 시기에 공부방법을 변화시키지 않고 중학교 때의 공부방법을 그대로 반복하면 공부하기가 점점 더 힘들어진다.

열등생으로 가는 지름길, 벼락치기

잘못된 공부습관 중에 가장 좋은 예는 벼락치기이다. 중학교 공부는 과목과 분량이 많지 않고 난이도가 높지 않기 때문에 시험기간에만 열심히 해도 좋은 성적을 낼 수 있다. 그러나 고등학교 때는 계획성 없이 공부하면 빠른 진도를 따라가기 어렵고 벼락치기로는 좋은 점수를 기대하기가 어렵다. 특히 중학교 때 암기왕들이 고등학교에 와서 맥을 못 추는 경우가 많다. 암기가 나쁘다는 것이 아니다. 암기는 학습의 기본이자 시작이다. 그러나 그것이 지나친 경우에는 문제가 된다. 중학교 공부는 배운 내용이 그대로 시험에 출제되기 때문에 암기왕이 우등생이 되는 경우가 많다. 그러나 고등학교 때는 다 암기하기에는 분량이 너무 많고 내용이 어려울 뿐만 아니라, 암기를 해도 문제가 그대로 나오지 않기 때문에 우등생이 될 수 없다. 따라서 암기왕은 중학교 우등생으로 그치게 된다.

앞과 뒤를 연결해라

중학교 때는 구조적인 공부가 별로 필요 없다. 대부분 1차원적인 문제이고, 배운 내용을 그대로 적용하면 되는 경우가 많기 때문이다. 그러나 고등학교부터는 구조적인 공부 없이는 좋은 성적을 받을 수 없다. 한마디로 주먹구구식 공부가 안 통한다. 2차원, 3차원적인 문제들이 나오고 공부한 내용의 앞뒤를 연결해야 하는 경우가 많다. 예를 들면, 중학교 때는 조선을 세운 사람이 이성계라는 사실을 아는 것으로 충분하지만, 고등학교 때는 조선의 성립 과정을 연결 짓고 사회 · 정치 · 경제 · 문화적 의미를 해석할 줄 알아야 한다.

책 읽기 내비게이터

2장의 고등학교식 암기 노하우 부분을 참고한다.

수학과 과학 쇼크에 대비해라

고등학교에 진학하면 수학과 과학이 제일 충격적으로 많이 달라진다. 영어나 국어 혹은 사회 같은 과목은 중학교 때 잘하다가 고등학교 때 갑자기 못하게 되는 경우가 별로 없다. 그러나 수학과 과학은 진도 따라가기가 바쁘고 내용도 어렵다. 게다가 문제의 분량도 훨씬 많다. 이과의 물리 · 화학은 대학에서 배우는 일반 물리 · 화학의 기초 부분까지, 이과 수학 역시 대학 미적분학의 기초 부분까지 담고 있다. 물론 대학교에 가서 이런 내용을 공부해 보면 고등학교에서 배운 것들이 그저 기초에 불과하겠지만, 고등학교에 막 진학한 학생들에게는 충분히 어렵게 느껴진다.

문과생들에게도 수학과 과학은 상당히 부담스러운 과목이다. 이 과목들은 1학년 때 배우는 수업 내용이 만만치 않아 아이들에게 이과 선택을 주저하게 만들기도 한다. 하지만 문과생은 수학과 과학에 조금만 더 많은 시간을 투자하면 다른 학생들보다 우수한 성적을 거둘 수 있다는 장점이 있다.

중학교 시절의 수학이나 과학은 그저 문제 많이 풀고 몇 안 되는 공식을 암기하는 것만으로도 좋은 점수를 얻을 수 있다. 그러나 고등학교 내용은 그 자체를 이해하고, 암기하고, 문제에 적용하는 연습이 조화롭게 이루어지지 않으면 아무리 많은 시간을 들여도 좋은 결과를 얻기 어렵다. 게다가 수학이나 과학이 어려워지면서 여기에 투여해야 할 공부시간은 기하급수적으로 늘어나고, 자연스럽게 다른 과목을 공부할 시간이 부족해진다. 결과적으로 수학과 과학을 못 따라가면 다른 과목도 동반 하락할 가능성이 높아진다. 그러므로 방대하고 어려워진 수학과 과학을 소화할 수 있는 사고력, 전략과 공부법을 갖추었는가의 여부가 고등학교 생활의 성패를 좌우한다고 해도 과언이 아니다. 상대적으로 문과 쪽이 그나마 고등학교 학습 충격이 적은 이유가 바로 수학이나 과학을 적게 다루기 때문이기도 하다.

스스로 공부해라

중학교 때는 부모님 말씀 잘 듣는 학생이 공부도 잘한다. 이때까지는 엄마 매니저가 통하기 때문이다. 그러나 고등학교부터는 더 이상 엄마가 도와줄 수 없다. 고집도 세지고 주관이 뚜렷해지면서 부모님 말씀이 듣기 싫어진다. 나를 잘 이해하지 못하는 것 같고 엄마 매니저의 코칭이나 조언이 잔소리로만 들린다.

공부 내용도 워낙 어려워져서 엄마가 개입할 여지가 거의 없다. 이때부터는 자기 스스로 공부하는 습관이 안 잡혀 있으면 페이스를 잃을 가능성이 높다. 따라서 고등학교 공부를 잘하려면 엄마의 관리 없이도 스스로 알아서 공부하는 습관을 일찌감치 들여 놓아야 한다. 누가 시키거나 도와주어야만 공부할 줄 아는 중학교 우등생은 고등학교에 진학하여 큰 어려움을 겪을 수 있다.

3 STUDY

중학교 우등생이 고등학교 열등생 되는 10가지 유형

중학교 때까지는 우등생인데 고등학교에 가서 성적이 떨어지는 대표적인 유형을 정리해 보면 그림과 같이 크게 네 가지로 나눌 수 있다. 성격상 약점이 있거나 스스로 에너지를 절약하는 경우는 학생의 내부적인 요인에서 기인하는 것이다. 반면에 의존 성향과 과시 욕구는 남에게 의존하거나 잘 보이기 위한 것 등 타인과의 관계에서 기인하는 요인이다.

여기서 알 수 있는 사실은 네 가지 이유가 모두 심리적인 요인이라는 점이다. 즉, 중고등학교 공부에는 심리적 요인이 매우 크게 작용한다는 사실을 알 수 있다. 결국 이런 심리적 요인이 공부방법이나 습관 등에 영향을 미쳐서 학업성적과 연결되는 것이다. 절대로 선행학습이 부족하거나 사춘기여서 혹은 머리가 나빠서 성적이 떨어지는 것이 아니다. 심리적 요인에 기인하여 중학교 때부터 어떻게 공부하느냐가 결국 고등학교에 가서 차이를 나타내는 것이다.

성격상 약점이 있는 경우

중학교 공부에 비해서 진도가 빠르고 공부할 분량이 많은 고등학교 공부는 너무 꼼꼼하게 공부하거나, 정리하지 못하고 산만하게 공부하는 학생은 적응하기가 쉽지 않다.

꼼꼼대장형 적어도 두세 번 정도 복습을 해야만 이해할 수 있고 암기도 되는데 꼼꼼하게 짚고 넘어가겠다는 생각으로 지엽적인 내용에 신경을 쓰다 보면 진도를 못 나가기 쉽다. 한 번에 꼼꼼하게 제대로 공부하는 유형의 학생 중에 평소에는 내용을 잘 알고 있는데 시험을 못 보는 학생도 있다. 학습 내용을 하나하나 잘 설명하면서도 오히려 시험은 다른 아이들보다 못 보는 친구도 있다. 세밀한 내용을 명확히 알려고 애쓰다가 정작 큰 틀을 보지 못하거나 이해에만 너무 치중하다가 암기할 타이밍을 놓친 경우이다.

정리안돼형 반대로 성격상 잘 정리하지 못하고 대책 없이 공부하는 학생도 문제가 된다. 한 번에 보는 시험의 범위가 넓은 고등학교 공부는 정리해 두지 않으면 시험기간에 벼락치기를 하기도 만만치 않다. 고등학교 공부는 2년간 잘 정리하면서 공부한 내용을 바탕으로 고3 때 1년은 복습하는 게 일반적인 패턴이다. 따라서 평소에 정리해 가며 공부하지 않는 학생은 3학년 때 모든 내용을 다시 공부해야 하는 일이 생긴다. 이런 경우 고2 말부터 성적이 확 떨어지는 현상이 생긴다.

노력을 너무 절약하는 경우

자기가 쓸 수 있는 에너지를 너무 아끼는 유형의 학생도 고등학교 때 고생하기 쉽다. 머리만 믿고 노력하지 않는 유형(노력 절약)이나 어려운 내용을 피하고 중학교 내신시험의 성적을 올리는 데만 열을 올리는 유형(두뇌 사용 노력 절약)이 대표적이다. 또한 암기만 열심히 해서 수학까지 외워서 푸는 유형(이해 노력 절약)도 고등학교에 가서 공부하기가 어렵다.

내신몰입형 사람 머리는 쓰면 쓸수록 좋아진다는 말이 맞다. 좋은 머리도 안 쓰면 소용이 없다. 중학교 우등생 중에는 내신시험에서 100점 맞는 요령만 터득하여 겉으로 보기에만 우등생인 경우가 많다. 머리를 쓰지 않고 쉬운 것만 공부하면 결국 머리도 그 수준에 머물게 된다. 이런 경우에는 당장 심화학습을 해야 한다. 어려운 수학문제 풀기나 더 높은 수준의 영어공부를 해놓지 않으면 고등학교에 가서 고생하기 십상이다.

암기대장형 중학교 공부는 암기만으로도 대부분 정복할 수 있다. 심지어 수학이나 과학 과목도 암기로 얼마든지 정복할 수 있다. 사실 중학교 때는 많이 고민하면서 공부하다가 정확히 암기하지 못하는 것보다 암기해서 문제를 푸는 것이 오히려 빠르고 효율적인 경우가 많다. 그러나 고등학교에 가면 푸는 방법만 암기해서는 문제를 풀기가 어렵고 암기할 것도 너무 많다. 따라서 암기대장들이 중학교 우등생으로 끝나는 경우가 많다. 암기로 흥한 자 암기로 망할 수 있으므로 매우 주의해야 한다. 본인이 암기 위주로 공부하고 있지 않은지 꼭 되돌아보자.

의존 성향이 높은 경우

타인에게 너무 의존하는 학생도 중학교 우등생으로 그치기 쉽다. 중학교까지는 큰 문제가 없지만 고등학교 때는 스스로 터득하여 공부하지 않으면 어느 누구도 도와주기가 쉽지 않다.

선행맹신형 선행학습을 많이 하면 무조건 잘될 거라고 맹신하여 중학교 공부를 게을리 하는 유형이다. 이 경우 현재 배우고 있는 내용을 진지하게 공부하지 않는 습관이 몸에 배어 고등학교에 가서도 끝없이 선행학습만 하고 좋지 않은 결과를 낳게 된다. 선행학습도 결국은 현재 배우는 것을 잘하기 위한 것임을 잊지 말고 학교 공부에도 충실해야 한다.

학원주도형 자기주도형이 아닌 학원주도형으로 공부하는 학생도 중학교 공부만 잘하고 끝날 수 있으므로 매우 주의해야 한다. 중학교 공부의 1차원적 특징과 고등학교 공부의 2, 3차원적 특징이 그 이유이다. 중학교 공부를 마인드맵으로 그려 보면 단순한 직선형 가지치기밖에 안 된다. 그러나 고등학교 공부를 해보면 구조가 훨씬 복잡하다. 중학교 공부는 누군가 새로운 것을 가르쳐 주면 큰 효과를 볼 수 있다. 그러나 고등학교 공부는 다르다. 누군가 내용을 가르쳐 주어도 최종적으로는 혼자서 구조를 익혀야만 한다. 결과적으로 스스로 공부하는 습관을 가진 학생이 더 쉽고 빠르게 고등학교 공부에 적응할 수밖에 없다.

과시 욕구가 높은 경우

심리적으로 다른 사람에게 잘 보이고 싶은 욕구가 강한 학생도 고등학교 공부에 적응하는 데 어려움을 겪을 수 있다.

과다계획형 계획만 열심히 세우고 실천을 소홀히 하는 유형이다. 꼼꼼하게 계획 세우기를 좋아하는 학생들 중에 현실 감각이 떨어지고 자신을 과신하는 경우 이런 유형이 되기 쉽다. 관찰해 보면 항상 뭔가 계획을 세우는 데 많은 시간을 보내고 있는 경우가 많다. 또한 실천하는 일이 적다 보니 자꾸 계획을 수정해야 하고 그러다 보면 공부는 뒷전이 된다.

보여주기형 자기 자신을 위해 공부하는 게 아니라 부모님이나 선생님을 위해 공부한다고 생각한다면 조심해야 한다. 학년이 올라갈수록 자아가 성장하고 나 자신의 발전을 위해 공부한다는 의식이 강해져야 힘든 고등학교 공부에 적응할 수 있다. 부모님이 볼 때는 열심히 하는 척하지만 실제 공부량은 많지 않은 학생이 있는데 이런 식으로 공부하는 습관은 최대한 빨리 없애도록 하자.

4 STUDY 중학교 열등생이 고등학교 우등생 된 이야기

고등학교에 가서 고생하는 학생이 있다면 당연히 고등학교 때 더 두각을 나타내는 학생도 있다. 이런 학생에게는 어떤 특징이 있을까? 사법고시에 합격하고 지금은 판사로 일하고 있는 한 친구가 있다. 그는 중학교 때 중상위권이기는 했지만 공부로 인정받을 정도로 우수한 학생은 아니었다. 하지만 고등학교에 진학한 후 성적이 단계적으로 오르더니 서울대 법대에 진학했다. 그러고는 졸업 후 얼마 되지 않아 사법고시에 합격했다. 그는 어떤 노력을 기울였기에 고등학교 우등생이 될 수 있었던 것일까? 그는 중학교 때까지는 노는 걸 좋아해서 자기 공부시간이 많지 않았다. 매일같이 친구들과 농구하고 학교 끝나면 놀러 다녔다. 당연히 성적이 잘 나올 리 없었다. 그가 중학교 때 성적이 좋지 않았던 또 한 가지 이유는 수학이었다. 수학이 재미있고 어려운 문제를 풀면 기분이 좋아서 수학만큼은 열심히 했다. 그러나 수학만 좋아 하다 보니 얼마 안 되는 자기 공부시간 안에 다른 과목은 소화해 낼 수 없어 소홀해졌고, 결국 전체적인 성적이 별로 좋지 않았다. 수학도 중학교 시험에 맞는 공부를 안 해서인지 꼭 몇 개씩 틀렸다. 그런데 중3이 끝나갈 무렵 고등학교 생활이 두려워지기 시작했다. 그래서 고등학교 수학책을 구하여 공부하고, 친구들과 놀던 시간도 줄여 나갔다. 그는 어린 시절을 외국에서 보냈기 때문에 영어는 기본이 되어 있었고, 수학은 원래 재미있어하던 터라 영어, 수학 공부에 빠져들었다. 고1 말부터 오르기 시작한 성적은 점점 올라 결국 고2 때는 문과 전교 1등의 자리까지 올랐다. 서울 법대 현역 합격은 물론 그 여세를 몰아 사법고시도 합격했다.

물론 중간 중간에 고비나 어려움도 많았다. 하지만 성공할 수 있었던 것은 중학교 때보다 스스로 열심히 공부한 것과 중학교 공부 수준에 만족하지 않고 심화학습을 했던 것이 결정적인 요인이었다. 특히 중학교 때까지 공부 때문에 스트레스를 받거나 너무 많이 공부해서 질린 일도 없었으므로 고등학교 가서는 마음잡고 공부만 할 수 있었다. 오히려 특목고에 가기 위해 힘쓰다가 중학교 때 이미 공부에 질려 버린 친구들이 안쓰러웠다고 한다. 그 친구는 이런 조언을 해주었다.

"중학교 때 너무 공부를 많이 해서 질려 버리면 고등학교 때는 열심히 하기 힘들 것 같다. 중학교 때는 학교시험 성적에만 집착하지 말고 자기가 관심 있고 재미있는 과목을 열심히 제대로 된 방법으로 공부하는 게 좋다. 그래야 질리지 않고 열심히 할 수 있다. 그리고 수학은 고등학교를 대비해서 많이 해두는 것이 좋다. 그러나 무엇보다도 가장 중요한 것은 내가 할 수 있다는 믿음을 갖고 스스로 공부하는 시간을 늘리는 것이다. 아무리 좋은 학원이나 과외의 도움을 받아도 결국 공부하는 건 내가 아닌가. 아마 중학교 때부터 스스로 공부하는 습관을 길러 온 것이 고등학교 때 좋은 결과를 낳고, 사법고시 합격에도 도움이 된 것 같다."

이유 없는 결과는 없다. 중학교 때보다 고등학교 때 더 잘하는 학생은 그만한 준비와 노력을 했기 때문에 가능한 것이다. 그러면 노력과 준비란 무엇일까? 바로 고등학교 때도 통하는 제대로 된 공부법과 자기 스스로 공부하는 습관이다. 여러분도 노력과 준비를 해보자. '고등학교 우등생' 이 결코 남의 이야기만은 아니다.

체크 리스트 check list **고등학교 공부 적응 적합도 진단**

다음 설문(36개 문항)에서 '그렇다'에 해당되는 것을 표시해 본다.

Test 1

1. 공부에 뚜렷한 목표가 있다.
2. 계획을 세워서 공부하고 실천한다.
3. 무슨 말인지 잘 이해되지 않으면 무작정 암기하지 않고 이해하려고 노력한다.
4. 부모님과 선생님이 시키지 않아도 공부한다.
5. 하루 자기 공부시간이 3시간 이상 된다.
6. 책을 보면 무엇이 중요한 내용인지 파악할 수 있다.
7. 공부한 내용을 잘 정리한다.
8. 공부 내용을 보자마자 암기하지 않고, 여러 번 공부해서 자연스럽게 암기되도록 공부한다.
9. 어려운 문제나 내용까지도 공부하는 편이다.
10. 여러 번 반복해서 공부한다.
11. 공부한 시간에 걸맞은 공부량을 달성한다.
12. 평소에 책이나 글을 적절히 읽는 편이다.

Test 2

1. 지금 하고 있는 선행학습의 분량과 속도가 나에게 맞다.
2. 선행학습으로 배워 온 내용을 스스로 복습한다.
3. 시험을 보면 공부한 만큼 성적이 나온다.

4. 시험을 보고 나면 틀린 문제를 분석한다.

5. 어려운 내용은 문제부터 풀어 본다.

6. 책의 종류에 따라 맞는 방법으로 공부하고 있다.

7. 공부에 대한 장기적인 계획이 있다.

8. 문제집은 적절히 사서 끝까지 다 푼다.

9. 어느 과목이든 공부한 내용을 어느 정도 설명할 수 있다.

10. 오답노트를 만들어 효과를 본다.

11. 자투리 시간에 무엇을 할지 정해 둔다.

12. 단순 암기를 할 때 나만의 효율적인 암기방법을 쓴다.

Test 3

1. 국어 기본 실력을 위해 어휘, 문법, 한자성어, 속담, 맞춤법 등을 따로 공부한다.

2. 국어를 공부할 때 자습서를 무작정 암기하지 않고 이해하면서 해나간다.

3. 시간을 정해 놓고 영어 독해문제집을 푼다.

4. 영어단어집이나 보캐블러리 책을 사면 끝까지 본다.

5. 공부한 영문법 사항을 설명할 수 있다.

6. 수학은 어려워도 가능하면 답을 보지 않고 풀려고 노력한다.

7. 수학은 평소 연습장에 잘 풀며, 시험을 봐도 잘 정리하면서 푼다.

8. 수학을 공부할 때 설명 부분을 꼼꼼하게 읽는다.

9. 사회를 공부할 때 무작정 암기하지 않고 책을 여러 번 읽는다.

10. 사회를 공부할 때 무엇이 중요한지 알기 위해 문제를 먼저 풀어 본다.

11. 과학에 나오는 공식에 대해서 설명할 수 있다.

12. 과학에 나오는 그림이나 실험 등을 주의 깊게 공부한다.

Test 1	개
Test 2	개
Test 3	개

총 개수가 36~32개라면 고등학교 때에도 공부를 굉장히 잘할 가능성이 높다. 31~27개라면 충분히 잘하고 있다. 26~22개일 경우 이 책을 통해 자신을 변화시킨다면 얼마든지 잘할 가능성이 있다. 21~17개라면 고등학교에 가서 많이 힘들어질 수 있으므로 당장 많은 변화가 필요하다. 16개 이하라면 진지하게 학습 매니지먼트 상담을 받기를 권장한다.

이 책을 읽을 때 숫자가 가장 낮은 것부터 먼저 읽어 보는 것도 좋다. Test 1이 제일 낮게 나온 학생은 3장의 7가지 공부습관 부분을, Test 2가 제일 낮게 나온 학생은 4장의 공부의 전략과 전술 부분, Test 3이 제일 낮게 나온 학생은 4장의 과목별 공략 부분을 먼저 읽는다.

Chapter 2

중학교 공부와 고등학교 공부의 결정적 차이

STUDY 1

단거리 경주 VS 장거리 마라톤

중학교 공부와 고등학교 공부의 차이는 단거리, 장거리 달리기의 비교를 통해 쉽게 설명할 수 있다.

육상에서 단거리 경주는 순간적이고 폭발적인 에너지를 필요로 한다. 그래서 육상 단거리 선수들을 보면 하나같이 짧은 거리를 달리는 동안 모든 에너지를 순간적으로 집중시키기 위한 근육이 잘 발달되어 있다. 하지만 장거리 마라톤의 경우는 지속적인 지구력과 끈기 있는 정신력이 필요하다. 그래서인지 마라톤 선수들은 꼭 필요한 정도 이상으로 몸이 비대하지 않고, 꾸준히 힘을 발휘하는 작은 근육들이 발달되어 있다.

흔히 중학교 공부는 단거리 경주와 같고, 고등학교 공부는 장거리 마라톤과 같다고 말한다. 이것은 중학교와 고등학교 공부에 필요한 힘과 근육이 서로 다르다는 뜻이다.

시간차 효과

중학교 공부는 순간적이고 폭발적인 집중력으로 얼마든지 정복할 수 있다. 거짓말 조금 보태서 2~3주만 열심히 공부하면 시험성적이 금방 오른다. 반대로 조금만 놀면 눈에 띄게 나쁜 결과가 나타난다. 반면에 고등학교 공부는 2~3주 열심히 해도 좌절감만 든다. 시험을 보면 성적에 별 변화가 없기 때문이다. 고등학교 때는 최소한 6개월 정도는 열심히 해야 그다음 6개월 동안 효과가 나타난다. 반대로 6개월 정도 놀아도 별로 티가 나지 않다가 그다음 6개월 동안 봇물 터진 듯 정신없이 성적이 하락한다. 일종의 시간차(time lag)가 발생한다. 고등학교에 가서 중학교 때 공부하던 식으로 반짝 몰아치기 방법을 쓰면 우등생이 될 수 없다.

가끔 중학교 때 미리 선행학습을 한 실력만 믿고 고등학교 1학년을 수월하게 보내는 경우가 있는데 정말 주의해야 한다. 이런 학생들이 2학년 때 방심하고 놀다가 3학년 때 급격하게 성적이 떨어지는 경우를 많이 본다. 고등학교 1학년 때 잘하면 보통 2학년 때 놀아도 관성으로 어느 정도 성적이 나온다. 바로 시간차 효과이다. 따라서 은근히 방심하면서 새로운 고등학교 환경에 적응된 상태에서 놀기 십상이다. 그러나 위에서 말한 것처럼 고등학교 때는 놀아도 바로 나쁜 결과가 나타나지 않는다. 몇 달이 지나고 고3이 될 때 드디어 공부에 미친 영향이 그대로 성적에 반영되어 거침없이 떨어지는 것이다. 그러나 이미 이때는 걷잡을 수 없다.

정신력의 승리

고등학교 때는 최종적으로 수능시험과 논술도 잘 보아야 한다. 이것들은 하루아침에 정복할 수 있는 것이 아니다. 따라서 3년 동안 꾸준히 준비하여 근육을 만들고 거기에 맞는 힘을 길러야 한다. 고등학교 공부는 중학교와는 달리 지속적으로 공부할 수 있는 지구력과 쉽게 포기하지 않는 정신력이 무엇보다 중요하다. 고등학교에 올라가서 잠깐 코피를 쏟으며 공부해 보아야 별 효과가 없다. 반드시 해내겠다는 결연한 의

지와 노력을 꾸준히 나누어서 배분해야 한다. 한마디로 속도와 힘 조절이 필요하다. 고3 초반 3개월간 열심히 하다가 지쳐 떨어지거나 1, 2학년 신학기 초에 새 마음 새 뜻으로 열심히 하겠다고 밤새워 가면서 하다가 병원 신세를 지는 일은 절대 삼가기 바란다.

체력이 곧 학력

중학교 때는 공부가 체력싸움까지 번지지 않는다. 하지만 고등학교 때는 몸소 체험하게 된다. 운동하지 않고 가만히 지내도 고1, 2 때는 그럭저럭 버틴다. 하지만 고3 때에는 체력이 받쳐 주지 않으면 지쳐 떨어진다. 아무것도 아니라고 생각할 수 있지만 그렇지가 않다. 공부할 마음이 없으면 문제될 게 없다. 하지만 공부할 마음은 굴뚝같고 어느 정도 공부가 되는 것 같아 기분이 좋았는데, 갑자기 체력이 떨어지면서 늘 졸리고 집중도 안 된다면 어떻겠는가! 이보다 더 괴롭고 짜증나는 일도 없다. 그나마 남학생들은 어릴 때부터 평소에 뛰어놀면서 체력을 기르지만 여학생들은 가만히 앉아서 공부만 하는 경우가 많다. 따라서 여학생들은 체력 문제를 더욱 심각하게 생각해 보아야 한다.

그럼 똑같은 공부인데 왜 이런 차이가 날까?

바로 중학교 공부와 고등학교 공부의 내용이 가지는 특징 때문에 생긴다. 중학교 공부는 내용 연결이 1차원적이고 연결된 힘이 약해서 사실상 분절되어 있다고 보아도 무방하다. 학년이 올라가도 양상이 비슷하다. 그래서 어느 부분이든 딱 떼어서 순간적으로 폭발적인 에너지를 투입해 열심히 공부하면 성적이 금세 오른다. 마음잡고 2~3주면 좋은 결과를 얻을 수 있다.

그러나 고등학교 공부는 내용 연결이 2, 3차원적이고 연결된 힘도 강

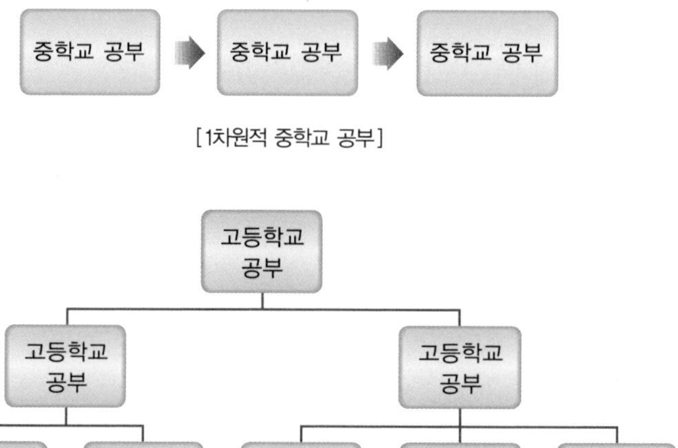

[1차원적 중학교 공부]

[2, 3차원적 고등학교 공부]

해서 어느 일부분을 따로 떼어 내기가 힘들다. 즉, 앞의 내용을 모르고 뒷부분을 공부하면 무슨 말인지 제대로 알 수가 없다. 설사 전체적인 구조를 모른 채 일부분을 떼어 내서 열심히 공부를 한다 하더라도 복잡해서 내용을 파악할 수 없을 뿐만 아니라 성적도 별로 변화가 없다. 그리고 학년이 높아질수록 정도가 심해지기 때문에 고3 때는 예전에 하던 만큼 공부를 하면 성적이 떨어진다. 예전보다 더 열심히 해야 현상유지를 할 수 있고, 정말 최선을 다해야 성적도 오른다.

2 STUDY 중학교 3년, 고등학교 2년?

중학교 때는 3년을 6학기로 나누어서 각 학기별로 정해진 분량의 진도를 나간다. 다시 말하면 중학교 2학년 1학기라면 그때 배워야 할 국어, 영어, 수학 등의 진도가 일정하게 정해져 있다. 학기가 진행되고 학년이 올라갈수록 난이도는 조금씩 높아지지만 분량은 일정하게 순서대로 진행된다.

현재 교육제도에서는 이런 식으로 진행되어도 무리가 없다. 그러나 1990년대 중반까지는 중학교 3년 동안 공부한 내용을 점검하는 연합고사라는 시험이 있었다. 따라서 중학교 3년이 여유롭지 않았다. 지금도 일부 지역에서는 시행되고 있으며, 최근 다시 여러 지역에서 부활될 조짐이 보이고 있다. 만약 이 시험이 부활한다면 모르지만, 그렇지 않다면 현재처럼 중학교 3년 동안 충분히 시간을 두고 진도를 나가도 문제될 것이 없다.

그러나 고등학교에 진학하면 이야기가 전혀 달라진다. 어느 학기에 어느 부분을 배워야 한다는 것이 중학교 때처럼 명확히 구분되어 있지 않다. 그 이유는 입시 현실에서 2학년 말까지 거의 대부분의 진도를 마쳐야만 3학년 때 수능이나 논구술, 수시전형 등을 준비할 수 있기 때문이다. 교과 과정은 3년을 염두에 두고 구성되어 있지만 실제로는 어지간한 주요 과목은 2년 안에 모두 배우고 익혀서 3학년 때부터는 시험 볼 준비를 시작해야 한다.

그러다 보니 특히 수학은 무리를 하게 된다. 수학은 고등학교 공부와 입시를 좌우하는 가장 중요한 과목이고, 다른 과목보다 단계를 밟아서 차근차근 공부해야 하는데 그렇게 할 시간적 여유가 없다. 이런 환경 때문에 급기야 학교에서는 앞뒤 부분의 진도를 동시에 나가기까지 한다. 어떤 수학 선생님은 앞쪽을, 다른 수학 선생님은 뒤쪽을 맡아 동시에 진행하는 것이다. 그렇지 않아도 난해한 고교 수학을 이런 식으로 배우다 보니 학생들은 정신이 없고 따라가기도 벅차다. 요즈음 선행학습이 유행처럼 번지는 것도 주어진 시간 안에 차근차근 공부하기에는 양도 너무 많고 진도도 빠르기 때문이다.

중학교 3년 동안 쉬엄쉬엄 공부하던 환경은 고등학교 2년 동안 어려운 내용을 빠르게 공부하는 혹독한 환경으로 바뀐다. 자세하게 공부하고 정확히 암기하는 형태의 중학교 공부에서 빠르게 여러 번 이해하고 적용하는 형태의 고등학교 공부로 변화하는 것이다. 따라서 이런 혹독한 환경 변화에 잘 적응하지 못하면 중학교 우등생에 그치게 된다. 반대로 새로운 환경에 잘 적응하면 고등학교에서도 우등생의 자리를 놓치지 않을 것이다.

3 STUDY 수능, 논구술 그리고 입시제도의 등장

중학교 공부는 현재 진행형의 내신시험 위주로 평가된다. 조금씩 범위를 나누어서 보는 내신시험은 현재 학생이 얼마나 공부하고 있는지를 알려 주는 지표이다. 따라서 특목고를 준비하는 경우가 아니라면 거의 내신시험 공부에 초점을 맞춘다. 이 경우 학교 선생님의 수업이 절대적이며 그것만 잘 따라가면 된다.

그러나 고등학교는 다르다. 세 가지 요소, 즉 내신+수능+논구술이 종합적으로 작용하여 대학 입학을 결정짓는다. 이 세 마리 토끼를 모두 잘 잡아야 원하는 대학에 진학할 수 있다. 따라서 평소에 수능이나 논구술을 위한 기본 실력을 다져야 한다. 그리고 시험기간이 다가오면 내신에 대비한 공부도 해야 한다. 내신도 서술형 문제의 비중이나 난이도가 높아져서 만만치가 않다. 결과적으로 고등학교 공부를 잘하기 위해서는 이런 이중적 구조에 잘 적응하기 위한 계획 세우기와 공부 포트폴리오의 구성이 매우 중요하다. 어느 한 가지라도 소홀히 하면 목표로 하는 결과를 얻기 힘들기 때문이다.

책 읽기 내비게이터
4장의 공부 포트폴리오를 짜자 부분을 참고한다.

[학생의 과거-현재-미래 지표]

재미있는 것은, 중학교 내신이 학생의 현재 진행의 결과만 알려 주는 데 반하여, 고등학교 공부의 세 가지 요소는 학생의 과거+현재+미래를 모두 알려 준다는 점이다. 즉, 고등학교 내신성적은 학생의 과거 기록으로, 고등학교 재학기간에 얼마나 성실하게 공부했는지를 알려 주는 지표이다. 그리고 수능시험은 학생의 현재 기록으로, 얼마만큼의 실력을 갖추고 있는지 알려 주는 지표이다. 물론 명칭은 대학에서의 수학 능력을 평가한다고 되어 있지만 사실 그런 객관식 시험은 대학에서의 수학 능력과 어떤 상관관계가 있을지 불분명하다. 마지막으로 논구술로 대표되는 대학별 고사는 학생의 미래에 대한 예측을 알려 주는 지표이다. 글이나 구두로 기술하는 대학별 고사야말로 그 학생이 대학에 입학하고 나서 어떤 성취도를 올릴지 예측할 수 있는 지표가 된다. 결과적으로 현재의 대학입시 전형요소들은 학생의 과거, 현재, 그리고 미래에 대한 종합적 판단을 돕는다.

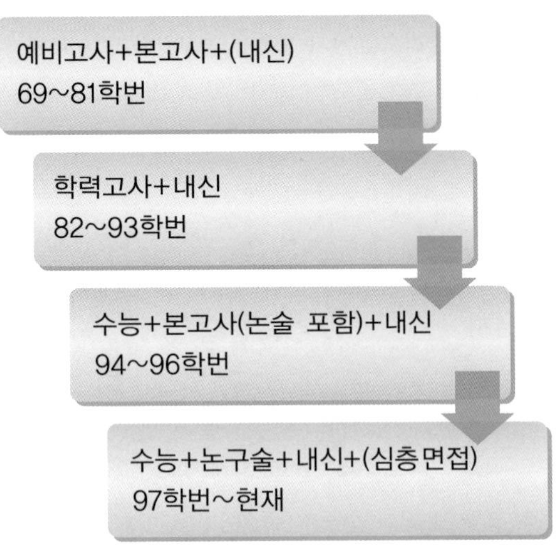

[대입제도의 변천]

요즈음 학원가에 유행하는 말 중의 하나가 '죽음의 트라이앵글'이다. 2008학년도부터 적용되는 새로운 입시제도에서 내신-수능-논구술이 모두 중요해져서 수험생들이 곤란한 지경에 놓였다는 말이라고 한다. 사실 수능시험이 처음 시작되던 1994년에 비하면 현재의 입시제도는 완성도 높은 고차원적인 의도를 반영한다. 그 의도를 굴절시키는 사교육 단체나 기타 이익 집단, 학부모들의 이기주의가 제도를 엉뚱한 방향으로 몰고 가기 때문에 혼란스러울 뿐이다. 따라서 현재의 입시제도를 정확히 이해하는 것이 중요하다.

입시제도에 대한 이해와 전략 준비의 필요성

현재 대학교마다, 학과마다 입시전형 방식이 다르다. 반영요소의 비율도 제각각이어서 수능 점수가 높다고 무조건 합격한다는 보장도 없다. 상당히 아이러니하지만 그것이 현실이다. 중학교 때는 입시에 대한 이해나 준비 자체가 필요 없다. 그냥 열심히 공부해서 학교시험만 잘 보면 된다. 그러나 고등학교 공부는 입시를 위한 것이고, 좋은 결과를 얻기 위해 노력한다.

예전의 단순한 입시제도는 점수 순으로 줄 서서 대학에 들어가는 환경이었으므로 공부만 열심히 하면 별 문제가 없었다. 그러나 안타깝게도 최근의 입시제도는 공부를 열심히 하는 것은 물론이고, 더불어 전형방식을 잘 알고 이에 맞는 지원전략까지 세우기를 요구한다. 아무리 열심히 해도 자신이 원하는 대학의 학과에 맞지 않는 전략을 세웠다가는 입시에서 실패할 수 있다. 이것을 생각하면 오히려 지금의 현실은 '죽음의 트라이앵글'이 아니라 '죽음의 피라미드'라고 해야 마땅하다. 내신-수능-논구술뿐만 아니라 입시제도에 대한 준비까지 필요하다. 공부할 시간도 부족한 학생 입장에서 지원전략까지 연구해야 하니 오죽 고통스럽겠는가!

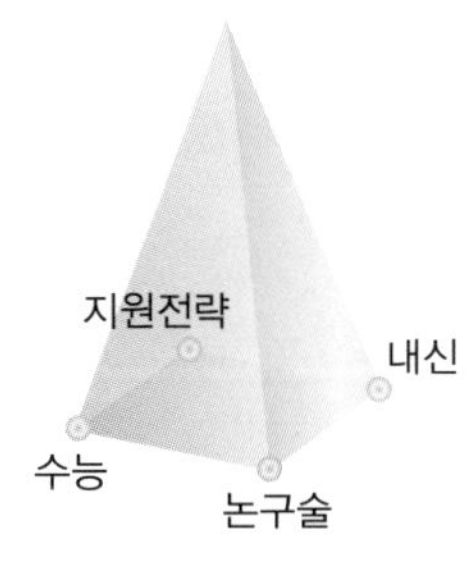

[죽음의 피라미드]

그러나 아무리 힘든 고난 속에서도 다 죽으라는 법은 없다. 입시제도를 정확히 이해하고 문제를 하나씩 해결해 나가면 된다. 본래 죽음의 트라이앵글이라는 말은 삼각형의 조화로움에서 출발한다. 세 가지 요소가 잘 조화되어 이것에 대비해야 하는 수험생만 힘든 것이다. 하지만 생각해 보자. 어떤 조화로움을 깨뜨리려면 무엇이 필요할까? 바로 부조화라는 바이러스를 침투시키면 된다. 세 가지를 한꺼번에 잡으려고 하니까 해결책이 떠오르지 않는 것이다. 콜럼버스가 달걀을 깨뜨려서 세웠듯이 조화로운 세 가지 요소도 어느 하나부터 잡아서 해결해 보자. 그리고 거기에서 생기는 부조화와 빈틈을 이용하여 나머지를 해결하자.

내신 → 수능 → 논구술 → 입시제도와 같은 순서로 해결해 나가자. 우선 저학년 때는 내신성적을 올려놓자. 특히 중학교 때는 크게 문제가 되지 않는 서술형 문제에 대비해 두면 나중에 논구술에도 도움이 된다. 학년이 올라가면 수능을 준비한다. 그리고 방학 때는 수능과 내신의 차이가 크고 평소에 준비하기 힘든 언어 · 탐구 영역을 공부해 두는 것이 좋다. 마지막으로 고3 직전부터 논구술과 입시제도를 고민하면 된다. 저학년 때부터 이런저런 이야기에 현혹되어 끌려 다니면서 고민만 하지 말고 내신시험부터 혼신의 힘을 다하여 공부해 보자. 특히 수시에 올인하는 전략은 삼가는 게 좋다. 수시는 수능등급요건을 꼭 받는다는 보장도 없고, 수능등급자격 미달 시 충원도 없는 데다가 잘못하면 정시 페이스만 놓치기 때문이다.

내가 진정으로 바라는 것을 얻기 위해서는 고통스런 현실도 받아들여야 할 때가 있는 것이다. 스스로를 믿고 노력하면 세상에 불가능은 없다.

4 STUDY 전 범위 시험에 대비해라

시험 범위도 중학교와 고등학교는 차이가 있다. 중학교 때는 사실상 전 범위를 다루는 내신시험이 없다. 진도를 나누어서 시험을 본다. 그러나 고등학교에 진학하면 2학년 말이나 3학년 초부터 전 범위로 시험을 보기 시작한다. 이때 많은 학생들이 혼란에 빠진다. 시험 범위에 맞추어 그때그때 공부하던 습관을 전 범위 시험에 맞게 바꾸려고 하니 얼마나 힘들겠는가?

전 범위 시험과 범위를 나누어 보는 시험이 별 차이가 없는 것 같지만 사실 공부하는 데는 많은 차이가 있다. 중학교 때처럼 끊어서 시험을 보면 하루살이식 공부를 해도 지장이 없다. 그때그때 배운 내용을 끊어서 전체적인 흐름을 이해하지 않고 외워도 문제를 충분히 맞힐 수 있다. 또한 범위가 한정되어 있는 시험은 문제를 변형해도 어차피 어떤 내용에 관한 문제인지 뻔하기 때문에 풀 때 고민할 필요가 별로 없다. 그러나 전 범위를 다루는 시험은 어느 부분에서 어떤 문제가 나올지 알 수 없고, 전체적인 흐름을 이해하지 않으면 맞추기 힘든 문제가 출제된다. 또한 전 범위를 모두 공부해서 외울 수도 없기 때문에 공부를 포기할 지경에 이를 수도 있다. 결국 하루살이식 공부로는 결코 좋은 점수를 받을 수 없다. 따라서 내용을 정리하고 필요한 자료를 모아 자신만의 서브노트나 단권화 교재를 만들어야 한다.

책 읽기 내비게이터
3장의 핵심 내용을 정리하는 습관 부분을 참고한다.

수능시험은 고등학교 때 배우는 내용 전체를 기반으로 출제되는 대학입학 자격시험이다. 이런 사실 역시 중학교식 공부와의 차별화를 요구한다. 중학교 때는 이런 종류의 입학시험이 없다고 봐도 무방하다. 따라서 공부한 내용을 특별히 정리해 두지 않아도 나중에 문제될 것이 없다. 그러나 고등학교 때는 공부한 내용을 잘 정리해 두는 것이 매우 중요하다. 기본서에 잘 단권화하고, 틀린 문제를 일목요연하게 정리하고, 서브노트나 프린트물을 잘 정리해 두어야 한다. 그렇지 않으면 고3이 되어 전체를 다시 공부해야 하는 경우가 발생할 수 있다. 아무렇게나 필기하고 정리해 두지 않으면 나중에 다시 찾아볼 때 무슨 말인지 알 수가 없다. 그리고 잊어버린 내용을 다시 공부할 때도 잘 정리해 두면 금세 이해할 수 있지만 그렇지 않으면 많은 시간이 필요하다.

또한 수능시험이 있는 고등학교 공부와 그렇지 않은 중학교 공부는 긴장도 측면에서도 많이 다르다. 중학교 때는 별로 긴장하지 않고 공부할 수 있지만 최종 관문이 있는 고등학교 공부는 시작부터 긴장을 불러일으킨다. 고등학교 1학년이 중요한 것도 이런 긴장감을 줄이고 자연스럽게 고등학교 공부에 적응하기 위한 시작점이기 때문이다.

특히 수업시간에 배운 내용을 기초로 성실성을 다투는 내신시험과는 달리 수능시험은 깊은 사고력과 응용력을 요구한다. 따라서 수능시험에 맞게 공격력과 방어력을 업그레이드하지 못하면 중학교 우등생에 머무

르게 된다.

이제 실제 시험문제들을 보면서 과목별로 더 구체적인 차이점을 살펴보자.

내용의 차이

중학교와 고등학교 국어는 일단 배우는 내용이 다르다. 중학교 때는 매 학기 국어와 생활국어를 배운다. 그러나 고등학교 국어 교과서는 더 세분화되어 있다. 대체로 1학년 때는 국어 상 · 하를, 2, 3학년 때는 문학 상 · 하를 필수로 배운다. 그리고 추가로 화법 · 독서 · 작문 · 문법 · 국어생활 등의 선택 과목을 배운다. 대부분 국어생활을 많이 선택한다.

국어 교과서에는 주로 어떤 종류의 글이 실려 있을까? 기본적으로는 다양한 문학 · 비문학 장르의 글이 실려 있고, 읽기 · 쓰기 · 듣기 · 말하기에 관련된 글도 있다. 그러나 전체적으로 중학교 교과서는 시 · 소설 · 설명문 · 수필 계통의 글이 많고, 고등학교 교과서는 시 · 소설 · 논설문 계통의 글이 많다. 문학 교과서는 특별히 문학 장르의 글을 모아두었다. 결론적으로 고등학교 때는 중학교 때에 비해 과목이 세분화되고 문학의 비중이 증가하며, 설명하는 글보다 의견을 주장 · 설득하는 논설문이 많이 나온다. 그리고 수필처럼 수월하게 읽을 수 있는 장르의 글은 비중이 줄어든다.

분량의 차이

정량적으로만 살펴보자. 시중 교과서를 조사해 본 결과 국정 교과서로 이루어진 국어 교과서를 빼고는 출판사마다 조금씩 차이가 있다. 중학교 교과서(국어 및 생활국어)는 총 2,500~3,000페이지 정도이고, 고등학교 교과서(국어 상 · 하+문학 상 · 하+국어생활)는 1,500~1,600페이지 정도이다. 얼핏 보면 중학교 공부량이 훨씬 많은 것으로 생각할 수 있다. 그러나 실제로 교과서 페이지의 내용 밀도를 살펴보면 중학교 교과서는 고등학교 교과서의 3분의 2 정도밖에 안 된다. 즉, 중학교 교과서는 내용 대비 여백이 많다. 이런 요소를 고려하여 고등학교 교과서를 중학교 교과서식으로 환산하면 2,250~2,400페이지 정도 되며, 거의 비슷해진다. 거기에다 한 가지를 더 고려해야 한다. 중학교 때는 6학기에 걸쳐 충분한 시간을 두고 진도가 나간다. 그러나 고등학교 때는 수능과 대학별 시험에 대비하기 위하여 많게는 1년, 적어도 1학기는 빨리 진도가 끝난다. 결론적으로 중학교 때는 한 학기당 400~500페이지를 공부하고, 고등학교 때는 500~600페이지를 공부하는 것이다. 이와 같이 수치적으로 고등학교 때 공부할 양이 훨씬 많다. 게다가 중학교 때는 영어나 수학의 부담이 상대적으로 적기 때문에 국어에 투자할 시간이 있다. 그러나 고등학교에 진학하면 과목도 늘고 영어와 수학의 부담이 매우 크기 때문에 국어에 투자할 시간은 오히려 줄어든다. 따라서 실제로 고등학교 때 단위시간당 공부할 국어 과목의 양은 상당히 늘어난다.

속도의 차이

중학교에 비해서 배우는 속도도 빠른데, 분량의 차이를 극복하려면 당연한 일이다. 그나마 국어의 진도는 수학이나 과학 같은 과목에 비하면 그렇게 많이 빨라지는 것도 아니다.

난이도 차이

중학교 때에 비해 고등학교 국어가 기하급수적으로 어려워지는 것은 아니다. 다만 한글 고어나 어려운 한자어 때문에 공부에 부담이 가는 것은 사실이다. 지문의 길이도 중학교 때보다 길어진다. 전반적으로 난이도 차이가 많다고 보기는 어렵지만, 기본적으로 더 높은 수준의 어휘력과 문장 독해력을 요구한다.

내신시험 문제의 차이

중학교 내신시험과 고등학교 내신시험의 기본적인 원리는 같다. 학교 수업시간에 배운 교과서 내용을 중심으로 출제된다. 중학교든 고등학교든 내신 국어문제는 대부분 다음의 다섯 가지 유형으로 분류할 수 있다. 국어 내신시험을 본 후에는 다음 중 어디에 해당하는 문제를 가장 많이 틀렸는지 점검해 보면 도움이 될 것이다.

- 용어나 어휘에 관한 문제
- 글의 장르에 따른 거시적인 문제(표현상의 특징 따위)
- 본문 내용 자체에 충실한 세밀한 문제(속담, 사자성어 등)
- 국어 지식에 관한 문제
- 기타 문제

이와 같은 분류에 기초하지만 기본적으로 중학교 문제보다 고등학교 문제가 고차원적이고 난이도가 높다. 난이도 외에 한 가지 차이를 들면 구성문제가 얼마나 다른 내용(같은 장르의 다른 글 혹은 다른 종류의 글)과 연관 지어 출제되느냐이다. 중학교 문제는 대부분 출제 대상이 되는 지문에 한정하여 단순하게 질문을 한다. 그러나 고등학교 내신문제의 상당수는 출제 대상이 되는 지문의 내용과 지문 밖의 내용을 연관 지어 복합적으로 물어본다. 다음은 설명을 돕기 위해 예를 든 것이다.

중학교 내신시험 유형

※ 다음 글을 읽고 물음에 답하시오.

지각(知覺)

-행복의 얼굴-

김현승

내게 행복이 온다면
나는 그에게 감사하고,
㉠ 내게 불행이 와도
나는 또 그에게 감사한다.

한 번은 밖에서 오고
한 번은 안에서 오는 행복이다.

우리의 행복의 문은
밖에서도 열리지만
안에서도 열리게 되어 있다.

내가 행복할 때
나는 오늘의 햇빛을 따스히 사랑하고
내가 불행할 때
나는 ㉡ 내일의 별들을 사랑한다.

이와 같이 내 생명의 숨결은
밖에서도 들여쉬고
안에서도 내어쉬게 되어 있다.

이와 같이 내 생명의 바다는
밀물이 되기도 하고
썰물이 되기도 하면서
끊임없이 끊임없이 출렁거린다!

● 이 시의 운율을 이루는 요소는?

① 의성어의 반복
② 미각적 심상의 반복
③ 성조의 어울림의 반복
④ 일정한 글자 수의 반복
⑤ 유사한 문장 구조의 반복

● 이 시의 내용에 비추어 볼 때, 시의 제목 '지각'의 의미로 가장 알맞은 것은?

① 행복이 자신의 마음에 달려 있음을 깨달음
② 행복은 외부 조건에 따라 달라짐을 깨달음
③ '그'에게 감사하는 생활에서 행복이 있음을 깨달음
④ 행복과 불행은 반복되어 다가온다는 것을 깨달음
⑤ 불행을 극복하고 나면 언젠가 행복이 찾아오리라는 것에 대한 깨달음

● 다음과 같은 의미로 해석할 수 있는 것은?

- 행복에 대한 깨달음이 개체에서 전체로 확대되어 보편적인 의미를 가지게 된다.
- 행복과 불행 모두를 감싸 안는 더 큰 생명의 역동성을 드러낸다.

① 문　　② 감사　　③ 햇빛
④ 생명의 숨결　　⑤ 생명의 바다

☞ 문제를 살펴보면 모두 주어진 지문(김현승의 시) 안에서 출제되었다. 시의 운율, 시 제목과 시어의 의미를 묻고 있다. 물론 지문 밖의 내용이 도입되는 경우도 있지만 그 비율이 미미하다. 정답은 쉽게 찾을 수 있으리라 본다.

고등학교 내신시험 유형

※ 다음 글을 읽고 물음에 답하시오.

(가)

살어리 살어리랏다 청산(靑山)애 살어리랏다.
멀위랑 ᄃᆞ래랑 먹고 청산(靑山)애 살어리랏다.
얄리얄리 얄랑셩 얄라리 얄라

우러라 우러라 새여 자고 니러 우러라 새여.
널라와 시름 한 나도 자고 니러 우니로라.
얄리얄리 얄라셩 얄라리 얄라

가던 새 가던 새 본다 믈 아래 가던 새 본다.
잉 무든 장글란 가지고 믈 아래 가던 새 본다.
얄리얄리 얄라셩 얄라리 얄라

이링공 뎌링공 ᄒᆞ야 나즈란 디내와손뎌,
오리도 가리도 업슨 바므란 ᄯᅩ 엇디 호리라.
얄리얄리 얄라셩 얄라리 얄라

어듸라 더디던 돌코 누리라 마치던 돌코.
믜리도 업시 마자셔 우니노라.
얄리얄리 얄라셩 얄라리 얄라

살어리 살어리랏다 바ᄅᆞ래 살어리랏다.
ᄂᆞᄆᆞ자기 구조개랑 먹고 바ᄅᆞ래 살어리랏다.
얄리얄리 얄라셩 얄라리 얄라

가다가 가다가 드로라 에졍지 가다가 드로라.
사ᄉᆞ미 짐대예 올아셔 ᄒᆡ금(奚琴)을 혀거를 드로라.
얄리얄리 얄라셩 얄라리 얄라

가다니 ᄇᆡ브른 도긔 설진 강수를 비조라.
조롱곳 누로기 ᄆᆡ와 잡ᄉᆞ와니 내 엇디 ᄒᆞ리잇고.
얄리얄리 얄라셩 얄라리 얄라

(나)

간 밤의 눈 갠 後(후)에 景物(경믈)이 달랏고야.

이어라 이어라
압희는 萬頃琉璃(만경유리) 뒤희는 千疊玉山(천첩옥산),
至匊悤(지국총) 至匊悤(지국총) 於思臥(어사와)
仙界(선계)가 佛界(불계)가 人間(인간)이 아니로다.

● (가)와 같은 식의 양식상 특징으로 <u>틀린</u> 것은?

① 대체로 3음보의 율격을 가지고 있다.

② 고려 시대 서민들만이 즐기던 문학이었다.

③ 숨김없는 감정 표현으로 국문학상 의의가 높다.

④ 후렴구가 존재하여 유려한 음악성을 지니고 있다.

⑤ 순수한 우리말로 구전되다가 조선 초에 기록되었다.

● 위의 (가)에서 다음 글을 바탕으로 해석할 수 있는 연은 몇 연인가?

오색 비단으로 장식한 산대의 모양은 봉래산과 같고,
바다에서 온 선인이 과일을 드린다.
속악을 울리는 징 소리는 천지를 진동하고
처용의 춤추는 소맷자락은 바람에 휘날린다.
(백희의 하나인) 솟대쟁이는 긴 장대 위에서 평지에
서와 같이 재주를 부리고,
폭발하는 불꽃이 번개처럼 반짝인다. – 이 색 '산대잡극'

● (나)의 시조의 정서와 비슷한 것은?

① 십년을 경영하여 초가삼간 지여 내니 / 나 한 간 달 한 간에 청풍 한 간 맡겨 두고 / 강산은 들일 데 없으니 들러 두고 보리라.

② 눈 마자 휘여진 대를 위라서 굽다턴고 / 굽을 절이면 눈 속에 푸를소냐 / 아마

도 세한고절은 너뿐인가 하노라.

③ 이화에 월백하고 은한이 삼경인제 / 일지춘심을 자규야 아랴마난 / 다정도 병인 양하여 잠 못 들어 하노라.

④ 백설이 잦아진 골에 구름이 머흐레라 / 반가운 매화를 어느 곳에 피었는고 / 석양에 홀로 서서 갈 곳 몰라 하노라.

⑤ 천만리 머나먼 길에 고흔님 여의압고 / 내 마음 둘듸없서 내가에 안쟛시니 / 져 물도 내 안과 갓트여 우러 밤길 예놋다.

● 위의 (나)와 다음 글의 공통점으로 맞는 것은?

> 어뎌 내 일이여 그릴 줄을 모로던가
> 이시라 하더면 가랴마난 제 구태야
> 보내고 그리난 정은 나도 몰라 하노라.

① 4음보의 율격이 규칙적이다.
② 분연체의 형식을 지니고 있다.
③ 대체로 7～5조의 음수율을 지닌다.
④ 후렴구를 사용하여 음악성이 돋보인다.
⑤ 강호한정을 노래하는 낙천적인 성격이 드러난다.

☞ 한 개의 지문에 출제된 네 개의 문제 중에 첫 번째 문제만이 글의 장르인 고려속요에 대하여 물어보는 것으로서 제시된 지문에 한정된 문제이고, 나머지 세 문제는 모두 외부에서 끌어 온 내용(다른 시나 시조)과 연결 지어 묻고 있다.

언어영역 시험의 등장

수능시험의 언어영역은 사실상 중학교 국어와 고등학교 국어를 구분짓는 가장 큰 차이라고 해도 과언이 아니다. 중학교 때는 주로 교과서 위주로 내신시험만 잘 보면 큰 문제가 없다. 그러나 고등학교에 진학하면 당장 수능 언어영역에 대비해야만 입시에서 좋은 결과를 얻는다. 문제는 내신시험과는 성격이 다른 언어영역을 정복하는 것이 쉽지 않다는 점이다. 사고력 · 추리력 · 논리력 · 이해력 등 다양한 측면에서 처음 보는 생소한 지문을 제시하여 학생의 언어영역 능력을 평가한다. 따라서 교과서에서 배운 글에서 문제가 나오는 시험만 보던 학생들은 이런 문제를 처음 접하면 당황하게 된다. 이런 차이를 극복하기 위한 가장 중요한 전제조건은 바로 중학교 시절의 독서이다. 중학교 우등생에서 멈추지 않기 위해서는 언어영역을 위해 독서를 충분히 하는 것이 매우 중요하다.

책 읽기 내비게이터

국어 또는 언어영역에 자신이 없는 학생은 3장의 핵심 내용을 정리하는 습관 / 4장의 교과서의 지문만 읽는다 부분을 참고한다.

내용의 차이

중학교와 고등학교 영어에서 배우는 내용은 큰 차이가 없다. 고등학교 영어가 문법과 독해에 비중을 두고 있는 데 반하여 중학교 영어는 듣기와 말하기에 약간 더 비중을 두고 있다. 배우는 단어의 수준이 올라가고, 지문이 길어지며, 보다 복잡한 문장이 사용된다는 점이 다를 뿐이다. 최근에는 영어학습 수준이 많이 올라갔기 때문에 중학교 영어공부를 제대로 하지 않아서 어려운 경우라면 모를까, 중학교와 고등학교의 공부 내용 격차 때문에 적응하지 못하는 경우는 별로 없다. 중학교 때 잘하던 학생이 고등학교 때도 잘하는 대표적인 과목이다.

분량의 차이

교과서를 통해서 배우는 분량은 큰 차이가 없다. 다만 한 챕터가 보다 밀도 있는 내용이므로 고등학교 때 조금 더 많이 공부한다고 볼 수 있다. 또한 고등학교 때는 교과서 이외에 부교재로 다른 기본서나 문제집을 선택하여 공부하는 경우가 많으므로 그만큼 더 많이 배운다.

속도의 차이

수학이나 과학, 사회 과목에 비하면 빠른 편에 속하지 않는다. 정해진 챕터를 순서대로 나가기 때문에 중학교와 고등학교의 배우는 속도는 큰 차이가 없다. 다만 교과서 이외에 부교재로 공부하는 내용이 추가되므로 약간 빠르다고 느낄 수 있다.

난이도 차이

영어단어는 얼마나 알고 있어야 할까? 외국어 고등학교에 들어가 공부하려면 중학교 때 이미 1만 단어를 알아야 한다는 이야기도 있다. 하지만 일반적으로 중학교 때 알아야 할 단어는 약 2,000단어, 고등학교 때 알아야 할 단어는 약 3,500~4,000단어 정도이다. 양적으로도 약 두 배가량 되므로 중학교 때 영어단어를 암기하기 위해 썼던 시간의 두 배 이상을 투자해야만 한다. 게다가 단어의 수준이 높아지고, 파생어 혹은 같은 단어가 여러 가지 의미로 쓰이는 경우가 늘어나므로 단어 암기에 더 많은 시간을 써야 한다.

지문은 길고 복잡해지지만, 난이도가 현격하게 차이 나는 것은 아니다. 중학교에서 단계적 · 점진적으로 난이도가 높아지므로 차근차근 공부하면 난이도 차이 때문에 걱정할 필요는 없다. 다만 고급 문법 사항이 적용된 문장이 많으므로 중학교 때 영문법의 기틀을 잘 잡아 두어야 수월하게 공부할 수 있다.

내신시험 문제의 차이

영어도 중학교와 고등학교 내신시험의 기본적인 원리는 같다. 학교 수업시간에 배운 교과서 내용을 중심으로 출제된다. 물론 중학교 문제보다는 난이도가 높다.

외국어영역 시험의 등장

사실상 중학교와 고등학교 영어를 구분 짓는 것은 바로 수능시험의 외국어영역이다. 중학교 때는 주로 교과서 위주로 내신시험만 잘 보면 큰 문제가 없다. 그러나 고등학교에 진학하면 당장 수능 외국어영역에 대비해야만 한다. 외국어영역 시험은 이미 공부한 교과서 지문을 바탕으로 하는 내신 영어시험과는 성격이 다소 다르다. 듣기, 어법, 독해 등의 영역에서 처음 보는 지문을 읽으면서 문제를 풀어야 한다. 따라서 외국어영역 지문에 제시된 내용에 관한 배경 지식을 갖추고 있으면 빠르고 쉽게 풀 수 있다. 배경 지식이 있는 상태에서 영어지문을 읽는 것과 전혀 모르는 내용이 영어로 적혀 있는 경우는 문제를 대하는 느낌 자체가 다르다. 이것은 언어영역과 마찬가지이다. 다양한 독서는 외국어영역에도 큰 도움이 된다.

또한 내신시험 문제가 세밀한 내용까지 꼼꼼하게 읽고 풀어야 한다면 수능 외국어영역 문제는 큰 틀을 보고 빨리 읽어서 전체적인 내용과 주제 등을 이해하는 것이 필요하다. 내신시험은 몇 개 단원에 국한해서 출제하다 보니 지엽적인 문제도 출제된다. 그래서 외국에서 생활한 경험이 있는 영어 실력자들도 가끔 내신시험 문제에서 애를 먹는 경우가 있다. 특히 아주 미세한 문법적 차이를 부각시켜 문제화하면 수업시간에 듣지 않고서는 맞히기 어려운 경우도 많다. 그러나 외국어영역 시험은 광범위한 주제와 내용을 바탕으로 굵직굵직한 문제가 출제된다. 어떤 문제는 영어로 되어 있을 뿐 사실 국어문제인 경우도 있다. 기본 실력만 탄탄하게 갖추고 제대로 준비하면 오히려 외국어영역 문제가 고등학교 내신 영어시험 문제보다 더 수월할 수도 있다.

책 읽기 내비게이터

영어 또는 외국어영역에 자신이 없는 학생은 2장의 암기왕 vs 이해왕 / 3장의 핵심 내용을 정리하는 습관, 꾸준히 반복하는 습관 / 4장의 영어 공략법 등을 참고한다.

외국어영역 문제 유형(2007학년도 수학능력시험)

All travellers should ensure they have adequate travel insurance before they depart. A suitable insurance policy should provide coverage for medical expenses arising from illness or accident prior to or during their vacation, loss of vacation money, and cancellation of the holiday. Please keep your insurance policy and emergency contact details with you at all times. Before departure, you will be required to provide your tour leader with a copy of your insurance policy covering the period of travel. Without this information, you will not be allowed to travel with the group.

● 위 글의 주제는?

① coverage of car insurance

② selection of travel agencies

③ necessity of travel insurance

④ conditions of health insurance

⑤ promotion of tourist attractions

☞ 위 문제를 읽어 보면 앞부분으로 다시 옮겨 읽게 되는 부분이 있을 것이다. 아마 많은 학생들은 'A suitable insurance policy should provide coverage for medical expenses arising from illness or accident prior to or during their vacation, loss of vacation money, and cancellation of the holiday'와 같은 긴 문장을 어떻게 끊어 읽어야 하는지, 어디서부터 어디까지가 어떻게 걸리는지 정신이 없을 것

이다. 그러나 이 문장을 그냥 단어 뜻으로 죽 읽고 넘어가도 답 (③)을 고르는 데에는 전혀 문제가 없다. 이것이 수능의 묘미이다. 전체를 읽고 말하는 바를 파악할 수 있다면 세세한 부분의 구문 독해에서 애매한 부분이 있어도 해결할 수 있다. 물론 평소에 공부할 때도 대강 하라는 뜻은 아니다.

내용의 차이

사실상 중학교와 고등학교 공부의 차이를 만드는 가장 큰 요인은 바로 수학이다. 중학교와 고등학교 수학은 연결되는 부분도 많지만 전체적으로는 큰 차이가 있다. 우선 중학교 7, 8, 9-(나)에서 나왔던 순수기하 부분은 고등학교 때 해석기하로 바뀐다. 다소 과장하면, 중학교 때 보조선을 그리고 각도를 찾던 순수기하는 고등학교의 좌표상의 해석기하로 바뀌면서 거의 쓸모가 없어진다. 또한 중학교 때까지 배운 내용이 심화될 뿐만 아니라 전혀 배우지 않은 행렬, 로그, 수열, 급수, 극한, 미분, 적분, 벡터 등의 새로운 개념도 배운다(이과 기준).

분량의 차이

중학교 교과서는 여러 가지 교재 중에서도 페이지 수가 비교적 여유 있게 작성된 책이다. 3년 동안 배울 분량을 모두 더하면 약 800페이지인데, 이것을 3년 동안 고르게 배우므로 사실상 한 학기에 130페이지 정도이다. 따라서 시험기간을 제외하고 한 학기가 평균 3.5개월임을 감안할 때 어림잡아 한 달에 40페이지 정도를 공부하면 된다.

상대적으로 고등학교 분량을 살펴보자. 문과는 10-(가)(나)와 수1까지만 배우지만, 이과는 10-(가)(나), 수1, 수2, 심화(보통 미적분)까지 배워야 한다. 그나마 일차변환, 복소평면 개념이 6차 교육 과정에서 7차 교육 과정으로 넘어오면서 분량이 줄어든 게 다행이다. 잘 알려진 교재인 《수학의 정석》은 1,800페이지에 달한다(이과생 기준). 이것을 6~7학기 동안 다 배운다고 가정하면 학기당 250~300페이지를 공부해야 한다. 역시 한 학기를 평균 3.5개월 정도로 보면 한 달에 80페이지 정도를 공부해야 한다. 고등학교 때 선택하여 사용하는 부교재를 제외하고, 중고등학교 수학의 난이도가 전혀 차이가 없다고 가정해도 고등학교 때 공부해야 할 수학의 절대량이 중학교 때의 두 배 이상이라는 결과가 나온다. 실로 엄청난 분량이다.

온라인상으로 중고등 수학문제를 제공하는 어느 업체의 총 문제 수를 살펴보면 고등학교 문제가 중학교 문제의 3~4배에 달한다. 이것은 절대량만 따진 것이고 문제의 난이도나 문제풀이의 길이를 생각하면 그 격차는 훨씬 더 벌어질 것이다. 일단 분량 면에서 고등학교 수학이 압도적으로 많다.

속도의 차이

앞에서 설명했듯이 분량은 훨씬 많은데 진도를 나갈 시간은 2년에서 2년 조금 넘는 시간뿐이다. 3학년 중반부터는 학교에서도 입시 위주로 책 정리에 들어가는 게 일반적이기 때문이다. 속도는 중학교 때의 두 배 이상이고, 개념의 복잡도나 문제의 난이도를 고려하면 그 차이는 더 심하다. 실제로 학생들에게 체감하는 고등학교 수학 진도를 설문해 본 결과 75%의 학생이 중학교 때 배우는 속도의 3~4배로 느낀다고 답하기도 했다.

난이도 차이

중학교 때 들어 본 적도 없는 기호나 개념을 고등학교 때 처음 배우는 것도 전체의 50% 이상에 달한다. 그러다 보니 체감하는 난이도는 훨씬 높을 수밖에 없다. 특히 수1이나 수2는 내용이 새롭고, 10-(가)(나)의 내용은 중학교 과정을 심화한 것이지만 심리적으로 고등학교 수학이라는 부담감 때문에 난이도가 높게 느껴진다. 따라서 고등학교 수학에 자연스럽게 적응하려면 수1, 2도 중요하지만 10-(가)(나)를 차근차근 여러 번 제대로 공부해야 한다. 일단 고등학교 수학공부에 적응되면 수1, 2나 심화된 내용을 배울 때 자신감을 가질 수 있다. 중고등학교 공부는 심리적 요인이 절반 이상이기 때문에 자신감을 갖는 것이 매우 중요하다.

내신시험 문제의 차이

중학교나 고등학교나 내신시험의 기본적인 속성 때문에 수학도 배운 내용을 위주로 평이하게 나오는 편이다. 그러나 고등학교 시험은 좀 더 복합적으로 개념을 조합하여 출제된다. 따라서 단순히 푸는 법만 외우면 문제를 풀기 어렵다. 또한 전형적인 유형의 문제(그 단원을 배우면 자주 만나는 문제) 수가 훨씬 많으므로 푸는 법을 외우기는 힘들다. 결론적으로 내신시험만을 위해서도 제대로 된 공부법으로 많은 시간을 투자해야 함을 알 수 있다.

중학교 내신시험 문제 유형

• 이차함수 $y=-x^2+5x+k$의 최대값이 5일 때, 상수 k의 값을 구하여라.

☞ 최대값은 꼭지점이므로 $x=\frac{5}{2}$에서 나온다.

$\therefore k=-\frac{5}{4}$

고등학교 내신시험 문제 유형

• 실수 x, y가 $x^2+y^2=10$을 만족시킬 때 $x+2y$의 최대, 최소를 구하여라.

☞ 가장 일반적인 방법은,

$x+2y$를 k로 두면

$x=k-2y$

따라서 $(k-2y)^2+y^2=10$

y는 실수이므로 이를 y에 관한 일원이차방정식으로 보면 $D\geq 0$에 의해

$4k^2-5(k^2-10)\geq 0$

$\therefore -5\sqrt{2}\leq k\leq 5\sqrt{2}$가 된다.

그 밖에도 원과 직선의 위치관계(직선~원까지 거리=반지름) 또는 코시-슈바르츠 부등식을 이용해서도 풀 수 있다. 이처럼 고등학교 문제의 경우 여러 가지 방법으로 풀 수 있는 문제가 많다.

수리영역 시험의 등장

언어영역이나 외국어영역과 마찬가지로 수리영역도 내신 수학시험과는 속성이 다르다. 고등학교에 진학하면서 접하게 되는 수리영역 문제는 일반적인 교과서 내용을 직접적으로 적용한 문제도 있지만 사고력이 필요한 문제도 많다. 따라서 이미 공부하고 풀어 본 문제와 유사한 문제를 푸는 내신시험보다 차원 높은 접근방식이 필요하다.

특히 수리영역 문제를 풀 때 신경 쓰게 되는 것 중의 하나는 각 문제의 배점이다(실제 수능시험 문제는 원점수 기준으로 2, 3, 4점짜리 문제가 섞여 있다). 이것이 별로 중요하지 않은 것 같아도 실제 시험을 볼 때는 신경을 쓰지 않을 수가 없다. 우선 쉬운 문제와 아는 문제를 풀고, 어렵고 안 풀리는 문제를 나중에 푸는 게 보통의 시험전략이다. 그러나 풀다가 시간이 모자랄 경우, 점수가 낮은 문제를 집중해서 공략하자니 큰 점수의 문제가 아쉽고, 큰 점수의 문제를 공략하자니 어려워서 못 풀면 쉬운 문제까지 놓칠 수 있으니 걱정이다. 따라서 수리영역은 수학 실력 말고도 문제풀이에 대한 나만의 전략, 즉 시간 배분이나 풀이의 우선순위에 관한 전략과 원칙이 있어야 한다. 아무 계획 없이 풀다가 시간 부족이나 어려운 문제 하나 때문에 아는 문제까지 못 푸는 상황을 만들어 후회하지 않도록 노력해야 한다.

책 읽기 내비게이터

수학 또는 수리영역에 자신이 없는 학생은 3장의 폭넓게 이해하는 습관, 핵심 내용을 정리하는 습관, 문제를 두려워하지 않고 심화학습 하는 습관, 꾸준히 반복하는 습관 / 4장의 아무 데나 펼쳐서 설명하기, 풀어 보기, 실용적인 오답 정리 방법, 수학 공략법 등의 부분을 참고한다.

내용의 차이

중학교 때는 국사와 사회를 배운다. 물론 사회는 매우 다양한 내용을 포함하고 있다. 그러나 고등학교 때는 이런 모든 내용이 11개 과목(한국지리·경제지리·세계지리·국사·근현대사·세계사·정치·경제·윤리·법과 사회·사회문화)으로 분화되고 심화된다. 그리고 일부를 선택해서 수능시험을 본다.

분량의 차이

중학교 사회가 두루뭉술하게 여러 가지 내용을 조금씩 배운다면 고등학교 사회는 세분화된 내용을 심화하여 배우므로 사실상 분량의 차이가 많지 않은 것처럼 보인다. 그러나 이것은 절대분량이고 상대적으로는 훨씬 많은 분량을 공부해야 한다. 같은 한 페이지라고 해도 담겨 있는 내용의 밀도가 다르기 때문이다. 또한 사회 과목에 투자할 시간이 중학교 때만큼 많지 않은 것도 한 가지 이유이다. 실제로 고등학교에 진학한 학생들을 대상으로 설문조사를 해보면, 중학교 때에 비해서 공부할 양이 두 배 이상 많은 것으로 느낀다고 한다.

속도의 차이

1학년 때는 보통 사회와 국사나 도덕 같은 국민공통교육과정 위주로 배우고, 2, 3학년 때 문과는 선택을 해서 공부하는 것이 일반적이다. 이과는 한두 과목 정도 형식적으로 배운다. 분량에 비해 수업시간이 많지 않기 때문에 실제로 배우는 속도 역시 중학교 때의 두 배 정도 된다.

난이도 차이

중학교 사회에서 다루는 수요공급곡선에 관한 설명에 비해 고등학교 경제에서 다루는 수요공급곡선은 해석하는 난이도가 훨씬 높다. 세계사나 국사 교과서를 살펴보아도 같은 역사적 사실을 보다 여러 가지 관점에서 해석하고 문제의식을 갖고 분석한다. 이를 바탕으로 출제되는 문제 수준 역시 고등학교 사회 과목이 훨씬 높다.

내신시험 문제의 차이

중학교 내신시험이든 고등학교 내신시험이든 기본적으로 배운 내용을 바탕으로 한 단순한 문제는 어디에나 있다. 그러나 중요한 것은 그 비율이다. 중학교 내신 사회시험은 1차원적인 단순한 문제의 비율이 높다. 반면에 고등학교 문제는 한 번 꼬아서 내는 문제가 꽤 섞여 있다. 다음 예를 보면서 이해해 보자.

중학교 내신시험 문제 유형

●다음 중 세대 차이가 나는 원인으로 가장 적합한 것은?

① 인간 본능의 변화 ② 경제적인 생활수준의 차이

③ 전통적 가치관의 고수 ④ 급격한 사회 변동

⑤ 교육 수준의 차이

☞ 쉽게 알 수 있듯이 답은 ④번이다. 별로 생각할 필요가 없다. 그러나 고등학교 시험문제는 다르다.

고등학교 내신시험 문제 유형

●다음 글과 같이 인간과 자연의 관계를 바라보는 관점에 해당하는 것은?

> 여기서 약 20km 떨어진 호수에 유일한 식당이 있을 뿐 빙하 마을 전까지는 잠을 잘 만한 곳은 물론 일절의 편의 시설이 없다. 멋진 숲길과 산길이 계속되었지만 삭막할 만큼 편의 시설은 없다. 그들의 원칙은 무조건 손대지 않는 것이다.

① 우리나라는 땅 부족을 해결하기 위해서 국토를 넓혀야 한다.

② 겨울에 눈이 많이 내리는 울릉도에는 우데기라는 특수한 가옥이 있다.

③ 공장 건설로 인하여 폐수가 발생하고 그 결과로 주변 농작물 수확이 큰 타격을 입었다.

④ 아시아에서 건너간 이민자들에 의해 미국에 벼농사 지역이 많이 만들어졌다.

⑤ 수도권 주변의 녹지를 자연 상태로 두기보다는 대단위 주거단지로 개발하여 활용률을 높여야 한다.

☞ 수업시간에 한국지리를 통해 배우는 내용 중의 하나가 바로 인간과 자연의 관계를 설명하는 이론이다. 인간이 자연 환경의 영향을 받는다는 환경결정론부터 인간의 자유 의지로 자연을 선택적으로 개발한다는 가능론, 그리고 그런 개발의 출발점은 바로 문화적 배경에 있다는 문화결정론이 있다. 하지만 환경파괴와 기후 변동으로 고통을 받기 시작한다. 결국 인간과 자연은 서로 영향을 주고받는 것이며, 인간도 자연의 일부로 보고 공존하기 위해 노력해야 한다는 것이 바로 생태학적 관점이다. 이런 내용을 그대로 물으면 좋겠지만 고등학교 내신시험은 위와 같이 한 번 꼬아 놓는다.
제시문을 읽어 보면 자연에 손을 대지 않고 보존한다는 내용이다. 아무 생각 없이 선지를 보면 ①번은 국토를 넓힌다니 틀린 것 같고, ②번은 자연에 적응하는 내용이니 틀린 것 같다. 그리고 ③번은 자연을 훼손하니 틀린 것 같다. ④번 역시 자연을 활용하니 틀린 것 같고, ⑤번도 개발한다니 틀린 것 같다. 그러면 답은 무엇인가? 여기에 함정이 있다. 제시문의 긍정적이며 보존한다는 내용만 바라보면 답을 고를 수가 없다. 이 문제는 긍정과 부정을 물어보는 게 아니라 인간과 자연의 관계를 바라보는 관점을 묻는 것이다. 따라서 관점에만 초점을 맞추어서 읽어 보아야 한다. 제시문은 생태학적 관점에 관한 글이다. ①번은 국토가 좁으니 자연을 개발하자는 내용으로서 자유 의지로 선택한 결정이니 당연히 가능론의 입장이다. ④번은 문화적인 배경이 공간을 초월하여 벼농사라는 자연 활용을 가능하게 한다는 점에서 문화결정론적 관점이다. 결국 ③번이 정답인데 그 이유는 자연을 훼손하는 내용이지만 그 결과로 인간이 타격을 입게 된다는 점에서 이것이 잘못되었다는 논리가 숨어 있다. 따라서 생태학적 관점에서 바라보고 있는 것이다.

사회탐구영역 시험의 등장

중학교와 고등학교 내신시험의 차이는 난이도 높은 문제의 비율 차이이다. 고등학교 내신시험 문제에도 단순한 문제가 있다. 그러나 사회탐구영역 시험은 이런 차원을 뛰어넘기를 요구한다. 그래도 사회탐구영역은 그나마 내신시험과 수능시험 간의 괴리가 적은 편이다. 따라서 평소에 공부습관만 잘 들여도 내신과 수능 모두 잘 대비할 수 있는 과목이다. 그러면 사회탐구영역에서는 어떤 문제들이 출제될까?

책 읽기 내비게이터

사회 또는 사회탐구영역에 자신이 없는 학생은 2장의 고등학교식 암기 노하우 / 3장의 폭넓게 이해하는 습관, 핵심 내용을 정리하는 습관, 이해하고 암기하는 습관 / 4장의 효율적인 책 보기 팁, 실용적인 오답 정리 방법, 사회 공략법 등의 부분을 참고한다.

한국지리 문제 유형(2007학년도 수학능력시험)

●자료는 도시별 제조업과 생산자서비스업의 종사자 비율을 나타낸 것이다. 이에 대한 추론으로 적절하지 않은 것은?

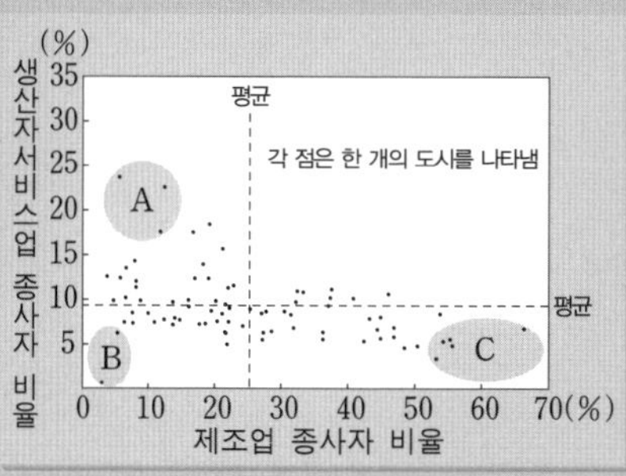

① A는 생산자서비스업이 특화된 업무기능 위주의 도시일 것이다.

② B는 농업 또는 광업이 다른 도시들에 비해 높은 종사자 비율을 보일 것이다.

③ C는 제조업이 특화된 중소 규모의 공업 도시일 것이다.

④ 제조업 종사자 비율이 높은 도시는 생산자서비스업 종사자 비율도 높을 것이다.

⑤ 제조업 종사자 비율의 평균은 생산자서비스업 종사자 비율의 평균보다 높을 것이다.

☞ 그림과 문제만 보면 답이 바로 안 나온다. 그래프를 읽고 선지를 보면서 틀린 선지를 찾아 나가야 한다. 정답은 어렵지 않게 ④번임을 알 수 있다. 그러나 ①, ②, ③번을 모두 읽으면서 그 설명이 옳은지 그른지 판단해야 한다. 암기해 두어야 할 것은 없지만 그렇다고 보자마자 답을 구할 수도 없다. 그만큼 사고력과 논리적 판단이 단순한 내용의 암기보다 중요해지는 것이 수능시험의 특징이다.

내용의 차이

중학교 과학은 물리, 화학, 지학, 생물의 기초를 전체적으로 다룬다. 그러나 고등학교 과학은 각각의 과목을 세분하여 심화한다. 물리1·2, 화학1·2, 생물1·2, 지학1·2로 구성되어 있으며, 중학교 때 배우지 않은 새로운 개념과 공식을 많이 배운다.

분량의 차이

수학과 마찬가지로 중학교 때 배우는 과학은 고등학교 때(이과)에 비하면 거의 배운 게 없다고 보아도 무방할 정도이다. 가장 크게 변하는 물리는 수학적인 해석이 상당히 많이 늘어나고, 공식도 암기해서 적용해야 한다. 화학 역시 암기 분량과 계산해야 할 내용이 대폭 늘어난다. 생물이나 지학은 수치적 해석보다는 중학교 때 배우지 않은 새로운 내용의 분량이 늘어나고 심화된다. 전체적으로 이과생이 배우는 과학의 분량을 중학교 과학의 분량과 비교해 보면 거의 10배에 달한다.

속도의 차이

고1 때는 과학으로 모두 배우고, 고2, 3 때 문과는 형식적으로 조금, 이과는 선택을 하여 많이 배운다. 과학 역시 배울 분량에 비해 수업시간이 많지 않기 때문에 진도를 빨리 나갈 수밖에 없다. 실제로 학생들이 체감하는 속도는 세 배 정도라고 한다.

난이도 차이

중학교 과학 책에서 물리에 해당하는 부분을 모두 살펴보아도 일 · 역학적 에너지 · 전기 · 파동 등에서 다루는 한두 개씩의 공식 외에는 마땅히 공식이라고 할 게 별로 없다. 그러나 고등학교에 가면 수많은 공식이 쏟아진다. 이것은 고등학교 물리의 난이도를 급격하게 높이는 요인이 된다. 특히 고등학교 때 배우는 가장 중요한 부분인 역학과 전자기 부분은 미적분과 벡터에 대한 개념이 명확하지 않은 상태에서 배우기가 난해한 분야이다. 고등학교 생물에서 매우 중요한 부분인 유전도 중학교 때는 전혀 배우지 않은 유전자나 염색체에 대한 것을 생물2에서는 3분의 2 정도를 다루고 있으며 난이도가 높다. 화학도 마찬가지이다. 중학교 때는 배우지 않던 산화환원, 산-염기, 금속, 탄소화합물(유기화학), 화학평형, 반응 속도 등 새로운 개념과 내용이 방대하여 공부하기가 쉽지 않다. 지구과학도 2에 가면 천체 부분의 난이도가 높다. 전체적 · 실질적으로 고등학교 과학을 배우면서 느끼는 체감난이도는 중학교 과학의 다섯 배 이상이다(이과 기준).

내신시험 문제의 차이

중학교 내신시험에 비해서 계산문제 비율이나 난이도가 많이 높아진다. 따라서 수학공부도 열심히 해야 한다.

중학교 내신시험 문제 유형

※ 아래 그림은 A에서 시작하여 진자 운동을 하는 물체를 나타낸 그림이다. 마찰은 없다고 가정하며, 기준면은 O이다.

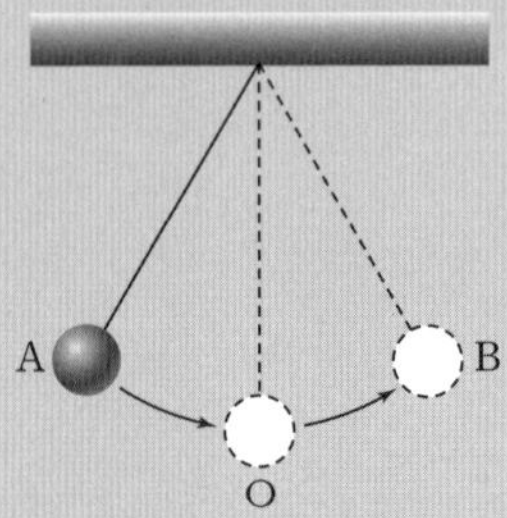

● 다음 중 위치에너지와 운동에너지의 양을 바르게 나타낸 그래프는 어느 것인가?

Ep(실선)는 위치에너지를 Ek(점선)는 운동에너지를 의미한다.

① 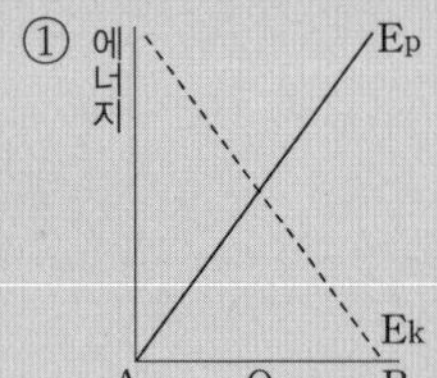

② 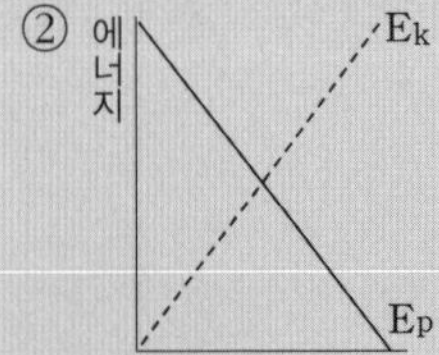

③ 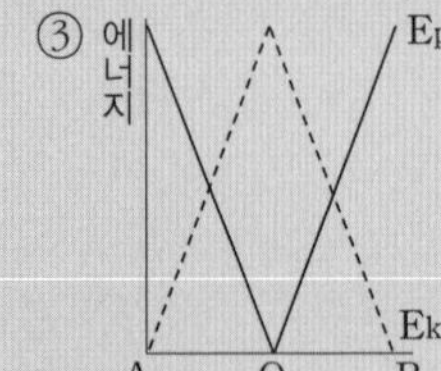

④ 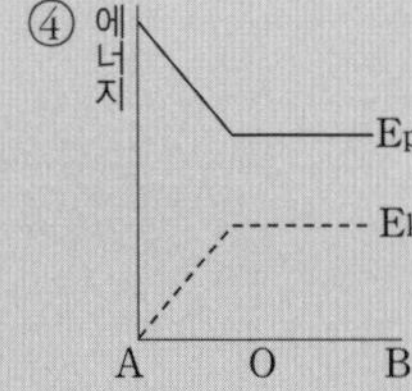

⑤ 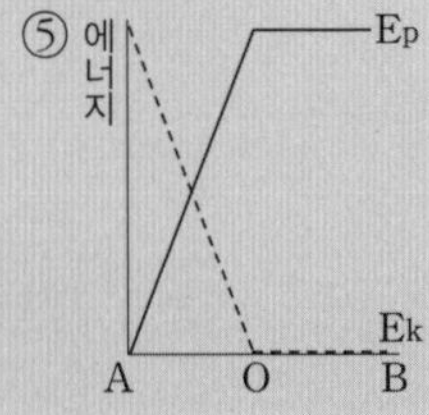

☞ 정답이 ③번임을 쉽게 알 수 있다. A, B에서는 위치에너지만 있고 최저점 O에서는 운동에너지만 있으므로 이를 표현하는 것은 ③ 번뿐이다.

고등학교 내신시험 문제 유형

● 길이가 L미터인 실에 질량 m(kg)인 추를 달아 실의 다른 끝을 천장에 매달았다. 실이 연직선과 각을 이루는 점에서 추를 가만히 놓으면 추는 단진동을 한다. 추의 최대 속도는 몇 m/s인가?

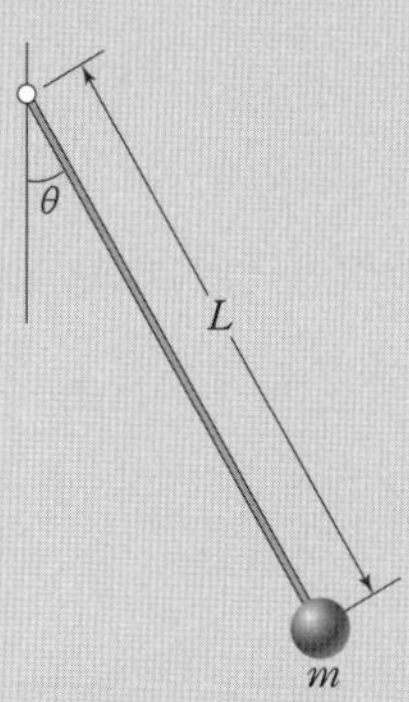

① $\sqrt{gL\cos\theta}$　　② $\sqrt{2gL\cos\theta}$　　③ $\dfrac{\sqrt{L\cos\theta}}{g}$

④ $\sqrt{gL(1-\cos\theta)}$　　⑤ $\sqrt{2gL(1-\cos\theta)}$

☞ 이 문제는 위치에너지의 차이만큼 운동에너지가 생기고 최저점일 때 그 차이가 가장 큰 동시에 속력이 가장 빠르다는 점을 착안해야 한다. 그뿐만 아니라 다음과 같은 계산식을 풀어야 한다.

그림을 보면

최대점일 때와 최저점일 때의 높이 차이는 $L-L\cos\theta$이다.

결국 이만큼 운동에너지 $\frac{1}{2}mv^2$이 발생한다.

따라서 $mg(L-L\cos\theta)=\frac{1}{2}mv^2$으로부터

$v=\sqrt{2g(L-L\cos\theta)}=\sqrt{2gL(1-\cos\theta)}$가 된다.

과학탐구영역 시험의 등장

과학탐구영역은 기본적인 각 과목별 배경 지식을 바탕으로 이를 적용하는 내용이 출제된다. 문제 안에서 풀 수 있던 기존의 수능과 달리 최근에는 문제에 주어진 상황과 기초적인 과목 지식을 조합하는 문제가 나온다. 예전에 비하면 내신시험과 수능시험의 괴리가 적어진 편이다. 따라서 이를 준비하기 위해서는 반복적으로 기본서를 공부하고 적용·응용하는 문제를 풀어 보아야 한다. 현실적으로 1, 2학년 때는 주로 내신 준비를 하기 때문에 과학탐구영역은 방학과 3학년 때를 이용해서 준비할 수밖에 없다. 앞으로의 통합교과형 논술을 고려해 볼 때 사회나 과학 과목의 중요성이 더욱 상승할 것으로 생각된다.

책 읽기 내비게이터

과학 또는 과학탐구영역에 자신이 없는 학생은 2장의 고등학교식 암기 노하우 / 3장의 폭넓게 이해하는 습관, 핵심 내용을 정리하는 습관, 이해하고 암기하는 습관, 문제를 두려워하지 않고 심화학습 하는 습관 / 4장의 아무 데나 펼쳐 설명하기, 풀어 보기, 효율적인 책 보기 팁, 실용적인 오답 정리 방법 등의 부분을 참고한다.

물리 1 문제 유형(2007학년도 수학능력시험)

※그림 (가)와 같이 직선 도로에서 자동차 A, B가 거리 x만큼 떨어져 일직선으로 운동한다. A는 17m/s의 속력으로 등속도 운동한다. 그림 (나)는 A와 B 사이의 거리 x를 시간 t에 따라 나타낸 것이다.

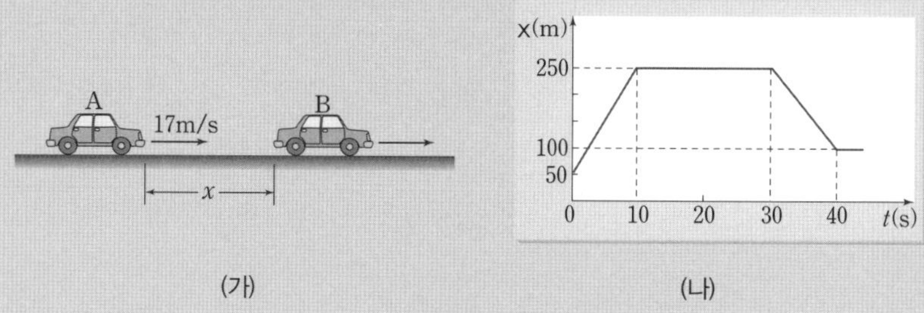

(가) (나)

●지면에 대한 B의 운동에 대하여 설명한 것으로 옳은 것을 〈보기〉에서 모두 고른 것은?

보기

ㄱ. 0초에서 10초 사이의 속력은 20m/s이다.

ㄴ. 20초일 때 가속도는 0이다.

ㄷ. 30초에서 40초까지 움직인 거리는 150m이다.

① ㄱ ② ㄴ ③ ㄱ, ㄴ ④ ㄱ, ㄷ ⑤ ㄴ, ㄷ

☞ 주어진 그래프를 잘못 해석하여 시간에 따른 B의 운동 거리로 생각하면 완전히 틀린다. 그래프는 A와 B의 거리 차를 그려 놓은 것이다. 따라서 처음에는 거리 차가 일정하게 증가하다가 일정하게 유지되고 어느 순간부터 차이가 감소하다가 일정해지고 있다. 따라서 처음에는 B가 A보다 빠른 속력으로 등속도 운동을 한다. 거리 차가 초당 20m씩 늘어 가므로 0~10초 사이의 B의 속력은 37m/s임을 알 수 있다. 그러다가 차이가 250m로 벌어진 순간 좀

이상하지만 순간적으로 17m/s로 감속하여 등속도 운동을 한다. 같은 방향, 같은 속력이므로 거리 차가 더 이상 늘지 않는다. 그러다가 갑자기 초당 15m씩 거리가 좁혀진다. 즉, 5m/s로 순간감속을 한 것이다. 10초 동안 그렇게 달렸으니 30~40초 사이에서 B는 50m 움직였다. 결국 ㄱ은 틀렸고, ㄴ은 맞고, ㄷ은 틀렸다. 답은 ②번이다. 이처럼 수학능력시험 문제는 단순히 속도-거리를 계산하게 하는 것이 아니라, 그 내용을 적용하여 생각하도록 유도한다.

5 STUDY 문이과 그리고 선택 과목

문이과 선택 무엇을 기준으로?

중학교와 달라지는 게 또 있는데, 고등학교 때는 계열이 나누어지고 선택 과목을 정해야 한다는 것이다. 물론 요새는 계열 구분의 의미가 다소 모호해졌다. 자기가 공부할 자신만 있으면 선택해서 응시할 수 있기 때문에 이과로 정했어도 사회 과목을 공부해서 문과 계열 학과에 진학할 수 있다. 하지만 아직까지는 문이과를 구분하고 있다. 또 중학교 때부터 외고나 과학고에 진학하면서 이런 문제를 점점 더 어린 연령대에서 고민하고 있다.

문제점은 학생이나 학부모 모두 문이과 선택이나 그 배경이 되는 직업 선택에 대해 좋은 조언을 구할 곳이 별로 없다는 것이다. 대부분 TV나 인터넷 혹은 주변 친구나 학부모, 선생님 말만 믿고 결정한다. 여기에서 중요한 것이 있는데 정보를 독점하거나 독점해서 공유하고 있는 기득권 집단과 그렇지 못한 일반 집단 간의 격차이다. 일반 집단의 학생이나 학부모는 그냥 좋은 대학, 좋은 학과에 진학만 하면 다 끝나는 것으로 생각한다. 그러나 기득권 집단의 정보 독점공유를 뒤늦게 알고 후회한다. 이미 기득권 집단은 한 발 앞서서 이런 문제의 중요성을 깨닫고 준비하기 때문이다. 그래서 학창 시절 공부만 열심히 한 것을 후회하고 나중에 진로나 직업 선택의 중요성을 뼈저리게 느낀다.

미래를 대비하기 위해 알아야 할 가장 대표적인 것으로는, 전문직 분야의 시장 변화 양상, 일반적으로 알려진 직업 외의 선호 직업, 그 밖에 유학 또는 각종 시험과 제도에 관한 여러 가지 정보가 있다.

하지만 학생들이 공부를 하면서 이런 정보에까지 귀를 기울이기는 사실상 거의 불가능하다. 따라서 학부모의 역할이 중요하다. 중간 · 기말고사 시험 점수 1, 2점에 벌벌 떨고, 어느 과외 선생님이 좋고, 어느 학원 선생님이 좋은지만 전전긍긍하면서 찾아볼 일이 아니다. 과연 우리 아이가 살아갈 장래에 어떤 직업이 좋고 그 직업을 위해서 어떤 준비가 필요한지 장기적인 계획과 정보 수집이 필요하다.

선택 과목은 어떻게?

직업 선택을 기준으로 문이과를 결정했다면 다음은 선택 과목이다. 이과는 물리1 · 2, 화학1 · 2, 생물1 · 2, 지학1 · 2 중에서 네 개를 선택한다. 그리고 문과는 국사 · 근현대사 · 세계사 · 한국지리 · 세계지리 · 경제지리 · 법과 사회 · 경제 · 정치 · 사회문화 · 윤리 중에서 네 개를 선택한다(전형 기준에 따라 선택의 제한이 있거나 요구하는 개수의 차이가 있을 수 있다). 똑같은 과목을 배우는 중학교 때와 달리 선택이 필요하기 때문에 약간 부담이 되기도 한다. 주의할 점은 진학하려는 학과에 따라서 신중하게 선택해야 한다는 것이다. 예를 들어 이과의 경우 약대에 진학한다면 당연히 생물과 화학을 많이 공부하는 방향으로 선택해야 한다. 표준 점수의 유불리 때문에 무엇을 선택해야 할지 혼란스럽기도 하지만, 대학에 진학해서 공부하는 것을 고려하면 옳은 선택이다. 생물이나 화학을 제대로 공부하지 않고 약대에 진학했다가 낭패를 보는 학생들이 많다. 문과의 경우 경제학과에 진학하면서 경제를 선택하지 않는다거나 법학과에 진학하면서 법과 사회를 선택하지 않는다면 올바른 선택이라고 할 수 없다. 어차피 표준 점수는 결과가 나오기 전까지 어떻게 될지 아무도 모른다. 그렇다면 당연히 대학 진학 후에도 도움이 되는 과목을 선택하는 것이 옳다.

선택 과목을 모두 가르치는 학교는 드물고, 일부는 지원을 해주지 않는다. 아무리 수업시간에 소홀히 했다고 해도 시험을 보고 공부해 본 과목과 그렇지 않은 과목은 자신감 면에서 차이가 있기 마련이다. 따라서 과목을 선택할 때는 가능한 한 학교에서 가르쳐 주는 과목을 선택하는 것이 좋다. 배우지도 않은 과목을 자기 혼자 준비하는 것은 쉬운 일이 아니기 때문이다.

6 STUDY 논리적인 글쓰기의 요구

독서가 인생의 중요한 밑거름이자 간접경험의 보고이며, 삶을 풍요롭게 만드는 지적 즐거움의 원천이라는 것은 누구나 알고 있는 사실이다. 그럼 과연 사람들은 알고 있는 만큼 실천하고 있을까?

회사에서 면접관이 되어 면접자들을 만나는 경우가 종종 있다. 그때 가끔 하는 질문 중의 하나가 바로 '어떤 것에 대한 궁금함을 느낄 때 어떻게 해결하겠는가?' 이다. 이에 대한 대답으로 책 속에서 해답을 찾겠다고 말하는 경우가 별로 없었다. 왜 그럴까?

책은 목적이 아니다. 도구이고 수단이다. 직접경험을 통해 얻을 수 없는 광범위한 정보를 제공한다. 그런데 이렇게 좋은 수단을 간과하는 사람들이 많다. 책은 읽어야 하는 의무 때문이 아니라 필요하기 때문에 읽는 것이다. 그러나 성인들은 자신이 필요한 해답을 찾는 데 책을 이용하지 못하는 경우가 많다.

그러면 학생들은 어떨까? 학생들은 반대로 책은 읽지만 목적이 불분명한 경우가 많다. 논구술시험에 도움이 된다고 하니까 무작정 읽는 것이고, 강요에 못 이겨 억지로 읽는 경우도 많다. 그러나 목적이 없고 책 읽을 필요를 느끼지 못하면 책을 읽는 자체가 고역이다. 어려서부터 책을 좋아하는 경우라면 모를까 독서습관이 형성되지 않은 경우에 책을 읽기란 쉽지 않다. 그래서 초등학생, 중고생을 막론하고 다들 독서논술학원에 다니나 보다. 최근 통합교과형 논술 열풍과 관련하여 학부모님과 상담해 보면 책을 읽지 않아서 걱정이라는 말을 많이 한다. 대부분 논술 때문에 책을 읽게 하기 위해 혹은 국어성적을 관리하기 위해서 독서논술학원에 보낸다고 한다.

중학교 때 독서가 왜 필요할까?

책 읽기의 긍정적인 효과를 중고등학교 공부에만 초점을 맞추어 생각해도, 중학교 시절의 충분한 독서는 고등학교 공부와 입시를 위해서 필수적이라고 할 수 있다. 사실 중학교 때에는 독서와 국어성적, 독서와 학업성취도는 상관관계가 별로 없다. 독서는 독서일 뿐이고, 성적은 성적일 뿐이다. 쉽게 말하면 중학교 때는 책을 별로 읽지 않아도 국어성적이 얼마든지 잘 나올 수 있고, 우등생도 될 수 있다. 그래서 중학교 우등생 중에는 독서와 담 쌓고 지내는 경우도 많다.

그러나 고등학교에 진학하면 당장 수능시험에 언어영역이 있고 대학별 고사로 논구술시험이 있다. 내신시험에서는 책 읽기 없이도 얼마든지 맞힐 수 있지만, 언어영역이나 논구술은 다르다. 책 읽기가 충분하지 않으면 논구술시험에서 좋은 점수를 얻기 힘들다. 독서량이 부족할 경우 논리적 근거가 타당하지 않거나 식상한 논거로 인해 채점자의 마음을 사로잡을 수 없다. 또한 언어영역 시험의 지문에 처음 보는 글이 나올 경우 빨리 이해할 수 없다. 당연히 여러 번 읽다 보면 문제 푸는 속도가 떨어지고 출제자의 의도를 파악하기도 어렵다. 그뿐만 아니라 긴 지문의 언어영역 문제를 끝까지 집중해서 읽고 풀려면 평소에 글 읽기 훈련이 되어 있어야만 한다. 가끔 중학교 때 학업성취도와 상관없이 고등학교 언어영역 모의고사를 술술 잘 풀어내는 학생들이 있다. 그들은 대부분 중학교 때까지의 독서량이 많다. 반대로 고등학교에 진학한 후 언어영역에서 고생한다면 백발백중 중학교 때의 독서량이 부족한 경우가 많다.

특히 최근에 논술의 경향이 통합교과형 논술로 변화하고 있다. 예전에는 제시문이 어렵지 않아서 표현하기 위주(글쓰기 연습)로 준비하면 충분했다(다만 최근의 서울대 모의논술은 예전 모의논술과 달리 제시문은 쉽게! 문제는 어렵게! 원칙으로 출제된 바 있다. 그러나 연대는 제시문은 어렵게! 문제는 쉽게!라는 최근 경향을 수용하고 있다). 그러나 이제는 표현 단계 이전에 읽고 이해하는 능력을 먼저 길러야 한다. 왜냐하면 길고 생소한 제시문이 주어지므로 표현의 과정을 넘어서서 정보의 이해 과정이 중요하기 때문이다. 즉, 자유롭게 쓰는 논술에서 이해하고 맞추어 쓰는 논술로 변화하고 있다. 또한 장문의 논술보다는 짧은 단문의 핵심 위주 서술로 바뀌고 있다. 따라서 예전의 서론-본론-결론 형식의 글쓰기 대회에 맞는 방법으로는 대처할 수 없다. 결국 글을 읽고 이해하는 능력은 갑자기 생기는 게 아니고 많은 글 읽기를 통해서 얻을 수 있기 때문에 중학교 시절의 글 읽기는 더더욱 중요하다.

고등학교에 진학한 후 후회하면서 하는 말 중의 하나가 '중학교 때 책 많이 읽어 둘걸' 이다. 고등학교에 진학하면 책 읽는 데 할애할 시간이 부족할 뿐만 아니라 마음의 여유도 없다. 방학을 이용하지 않으면 책을 읽기가 쉽지 않다. 따라서 중학교 때 충분히 책을 읽어 두어야 고등학교에서 논술을 위한 글쓰기 연습을 제대로 할 수 있고 고등학교의 언어영역도 자동으로 대비할 수 있다.

독서야말로 스스로 공부를 잘할 수 있도록 만드는 데 가장 중요한 역할을 한다는 점을 강조하고 싶다. 우리가 하는 대부분의 공부는 책을 읽고 이해하고 문제를 푸는 과정으로 이루어지기 때문이다. 고승덕 변호사가 저술한 《포기하지 않으면 불가능은 없다》에 다음과 같은 글귀가 나온다. "그때 책을 많이 읽었던 것이 공부를 혼자 해도 잘할 수 있는 평생의 밑거름이 된 것 같다. 공부를 잘하려면 초등학교 때 책을 열심히 읽는 것이 가장 중요하다고 생각한다. 어릴 적에 책을 많이 읽어야 머리도 좋아지는 것 같다."

고등학교 때 글쓰기가 왜 필요할까?

고등학교 때 글쓰기가 왜 필요할까?라는 질문에 대한 답은 이미 나왔다. 본인이 타고난 글쓰기 선수가 아니라면 연습을 해야만 실력이 향상된다. 많이 읽고, 써보고, 모범답안을 많이 모방해 보아야 좋은 답안을 쓸 수 있기 때문이다. 그러나 초등학교, 중학교 때에는 읽기에 많은 시간을 투자해야 한다. 그리고 고등학교 때 실질적인 글쓰기 연습을 많이 해야 한다. 특히 논술에서 좋은 답안을 작성하려면 글쓰기 연습이 생명이다. 또한 고등학교 내신시험에서 서술형 문제에 대응하기 위해서도 글쓰기 연습은 중요하다.

논술에 대비해서 좋은 글을 쓰려면 어떻게 연습해야 할까? 독서 감상문 써보기나 일기 쓰기, 토론하기 등에 대해서는 이미 잘 알고 있으므로 그 이외의 것들을 알아보자.

교과서 학습활동으로 논술을 준비한다

최신 논술의 경향을 알고 대비하려면 각 대학에서 발표하는 모의논술 문제를 꼭 구해서 풀어 보는 것이 좋다. 하지만 아직 실력이 갖추어지지 않은 고1이나 중학생에게는 어려운데, 그렇다고 너무 어렵게 생각하지는 말자. 이럴 때는 최근 논술에 적합한 문제로 교과서를 추천한다. 갑자기 웬 교과서냐고 의아하게 생각할 것이다. 하지만 교과서를 무시해서는 안 된다. 교과서의 단원 마지막에 나오는 학습활동은 교과서의 본문을 읽어 본 후 그 내용을 기반으로 여러 가지 질문에 짧게 서술할 것을 요구한다. 이것이야말로 최근 논술 경향에 맞는 형태이며 논술 대비에 안성맞춤이다. 게다가 최근 서울대가 교과서 본문 내용을 대폭 수용하여 제시문은 쉽게! 문제는 어렵게! 형태의 모의논술을 출제한 것과도 무관하지 않다. 직접 작성해 보고 자습서가 제시한 답도 읽어 보면서 글쓰기 연습을 하면 내신도 잡고 논술도 잡는 일석이조의 효과를 누릴 것이다.

좋은 글은 어떻게 써야 할까?

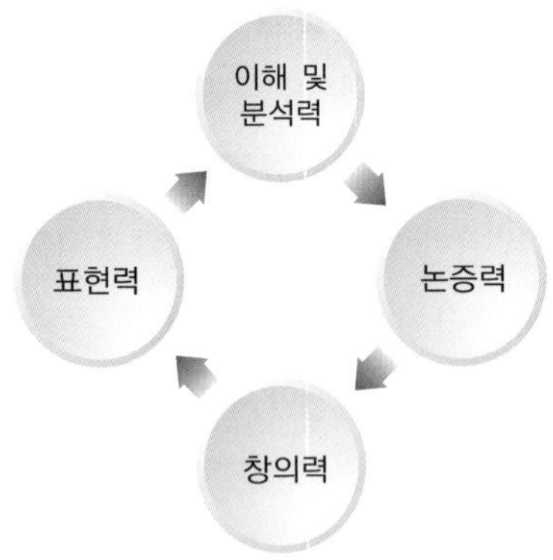

논술을 대비해서 고등학교 때 글쓰기에 대하여 알아보는 것이므로 논술의 문장에 초점을 맞추어 본다. 각 대학이 밝히는 논술 채점 원칙을 살펴보면 위의 그림에 나타낸 바와 같이 네 가지 관점에서 글을 잘 써야 한다. 이것을 쉽게 풀이하면, '문제와 제시문을 제대로 이해하고 질문에 답했는가?', '논리적으로 글을 잘 썼는가?', '남과 다른 참신하고 적절한 논거를 들었는가?', '글쓰기의 기본이 되어 있는가?' 이다.

우선 문제가 요구하는 것이 무엇인지 잘 파악해야 한다. 이것이 생각보다 매우 중요하다. 평소에는 몰라도 실제로 논술시험장에 들어가면 무척 긴장되기 때문에 급한 마음에 A를 쓰라고 되어 있는데 A′를 쓰는 경우가 생길 수 있다. 그나마 A′이면 다행이다. B를 써버리면 온전한 점수를 받기는 거의 불가능하다. 혹은 A, B, C를 쓰라고 했는데 A, B만 쓰는 실수를 하는 일이 없도록 유의해야 한다. 이것이 모두 긴장으로 인한 것이므로 뭐라고 할 수는 없지만 아무튼 조심하자.

그 다음은 문제와 제시문을 잘 이해하는 것이다. 그래서 제시문의 내용을 활용해서 쓰거나 문제의 개념을 정확히 정의하는 것 등이 필요하다. 또한 문제가 제한조건을 두었을 때 이를 지키는 것도 중요하다.

논술은 논리적인 글쓰기이다. 화려한 수사법을 동원한 그럴듯하고 아름다운 글을 요구하는 것이 아니다. 당연히 논리적 타당성이 가장 중요하다. 자신의 명확한 주장을 적절한 논거를 들어 입증해야 한다. 추상적이거나 모호한 주장 또는 결론은 지양해야 한다. 특히 주장하는 논리는 일관되어야 하고 비약이 있어서는 안 된다. 아전인수 격으로 쓴다든가 횡설수설한다든가 주장만 있고 근거가 없는 글쓰기는 점수를 얻을 수 없다. 힘없는 양비론과 양시론도 지양해야 한다.

뻔한 논거를 들면 좋은 글쓰기는 어렵다. 논거가 참신하고 적절할수록 창의력 높은 글을 쓸 수 있고, 다른 답안과 차별화되기 때문이다. 또한 문제가 가지고 있는 생략된 전제나 가정 같은 것을 짚어 내어 고찰하거나, 발상의 전환 혹은 창의적 반론이 포함된 매력적인 글도 좋다. 결국 개성 있는 글이어야 한다는 말이다. 물론 논리적 체계가 보장될 때 개성도 빛을 발한다. 평범하고 식상한 혹은 두루뭉술한 논거는 기본 점수밖에 못 받는다. 따라서 글을 쓸 때는 항상 내가 드는 논거나 서술 내용을 다시 한 번 살펴보고 남들도 다 그렇게 하지는 않을까? 하는 고민을 반드시 해보아야 한다. 인문 계열의 경우 우화나 문학작품을 인용하여 논거로 들었을 때 참신성이 인정되는 경우가 많다. 자연계의 경우는 뻔한 결과에 그치지 않고 조건을 뛰어넘는 새로운 결론까지 확장했을 경우에 인정받기 쉽다. 일상 속에 과학적 개념이 적용된 사례나 발상 혹은 관점을 전환한 경우를 찾는 것도 방법이다.

기본적인 글쓰기의 원칙 같은 것을 지켜야 한다. 잘 모르는 어려운 어휘를 부적절하게 사용하거나 맞춤법이나 어법에 맞지 않게 표현하는 일이 없도록 유의해야 한다. 문장 자체가 매끄러운 것도 중요하다. 글이 술술 읽혀야 점수도 술술 주게 된다. 공식적인 보도 자료 등에는 다루고 있지 않지만 글씨를 잘 쓰는 것도 매우 중요하다. 역시 잘 읽혀야 한다는 이유도 있지만 인상도 좋아지기 때문이다. 자연계의 경우는 도표나 그림과 같은 시각적인 표현이나 수식으로 깔끔하게 정리하는 것이 좋다. 특히 자연계는 답이 없다고 하지만 일단 출제자가 원하는 답 쪽으로 가는 게 여러모로 유리하다. 그리고 자연계 답안은 다른 사람도 쉽게 이해할 수 있도록 서술하는 것이 중요하다. 문장은 가능하면 읽기 쉽게 잘 끊어서 쓰는 것이 좋다. 너무 길게 쓰면 읽기도 힘들고 어법이 틀리기 쉽다. 수많은 답안을 채점해야 하는 채점자 입장에서 문장이 길면 짜증이 나기 마련이다. 만연체로 길게 늘어뜨리지 않도록 하자. 단, 초등학생 수준의 단순한 문장으로 쓰라는 이야기는 아니다.

글을 쓸 때는 항상 네 가지를 고민한다. '문제의 출제자가 원하는 답은 무엇일까?', '논리적 흐름이 체계적이려면 어떤 식으로 전개해야 할까?', '남들과 다르게 차별화된 개성 있는 글을 쓰려면 어떻게 해야 할까?', 그리고 글을 쓰고 나서는 '글이 자연스러운가?' 생각해 본다. 완성된 글이 매끄러운지 확인하기 위해서는 가능하면 여러 사람에게 읽어 달라고 부탁하는 것이 좋다. 그러면 자신이 미처 생각하지 못한 부분에 대해 다양한 의견을 얻을 수 있다. 부모님, 친구, 선생님 등 주변 사람들을 총동원해 보자. 그들도 기꺼이 여러분을 도와줄 것이다.

책을 안 좋아하는 중학생을 위한 책 읽기 요령

독서습관이 아직 잡히지 않은 학생은 책을 읽기 전에 짧은 글을 읽도록 한다. 긴 책을 읽을 인내심이 없는 상태에서 책을 읽으면 항상 좌절감만 든다. 짧은 글을 많이 읽음으로써 글 읽는 인내심을 길러 보자. 독서습관이 잡히지 않은 상태에서 목적 없이 책을 읽는 것은 거의 고문에 가깝다. 책 읽는 목적을 찾아보자. 국사를 위해 한국사에 관련된 책을 읽는 것도 좋고, 사회를 위해 만화로 된 세계사 책을 읽어도 좋다. 목적의식을 가지면 그렇지 않을 때보다 훨씬 적극적으로 책을 읽을 수 있다.

본인 생각에 이과형인 학생은 소설보다 위인전이나 과학 잡지, 수필, 다큐멘터리, 역사서 등에 접근하는 것이 좋다. 이과형 학생들은 문학작품보다는 오히려 사실에 기반한 책을 쉽게 받아들이기 때문이다. 그리고 굳이 신문 사설을 읽으려면 같은 이슈에 대한 여러 신문사의 다양한 논점을 한꺼번에 읽어야 한다. 편향된 한 가지 신문의 내용만 읽으면 잘못된 논리 전개나 편향된 사고를 일으킬 수 있다.

책 읽기가 부족하여 다급해진 고등학생을 위한 논구술 준비 요령

만약 중학교 때 독서량이 부족한 채로 고등학교에 진학했다면, 상대적으로 시간이 부족하므로 논구술에 직접 도움이 되는 작전을 세워야 한다. 따라서 좋은 책을 엄선해서 같은 책을 여러 번 읽는다. 그러면 그 책의 논리적 흐름이나 어휘 표현 등을 내 것처럼 흡수할 수 있다. 주변에서 친구의 좋은 답안을 최대한 모방하는 것도 실력을 빠르게 증진시킬 수 있는 전략이다. 그리고 평소에 자기가 쓴 글을 속으로 읽지 말고 소리 내서 읽어 보자. 기자들도 자신의 글이 자연스러운지를 확인할 때 큰 소리로 읽어 본다고 한다. 의외로 그냥 써놓았을 때는 발견하지 못한 어색한 문장이나 표현을 찾아낼 수 있다.

고등학생을 위한 마지막 팁은 논구술시험을 위해 가장 효과적이고 효율적인 준비 요령으로, 여름방학의 대학 교양수업 강좌를 청강하는 것이다!! 대학 교양수업이야말로 통합교과형 논구술 중 문과형 논구술시험에 너무나 잘 어울리는 수업이다. 계절학기가 개설되는 주변 대학의 정보를 알아보고 철학과 쪽에서 개설하는 교양수업 강의를 열심히 수강하면서 책을 읽고 리포트를 쓰거나 과제를 제출하거나 시험을 보자. 혹은 토론에 참여해 보는 것도 좋다. 또 강사에게 부탁해서 자신의 리포트나 과제를 평가받아 보거나 시험 결과를 가지고 토론해 보자. 굉장히 좋은 경험이 될 뿐만 아니라 실력 향상의 기회도 될 것이다.

자녀에게 책을 많이 읽히고 싶은 학부모를 위하여

부모가 모범을 보여야 한다

부모가 책을 안 읽으면서 아이가 독서하기를 바라는 것은 어불성설이다. 자녀의 독서습관은 거의 부모를 따라간다. 평소에 글이나 책을 읽는 모습을 보이면서 글 읽는 환경을 만들어야 자녀도 자연스럽게 독서습관을 갖추게 된다. 화장실에 간단한 책 두기, 식탁에 좋은 글 끼워 두기, 냉장고에 좋은 글 붙여 두기, 신문 스크랩하기, 간단한 서재 꾸미기 등을 해보자. 만약 부모가 독서에 관심이 없다면 자신의 관심 분야를 먼저 떠올려 보자. 예를 들어 관심 분야가 부동산이나 주식투자라면 그것과 관련된 책을 구입해 보고, 인테리어나 자녀교육이라면 그 분야의 책을 찾아서 읽어 보자. 어학이나 컴퓨터에 관련된 것도 좋다. 책을 읽는 척하려고 소설이나 잡지만 읽는 것은 별 도움이 안 된다. 무엇이든 목적의식이 있어야 잘할 수 있다.

어릴 때 책을 읽어 주는 것도 좋다

초등학생의 경우 부모님이 책을 읽어 주는 것도 좋다. 가능한 한 자녀가 책과 자주 접할 수 있도록 유도해야 한다. 어릴 때 독서습관이 안 잡히면 커서 고치기가 힘들다.

책을 사는 습관이 필요하다

한 달에 일정액을 책 구입에 지출하는 것도 좋다. 핸드폰 요금이나 기름값을 줄이는 한이 있어도 책 구입은 망설임이 없어야 한다.

독서 감상문은 자제하라. 차라리 같이 읽고 대화하라

자녀가 책을 읽으면 무조건 독서 감상문을 써야 한다는 편견을 가진 학부모가 많다. 그런데 자녀가 초중생이라면 표현보다는 흡수에 초점을 맞추는 것이 좋다. 지식을 흡수하여 안에 쌓인 게 많으면 자연스럽게 표현할 수 있기 때문이다. 어릴 때는 차라리 부모와 함께 읽고 그 내용을 같이 이야기해 보는 것이 편하고 자연스러워서 좋다. 독서 감상문은 오히려 자녀에게 부담이 되어 역효과가 날 수 있다.

추천도서 목록에 현혹되지 말자

대학이나 단체, 언론 등에서 제시하는 추천도서 목록에 너무 현혹되거나 따라다니지 말자. 그것은 그냥 추천도서일 뿐이다. 요새는 어떤 분야의 어떤 책이 좋은지에 관한 정보가 인터넷에 상세히 제공되므로 서점에서 그 책을 살펴보고 구입하면 된다.

7 STUDY

암기왕 vs 이해왕

보통 사람들은 수학을 이해 과목, 사회를 암기 과목이라고 한다. 반면에 반대로 이야기하는 사람도 있다. 결론부터 말하면 무슨 공부를 하든 이해 또는 암기 한쪽만 있을 수는 없다는 것이다. 어떤 과목이든 이해와 암기는 떼려야 뗄 수 없는 존재이며, 이해-암기-이해-암기의 고리가 반복되어야 공부가 완성된다. 암기 없는 이해는 시험에 적용할 수 없고, 이해 없는 암기는 빨리 잊어버린다.

따라서 구조화된 암기와 이해가 필요하다. 구조화된 암기는 주로 많은 시간을 들여 여러 번 공부하기 힘든 과목, 즉 사회나 과학 같은 과목에 필요하다. 그리고 구조화된 이해는 주로 많은 시간을 들여 여러 번 공부할 수 있는 과목, 즉 영어나 수학 같은 과목에 필요하다.

다음은 구조화된 이해이다. 수학을 예로 들자. 수학은 누구나 많은 시간을 들여 여러 번 공부한다. 그런데도 잘 안 된다. 공식은 외웠는데 문제가 안 풀린다. 왜 그럴까? 여러 번 공부하니까 암기는 자동으로 된다. 그러나 내용이 어려워 이해하기가 힘들다. 구조가 복잡하기 때문이다. 따라서 문제가 안 풀리는 것이다. 그러므로 이런 과목은 암기를 바탕으로 구조화된 이해를 해야 잘할 수 있다. 한마디로 기본 공식이나 개념을 잘 암기하고, 앞뒤를 연결하여 전체 구조를 이해해야 한다는 말이다.

어떤 고등학교 2학년 학생에게 물어보았다.

"이차방정식 푸는 방법을 설명할 수 있겠니?"

"……"

그러나 어떤 이차식의 인수분해, 또는 완전제곱 꼴로의 유도, 이차방정식의 근의 공식에 대해서는 완벽하게 대답했다.

이게 무슨 조화인가? 이차방정식을 푸는 방법은 중학교 3학년 1학기 때 다 배웠는데 말이다.

왜 위와 같은 세 가지 질문을 했을까?

이차방정식을 배우기 전에 우리는 인수분해를 배운다. 이차식의 인수분해를 배우는 것은 이차의 다항식을 일차의 다항식으로 된 인수들의 곱으로 표현하기 위해서이다.

이차방정식 푸는 법 1

[이차식 ax^2+bx+c]$=0$의 구조를

[일차식 $mx+n$]$\times$[일차식 $m'x+n'$]$=0$의 꼴로 분해하는 것이다.

그러면 두 개의 일차식 중 어느 하나가 0일 때의 미지수 x의 값을 구할 수 있다. 그것이 곧 이차방정식의 두 근이 되는 것이다. 이것이 인수분해를 하여 푸는 법이다.

이차방정식 푸는 법 2

[일차식 $px+q$]$^2=t$의 꼴로 나타내어,

$px+q=\pm\sqrt{t}$로 만들고 결국 미지수 x를 구해 내야 한다.

이것이 바로 완전제곱 꼴로 유도하는 이유이다.

이차방정식 푸는 법 3

마지막으로 언제까지나 완전제곱 꼴로 유도하면 시간이 많이 걸리고 귀찮으므로 미리 완전제곱 꼴로 유도하여 일반적인 공식을 정리한 것이 바로 근의 공식이다. 별게 아니다.

$$x=\frac{-b\pm\sqrt{b^2-4ac}}{2a}$$ (단, 근호 안의 값은 0 이상)

보통은 1, 3번 방법만 쓴다.

이 학생은 왜 세 가지 질문 각각에 대해서는 대답을 하면서도 이차방정식 푸는 방법을 설명하지 못했을까? 고등학교 2학년인 이 학생은 이미 기계적으로 이차방정식을 풀 때 인수분해를 해보고, 안 되면 근의 공식을 쓴다는 결론만 머릿속에 있는 것이다. 구조적으로 이차방정식은 어떤 식으로 풀어야하는지, 그 이유는 무엇인지에 대해서는 관심이 없다. 어쩌면 자신이 배웠는지조차 기억 못 할지도 모른다. 하지만 수학은 그런 학문이 아니다. 여기서 알 수 있는 것은 이차방정식을 푸는 방법이라는 간단한 구조 속에서도 전체를 볼 줄 아는 눈이 있는가, 아니면 전체 구조는 모른 채 하나하나의 미시적인 문제풀이법만 암기하고 있는가의 차이이다. 정확히 암기했다면 그 내용을 조직화해서 전체적으로 정리해 내야 한다.

구조화된 이해란 바로 공부 내용의 앞뒤를 연결할 수 있고, 결과적으로 내용 전체를 서로 엮을 수 있는 거시적 시야를 확보하는 것을 말한다. 중학교 때부터 전체적인 구조를 파악해 가며 공부하는 습관이 필요하다. 사실 중학교 때는 이런 식의 공부를 하지 않아도 크게 문제가 되지는 않는다. 중학교 시험은 1차원적으로 한 가지 내용에 대한 문제만 출제되기 때문이다. 그러나 고등학교에서는 전체적인 구조를 파악하지 못하면 종합적인 사고를 요구하거나 두세 개의 내용이 조합된 문제를 풀 수가 없다. 내신시험에서는 차이가 안 날지 몰라도 수능 모의고사 문제를 풀면 중학교 전용 학습을 한 학생과 구조적인 공부를 한 학생의 차이가 크게 난다. 특히 내용이 워낙 방대하기 때문에 내용을 따로따로 공부할 경우 뒤의 내용을 공부할 때 앞의 내용을 잊어버려 계속 앞의 내용을 찾아가면서 공부해야 한다.

구조적인 공부가 단 한 번에 될 수 있다는 생각은 버리는 게 좋다. 두 번, 세 번 끊임없이 반복해서 공부하고, 다시 보고 읽는 과정 속에서 앞뒤 내용을 연결하고 자신의 머릿속에 구조를 잡아야 한다.

중학교 수학 어떻게 연결되어 있나?

중학교 3학년 1학기 수학 교과서 목차를 보면, 제곱근-다항식 곱셈-인수분해-이차방정식-이차함수 순서로 연결되는데 이것은 다 이유가 있다. 최종 종착점은 이차함수이다. 그런데 이차함수에서 $y=0$인 경우 이차방정식 꼴이 된다. 즉, 이차함수 x축과의 교점의 x좌표가 이차방정식의 근이 된다. 그래서 이차방정식을 먼저 배운다. 그런데 이차방정식을 풀려면 인수분해를 할 줄 알아야 한다. 따라서 인수분해를 먼저 배운다. 또한 인수분해를 이해하려면 다항식끼리 곱한다는 개념을 먼저 알아야 한다. 그래서 다항식의 곱셈을 인수분해보다 먼저 배운다. 최종적으로 근을 구할 때 제곱근이 사용될 수 있으므로 제일 먼저 배우는 것이다. 결론적으로 중3 1학기 수학은 이렇게 연결되어 흘러간다는 것을 알아야 한다.

그런가 하면 중1, 2학년 1학기 수학 교과서와 연결되는 것도 알 수 있다. 중1, 2학년 1학기 수학은 진법이나 근사값과 같은 독립적인 내용도 조금 있다. 그러나 대부분 크게 두 가지 내용인데 첫 번째는 수에서 식으로 옮겨 가도록 도와주는 내용이고, 두 번째는 일차방정식과 일차부등식 그리고 함수를 이해하는 데 필요한 제반 사항들이다. 그리고 3학년 때는 일차에서 이차로 차수를 확장하는 것이다. 당연히 고등학교 때는 3차 이상의 고차까지 확장되며, 이런 구조가 모두 연결되어 있다.

고등학교 수학 최대 · 최소 이슈

고등학교 시험문제에 자주 등장하는 것이 두 개의 식이나 수의 대소 비교와 최대 · 최소값을 구하는 내용이다. 내신시험을 보는 동안에는 개별 단원에서 나올 때마다 따로따로 알아 두어도 지장이 없다. 그러나 전 범위 내신시험이나 수능시험을 볼 때는 반드시 이런 문제에 대한 나만의 방법론을 구조적으로 공부해 놓아야 한다.

최대 · 최소를 구하는 문제가 나왔다면 다음과 같은 경우를 떠올려 보아야 한다(더 있을 수 있으므로 찾아서 추가해 보자).

① 다항함수의 최대 · 최소를 구하는 경우 또는 다항식에서 판별식을 활용하는 경우, 대칭형 문제 등
② 절대부등식을 이용하는 경우(산술기하조화평균, 완전제곱, 코시-슈바르츠 부등식 등)
③ 부등식의 영역을 이용하는 경우
④ 미분을 이용(극대 · 극소)하는 경우
⑤ 기하의 경우는 코사인 제2법칙을 이용하는 경우

위의 내용은 중학교부터 고등학교에 이르기까지 여러 단원에서 배운다. 이런 내용을 전체적으로 정리해 두어야 전 범위 시험에서 좋은 결과

를 얻을 수 있다.

구조적인 이해와 암기는 비단 수학에 국한된 문제가 아니다. 영문법 역시 구조적인 공부 없이는 정복할 수 없다. 문법공부 좀 했다는 중학교 3학년 학생에게 물어보았다.

"to부정사에 대해서 설명할 수 있겠니?"

"to에다가 동사원형 붙인 거죠."

이게 대답의 전부였다.

이 학생은 to부정사의 세 가지 용법을 모르고 있었을까? 아마 충분히 공부했을 것이다. 그런데도 아직 자신의 머릿속에 구조화하여 저장하지 않은 것이다. 단지 to부정사가 쓰인 문장을 해석할 줄 알고 어느 용법인지 맞출 수 있는 수준은 아직 영문법을 구조화하여 체계적으로 공부하고 있지 못하다는 증거이다. to부정사에 대해서 배웠다면 그 역할이 무엇인지, to부정사가 왜 쓰이는지 전체를 보는 시야를 가져야 한다. 문법의 요소를 배울 때마다 궁금증을 갖고 그 의미를 이해해야 한다.

결론적으로, 영어에서 구조화된 문법의 이해란 바로 공부 내용의 앞뒤를 연결할 수 있음을 의미한다. 각 단원의 내용에 대한 의미를 깨닫고, 내용 전체를 서로 엮을 수 있는 거시적 시야를 확보해야만 하는 것이다. 앞에서도 말했듯이 단 한 번의 공부로는 결코 구조적으로 이해할 수 없다. 끊임없이 읽고 이해하고 공부해야 한다. 이런 구조적인 공부의 필요성이야말로 중학교 공부와 고등학교 공부를 차이 나게 하는 결정적인 부분이다.

영어에서 동사의 중요성

영문법에서는 동사와 그에 연관된 내용이 절반 이상을 차지한다고 해도 과언이 아니다. 동사를 통해 말하고자 하는 바를 미묘하고 정확하게 적어도 to부정사에 대해서 설명하라고 하면, 우선 동명사와 분사 그리고 to부정사의 관계부터 떠올라야 한다.

동명사는 동사를 명사적으로 활용하기 위한 것이고, 우리말로 ~하는 것 정도로 해석된다. 또한 명사의 역할을 담당하므로 문장 안에서 주어 · 목적어 · 보어로 사용된다.

분사도 동사를 형용사적으로 활용하기 위한 것이므로 수식하여 한정하거나 보어가 되어 설명하는 용도로 사용된다.

to부정사는 부정, 즉 정하지 않는다는 말뜻처럼 동사를 명사 · 형용사 · 부사적으로 널리 활용하기 위한 것이다.

그 다음으로 to부정사의 세 가지 용법을 설명하고 예문 정도는 들 수 있어야 한다.

명사적으로 사용될 때는 주어 · 목적어 · 보어 역할을 하며 예문은 다음과 같다.

주어 : To do the right thing is not always easy.

목적어 : I like to drink plenty amount of water, every morning.

보어 : She asked me not to tell them the truth.

보어 : His bad habit is to pick on others.

형용사적으로 사용될 때는 수식의 기능을 하는 한정적 용법과 서술의 기능을 하는 서술적 용법이 있다. 예문은 다음과 같다.

수식 : We need something to drink.

서술 : He is not to be harmed. (의무, 지시, 명령)

서술 : She appears to be a good person. (~인 것 같다)

부사적으로 사용될 때는 동사나 형용사, 부사 혹은 문장 전체를 수식하는 기능을 한다. 해석은 문장과 문맥에 따라 다양한 의미로 사용된다. 예문은 다음과 같다.

I'm glad to be here, again.

We were heading to Seoul to see what's going on.

To tell the truth, I made that mistake.

표현하는 것이 바로 시제(행위의 시간), 조동사(행위자의 심리적 태도), 수동태(행위와 관련된 관심의 대상 차이)이다. 그리고 동사를 명사나 형용사, 부사 등으로 변형하여 사용하는 것이 바로 부정사, 동명사, 분사이다. 마지막으로 영어의 기본이 되는 문장 구조(1형식~5형식)를 설명하는 방식도 동사를 기준으로 나눈다. 동사로 완결, 보어가 필요한 불완전동사, 목적어가 필요한 동사, 목적어가 두 개인 동사, 목적어와 보어가 필요한 동사가 바로 그것이다.

책 읽기 내비게이터

3장의 이해하고 암기하는 습관 부분을 참고한다.

8 STUDY 고등학교식 암기 노하우

앞에서는 구조적 이해가 필요한 수학과 영어 과목의 예를 들어 중학교 공부와 달리 고등학교 공부에서 필요한 구조적 학습에 대해서 알아보았다. 여기에서는 구조적 학습의 또 한 가지 중요한 축인 구조적 암기에 대해서 알아보자.

사회 과목을 예로 들자. 사회를 많은 시간을 들여 여러 번 공부할 수 있는 학생은 별로 없을 것이다. 중학교 때는 시간이 비교적 많기 때문에 단순 암기를 할 여유가 있다. 또한 내용도 많지 않아 단순 암기로도 얼마든지 잘 해낼 수 있다. 그러나 고등학교부터는 사회 과목의 분량이나 개수가 많아진다. 그리고 사회 외에 다른 과목의 분량도 엄청나게 늘어난다. 따라서 사회 과목을 단순 암기하고 있을 시간적 여유가 없다. 대부분 시간에 쫓기며 부족한 시간을 쪼개서 공부한다. 이런 과목일수록 몇 번 못 보기 때문에 암기하기가 어렵다. 그러므로 이해를 바탕으로 구조화된 암기를 해야 여러 번 공부하지 않고도 오랫동안 자기 것으로 만들 수 있다. 한마디로 어떤 사회 현상이 발생한 이유를 잘 이해해 두면 전체적인 구조를 쉽게 외울 수 있다는 것이다.

구조화된 암기는 두 단계로 진행된다. 즉, 사회 현상의 원인(a)을 이해하여 암기의 연결 고리를 만들고, 이렇게 이해한 내용을 연결하여 전체 구조(b)를 만든다.

근현대사에서 중요한 이슈였던 근대화의 요구에 대한 우리 민족의 대응을 통해 이해해 보자.

우리 민족은 19세기 후반 주권 수호를 위한 쇄국과 근대화를 위한 개방의 기로에 서 있었다. 또한 쇄국을 한다면 봉건제도를 유지할 것인가 아니면 봉건제도를 없앨 것인가 하는 의견도 대립했다. 쉽게 말하면 외국이 우리나라에 문호를 개방할 것을 요구하는데, '개방을 할 거냐 말 거냐'의 의견 차이, 그리고 개방을 안 하면 '옛 지배체제를 유지할 거냐 말 거냐'의 의견 차이(a)가 있게 된다.

당연히 대부분 사람들은 문호 개방에 대해 두려움을 가졌을 것이고, 쇄국에 찬성했을 것이다. 그러나 자신이 지배층인가 아니면 피지배층인가에 따라 지배층은 지금 이대로 좋으니까 봉건제도의 유지를, 피지배층은 지금이 너무 싫으니까 봉건제도에 대한 반대를 주장했을 것이다. 지배층의 논리에 기초한 것이 위정척사 운동이다. 바른 것을 지키고 사악한 것을 배척한다는 말뜻처럼 전근대적이며 전통적인 정치 · 사회적 질서를 유지하기 위한 목적이 크다. 성리학을 신봉하는 보수 세력이 중심이 된다.

반면에 피지배층의 논리에 기초한 것이 동학 운동이다. 반외세 이념을 가지고 있었지만 위정척사 운동과 달리 민중과 저항적 지식인들이 주축이 된다. 봉건적 질서에 반하였음은 자명하다.

이와 달리 극소수의 사람들만이 개방을 주장하며 근대화를 바랐다. 당연히 현실적이고 실용적인 것을 좋아하거나 학식이 높을수록 개화를 바랐을 것임을 예상할 수 있다. 다만 지나치다 보면 외세에 굴복하기 쉬웠을 것이고, 나중에 일본이 한반도를 제패할 때 친일파로 흘렀을 가능성이 높다.

위의 내용을 정리하면 다음과 같다. 이와 같은 배경을 이해하고 구조를 머릿속에 넣어 두면 사실 암기할 것도 별로 없다.

(b) 주권을 보호하자! → 당연히 쇄국, 반외세 → 우리는 제도를 유지하고 싶은데! 위정척사(봉건제도 유지)

↗

→ 우리는 다 맘에 안 든다고! 동학(봉건제도 반대)

↘

근대화합시다! → 당연히 개방 → 다 바꾸어서 잘 살아 봅시다! 개화 세력 → 친일 가능성 높음

그러나 다음과 같이 중학교식으로 결과만 요약해서 마구잡이로 암기하려고 하면 암기할 것들로 넘쳐날 것이다.

위정척사	반침략, 반외세, 성리학 고수
동학	반봉건, 반침략, 민중 운동
개화 세력	근대화 추구, 개방

다음 두 문제의 차이를 보아도 단순한 중학교식 암기와 고등학교의 이해를 바탕으로 한 구조적 암기의 필요성을 느낄 수 있을 것이다.

2005학년도 고등학교 수학능력시험 기출문제(근현대사)

• 다음 (가)와 (나)의 입장을 가진 세력에 대한 설명 중 옳은 것을 〈보기〉에서 모두 고른 것은? [3점]

(가) 저 교활한 오랑캐는 온갖 수단을 동원하여 우리와의 교역을 노리고 있습니다. 저들이 험악한 골짜기와 구렁텅이를 싫어하지 않음은 우리나라를 속국으로 만들려는 것이고, 우리 강산을 자신들의 재물(財物)로 만들려는 것이며, 우리 백성을 짐승으로 만들려는 것입니다.

(나) 밖으로는 널리 구미 각국과 신의로써 친교하고, 안으로는 정치를 개혁하여 어리석은 인민을 문명의 도(道)로써 가르쳐야 합니다. 또한 상업을 일으켜서 재정(財政)을 확충하고 군사를 길러야 합니다.

보기

ㄱ. (가)는 흥선 대원군의 통상 수교 거부 정책을 지지하였다.
ㄴ. (나)는 반봉건 · 반외세적 성향이 강하였다.
ㄷ. (가)는 성리학적 가치관 수호를, (나)는 근대 국가 건설을 지향하였다.
ㄹ. (가)는 위로부터의 개혁을, (나)는 아래로부터의 개혁을 추진하였다.

① ㄱ, ㄴ ② ㄱ, ㄷ ③ ㄴ, ㄷ ④ ㄴ, ㄹ ⑤ ㄷ, ㄹ

☞ (가)를 읽고 그것이 반외세임을 알 수 있다. (나)는 개화를 원하고 있음을 알 수 있다. 따라서 ㄴ에서 (나)가 반봉건 · 반외세라고 설명한 것은 일단 옳지 않다. ㄹ은 (가)가 개혁을 원하지 않는 세력의 의견임을 알 수 있기 때문에 역시 틀렸다. ㄱ은 반외세 세력의 의견인 (가)의 내용상 맞는 것으로 보인다. ㄷ은 (가)가 성리학에 기반을 둔 보수 세력의 의견일 가능성이 높다는 점에서 옳고, (나)가 개화를 원하는 세력의 의견일 가능성이 높다는 점에서 역시 옳은

것으로 보인다. 문제를 전체적으로 볼 때 단순 암기할 내용은 별로 없고, 위에서 기술했던 개화 세력과 반외세의 보수주의 세력, 그리고 문제와는 관계없지만 반봉건 · 반침략을 주장했던 동학 세력에 대한 이해를 바탕으로 한 구조적 암기를 했다면 쉽게 풀 수 있는 문제이다.

중학교 국사 자습서 문제

●다음 내용과 관계 깊은 시기를 고르면?

전라도와 충청도 각지에서 동학교도들이 집회를 갖고, 동학 신앙의 자유와 외세의 배척 등을 요구하였다.

① ㄱ ② ㄴ ③ ㄷ ④ ㄹ ⑤ ㅁ

☞ 전라도 삼례집회와 충청도 보은집회를 설명하는 것으로, 각각 1892년, 1893년에 있었다. 따라서 이 문제를 맞히려면 정확히 그 집회들이 몇 년도에 일어났는지를 알아야 한다. 단순 암기를 요구하는 것이며 연도만 외우면 별다른 생각 없이 답이 ④번임을 알 수 있다.

Chapter 3

고등학교 우등생이 되는 7가지 공부 습관

1 STUDY

아무리 열심히 해도 성적이 오르지 않는 5가지 이유

중학교 때는 열심히 하면 성적이 오르는 경우가 많고, 적어도 오를 가능성이 매우 높다. 하지만 고등학교 때는 꼭 그렇지만은 않다. 만약 자기가 지금 열심히 공부하고 있는데도 성적이 오르지 않는다고 생각된다면 다음의 다섯 가지 이유 중 하나 또는 여러 개에 해당되지 않는지 생각해 보자. 공부를 안 해서 성적이 오르지 않는 경우는 제외한다.

이유 1 | 공부시간만 많고 실제 공부량은 적은 경우 – 비효율

이유 2 | 머리로 생각하지 않고 손으로만 공부하는 경우 – 무사고

이유 3 | 능동적으로 공부하지 않고 수동적으로 공부하는 경우 – 비자발적

이유 4 | 요령 없이 무식하게 공부하는 경우 – 무요령

이유 5 | 1~4에 해당하지 않고 열심히 공부했는데도 시험을 못 본 경우, 공부한 양에 비해 결과가 좋지 않은 경우, 쓸데없는 공부를 하고 있는 경우(미적분학도 모르면서 일반물리학을 공부하기 등) – 무전략

1~3번의 경우는 공부습관을 고쳐야 한다. 4번의 경우는 공부방법을 알아야 하고, 5번의 경우는 공부전략을 세워야 한다. 여기에서 공부습관이란 과목을 초월하여 공부를 바라보는 태도와 실천하는 방식을 말한다. 그리고 공부방법은 같은 내용을 공부하더라도 과목별 혹은 단원별로 어떤 방법을 사용하여 공부할 것인가에 관한 기술이다. 마지막으로 공부전략이란 시험을 잘 보기 위해 어떻게 공부할 것인가, 전체를 어떤 순서와 분량으로 나누어 공부할 것인가와 같은 작전을 말한다. 이 세 가지 요소는 그림과 같이 서로 상호 관계를 가지면서 작용하여 공부의 효율과 효과를 증대시켜 준다.

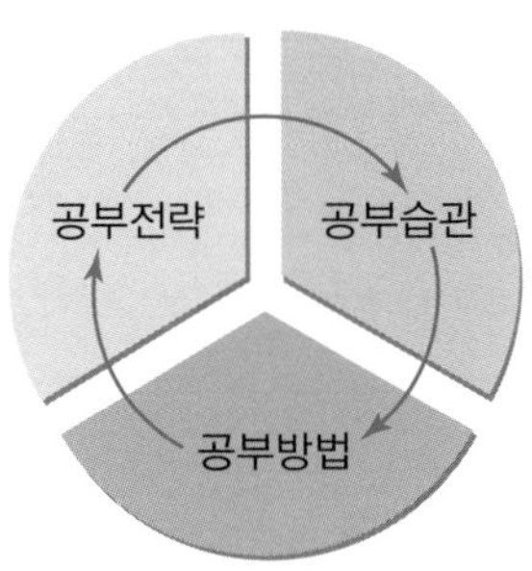

이 절에서는 이 세 가지 주제에 따라 고등학교 때 공부를 더 잘하기 위한 구체적인 해결책을 알아보기로 한다.

책 읽기 내비게이터

이유 1에 해당하는 학생은 습관에 관한 글 중 1, 3, 4, 7번째 글을, 이유 2에 해당하는 학생은 2, 3, 4, 5번째 글을, 이유 3에 해당하는 학생은 1, 3, 4, 6번째 글을 먼저 읽어 본다.

고등학교 우등생이 되기 위한 7가지 공부습관

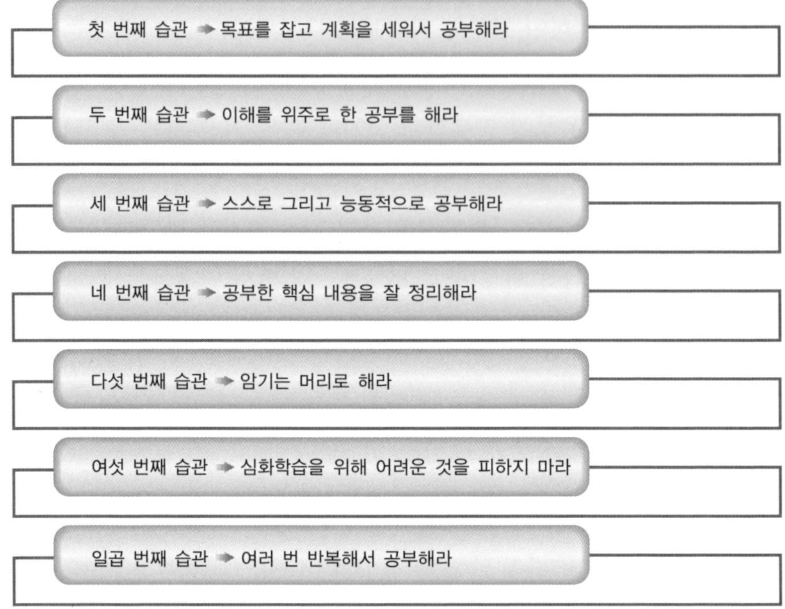

여기에 나열된 문구들이 뻔하게 느껴질 수도 있고, 다 알고 있다고 생각할 수도 있다. 하지만 실천 여부에 따라서 이 문구들은 100만 불짜리가 될 수도 있고 시간 낭비가 될 수도 있다. 그리고 절대로 이 일곱 가지 습관을 한 번에 다 실천할 수 있을 것이라고 기대하거나 욕심낼 필요는 없다. 또한 일곱 가지를 제대로 실천하지 못했다고 스스로를 자책하거나 포기할 필요도 없다. 전국 1등도 일곱 가지 중에서 단 몇 개를 충실히 실천하여 이루어 낸 것이다. 일곱 가지 습관을 통해서 하나씩 차근차근 자신을 쇄신해 나가면 된다. 이제부터 여기에 제시한 일곱 가지 습관이 왜 중요한지, 어떻게 실천할 수 있는지 알아보자.

앞으로 제시할 방법은 읽기는 쉬워도 실행하려면 대단한 결심과 선택

Tip

공부할 때 안 좋은 10가지 습관

1. 앞에 얼마나 했는지 자꾸 들추어 보는 습관 - 보아서 달라지는 건 없다.
2. 정시에 맞추어 공부를 시작하는 습관 - 그냥 바로 시작해라.
3. 이건 시험에 안 나올 거라고 단정 짓는 습관 - 출제자가 아니면 다 해라.
4. 그냥 외우는 습관 - 어차피 다 잊어버린다.
5. '다 했어요' 하는 습관 - 끝이 있다면 공부가 아니다.
6. 핑계를 대는 습관 - 공부 안 되는 이유는 내 안에 있다. 자기 합리화를 하지 말자.
7. 앞부분만 열심히 공부하고 뒤로 갈수록 대충 하는 습관 - 시험은 뒤에서 나온다.
8. '나중에 봐야지' 하는 습관 - 지금 안 보면 못 한다고 보면 된다.
9. 책을 사 모으는 습관 - 어차피 다 못 본다.
10. '언제 다 하나' 하는 습관 - 걱정해 보아야 달라질 건 없다. 누가 해줄 수도 없다. 그냥 해라.

이 필요하다. 실천하다 보면 자기 자신에게 실망하고, 포기하고 싶어질 때도 있을 것이다. 하지만 그런 것 때문에 이 책을 놓는다면 공부를 잘하겠다는 생각은 일찌감치 접는 것이 좋다. 차라리 장사를 하거나 친구관계를 넓히는 데 온 힘을 쏟는 게 낫다. 인생은 어차피 선택의 연속이다. 후회 없는 선택을 하기란 쉽지 않지만, 스스로 선택한 일에는 최선을 다해 열심히 노력하고, 결과에 감사하면 된다. 겁내지 말고, 할 수 있다는 믿음을 가지고 끝까지 시도해 보기를 바란다. 분명히 할 수 있다.

2 STUDY 실천 가능한 계획 짜는 습관

중학교 때는 목표가 없어도 놀고 싶은 마음만 없애면 충분히 잘할 수 있다. 그만큼 어렵지 않다는 말이다. 중학교 공부는 단거리 경주와 같고, 목표 없이도 당장의 작은 경주에서 이겨야 한다는 이유가 있기 때문에 열심히 할 수 있다. 하지만 고등학교 공부는 마라톤처럼 오랜 시간 동안 최종 결과를 위해서 달려야 한다. 이때 목표가 없다면 공부 자체가 고문이다. 지루하고 괴로워서 포기하고 싶을 것이다. 방향을 잃고 이리저리 헤매게 된다.

목표 없이 공부하면 정말 안 되는 것일까? 고등학교 공부라는 긴 여정에서 우리를 깨어 있게 하고 움직이게 하는 유일한 동반자는 바로 목표이다. 부모님이나 선생님, 친구들도 자신을 대신해 줄 수는 없지 않은가? 따라서 목표 없이 고등학교 공부를 하는 것은 가능하지만 잘하기는 어렵다.

목표를 꼭 세워야 하나?

일단 공부를 떠나서 생각해 보자. 인생에서 목표란 자전거를 탈 때 바퀴를 돌리기 위해 끝없이 페달을 밟는 것과 같다. 자전거가 넘어지지 않고 굴러갈 수 있는 것은 중심이 흐트러져 넘어지기 전에 앞으로 나아가기 때문이다. 그러기 위해서는 쉴 새 없이 페달을 밟아야 한다. 일단 자전거를 타고 가기로 결정했다면 당연히 누구나 페달을 밟는다. 인생에서 목표는 그런 것이다. 자신의 인생을 성공으로 이끌기 위해서는 누구나 목표가 하나쯤은 있어야 한다. 즉, 인생이라는 자전거를 타고 앞으로 나아가려면 목표라는 페달을 밟아야 한다는 말이다. 혹시 목표라는 말이 너무 거창해서 거부감이나 부담감이 느껴진다면 희망이라는 말로 바꾸어도 좋다. 우리가 죽음의 두려움을 떨쳐 버릴 수 있는 것은 삶에 대한 희망과 목표가 있어 열심히 살 수 있기 때문이다.

목표를 달성한 후에는 새로운 목표를 세운다

중고등학교 때 열심히 공부해서 원하는 대학의 학과에 입학하여 목표를 달성한 학생이 새로운 목표를 세우지 못하고 현재에 안주해 버리는 경우가 있다. 목표는 끊임없이 달성하고 새롭게 세우는 과정이 필요하다. 하나의 목표를 달성했다고 해서 우리의 삶이 끝나는 것이 아니다. 새로운 목표는 우리를 더욱 살아 있도록 만들어 준다. 절대로 현재에 안주하지 말자. 자전거는 서 있을 때가 아니라 달리고 있을 때 그 존재의 의미가 있다는 것을 잊지 말자.

목표는 어떻게 세우나?

목표 설정에 대한 책들을 읽어 보면 공통적인 문구가 있다. 즉, "구체적으로 실행 가능하고 측정 가능한 목표를 마감기한을 정해서 써서 붙이고 세부 목표를 함께 생각하여 실천하라"는 것이다. 그리고 여러 가지 공부법 책을 살펴보면, 별도의 시간을 내서 인생의 목표를 세우라는 거창한 문구들이 널려 있다. 한마디로 말도 안 되는 이야기이다. 목표는 억지로 세우는 게 아니다. 그런 목표는 해보기도 전에 이룰 수 있을까 하는 생각에 겁부터 나고, 실행할까 말까 망설여지고, 실행하기가 귀찮고, 실행방법을 몰라서 답답하고, 처음에 잘 안 되면 포기하기 쉽다.

사람의 인생에서 목표는 어느 순간 섬광처럼 찾아온다. 물론 그 섬광은 충분한 분량의 시간과 생각, 끊임없는 고민, 그리고 노력과 시행착오를 필요로 한다. 또한 많은 상처와 오기, 승부욕, 그리고 부러움과 욕심도 필요로 한다. 끊임없는 자극과 스쳐가는 생각들이 하나씩 모여서 목표가 만들어지는 것이다. 한두 시간 방 안에 앉아서 종이에 써가며 내 인생의 목표를 세우는 그런 손쉬운 과정이 아니라는 것을 명심해야 한다.

지금 당장 노력할 수 없는 목표는 소망일 뿐이다

너무 먼 미래에 대한 거창한 소망이나 허황된 신기루 같은 야망을 목표로 삼으면 현재에 대한 불만과 좌절감만 늘어난다. 오히려 가까운 앞날에 실현할 수 있는 현실적인 목표를 잡아야 한다. 그러면 뭔가를 시작하고 싶은 마음이 끓어오르는 것을 느낄 수 있다. 반대로 당장 뭔가를 시작할 수 없는 목표는 한낱 바람이자 소망일 뿐, 잘 이루어지지 않는다.

지금 목표가 없다고 너무 걱정하거나 두려워하지는 말자

우리는 목표를 세우는 게 중요하다는 말을 수없이 듣는다. 하지만 사람들은 그 말에 주눅이 들곤 한다. 그만큼 목표를 세워서 노력하는 일이 쉽지 않다는 말이다. 하지만 걱정할 필요는 없다. 당장 목표가 없어도 우리는 지금을 열심히 살아야 할 충분한 이유가 있다. 우리에게는 바로 지금이 아니면 할 수 없는 일이 있기 때문이다. 공부도 그런 것 중의 하나가 아닐까? 지금 열심히 노력하지 않으면서 목표가 없어서 그렇다고 말하지 말자. 그건 핑계일 뿐이다.

아무리 계획을 세우기 싫어하는 학생도 이 정도는 할 수 있다

철저하게 학생의 입장에서 생각해 보겠다. 공부계획을 세워야 할 때 드는 생각은 다음의 세 가지가 아닐까?

- 계획을 세우기가 귀찮다.
- 도움이 될지 안 될지 확신이 서지 않는다.
- 계획을 세워도 실천하기가 어려워 그만두게 된다.

이런 마음을 잘 알기 때문에 고리타분한 이야기는 하지 않겠다. 하지만 중학교 때와 달리 고등학교 때는 공부할 분량이 많아 벼락치기가 통하지 않으므로 반드시 계획을 세워서 공부해야 완성과 반복이 가능하다는 사실만은 명심하기 바란다. 최소한 자신에게 알맞은 계획 세우기 원칙 정도는 반드시 정해 두어야 한다.

아래에 제시한 계획 세우기 원칙을 참조하여 계획을 세우고 실천해 보자.

① 학기 중을 기준으로 하루 평균 5시간을 공부시간으로 확보한다(중학생 때는 3.5시간 정도).
일주일이면 고등학생은 30시간 이상, 중학생은 20시간 이상 스스로 공부해야 한다. 이 정도 공부하지 않으면서 지금보다 성적이 오르기를 기대하는 것은 무리이다.

② 시험 준비, 공부계획 세우기는 적어도 한 달 전에 철저하게 한다.
2～3주 전에 계획을 세우는 경우가 많은데, 계획을 세워도 처음에는 잘 안 지켜지는 게 일반적이므로 여유 있게 미리 세워야 한다.

③ 하루에 공부하는 과목의 비율은 항상 일정하게 유지한다.

보통의 경우 수학, 영어, 국어, 과학이나 사회 순으로 많은 시간을 배정하면 된다. 다만, 개인에 따라 취약 과목은 좀 더 배정할 수 있다. 그리고 이 비율은 항상 일정하게 유지하는 것이 중요하다. 상황에 따라 너무 많이 바꾸면 계획을 세우고 실천하는 효과가 떨어진다.

④ 공부가 잘되는 시간에 내가 못하는 과목을 열심히 한다.

공부가 잘되는 시간에 취약 과목을 배정해야 집중할 수 있다. 그런데 대부분의 학생들은 공부가 안 될 때 자기가 잘 못하거나 좋아하지 않는 과목을 공부하고, 공부가 잘될 때 자기가 좋아하는 과목을 하려고 한다. 반대로 바꾸어서 해야 한다.

⑤ 방학 때 다음 학기에 끝내야 할 책 목록 정도는 알아 둔다.

방학 때 다음 학기에 공부할 책을 알아 두고 미리 예습을 해야 한다. 그래야 우왕좌왕하지 않는다.

⑥ 계획을 위한 계획을 세우지 않도록 주의한다.

허풍선이 같은 계획은 오히려 독이 된다.

⑦ 반드시 바로 그날 공부한 것을 되새기고 어제 공부한 것을 떠올려 본다.

평소에 공부할 때는 대부분 순서대로 진도 따라가기에 급급하기 때문에 뒤를 돌아볼 여유가 없다고 생각하기 쉽다. 그런데 이것이 반복되어 쌓이면 결국 진도는 다 나갔는데 뭘 배웠는지 아무 생각이 안 난다. 따라서 공부를 시작하기 전에 앞 단원에 나왔던 내용을 상기해 보고 공부를 끝낼 때 오늘 공부한 내용이 무엇인지 기억해 보면 좋다.

중학생을 위한 권장 공부시간과 비율 예시

학기 중을 기준으로 중학교 때 적어도 하루 평균 3.5시간 정도는 공부해야 한다.

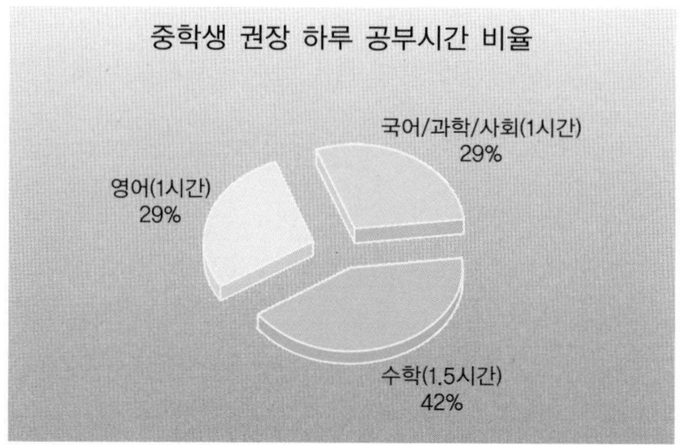

이런 비율에 맞추어 일주일 계획을 세워 보면 다음과 같다.

월	화	수	목	금	토	일
수학	수학	수학	수학	수학	수학	보충/휴식
수학 영어	수학 영어	수학 영어	수학 영어	수학 영어	수학 영어	
영어 국어	영어 과학	영어 사회	영어 국어	영어 과학	영어 사회	
국어	과학	사회	국어	과학	사회	

이과 고등학생을 위한 권장 공부시간과 비율 예시

학기 중을 기준으로 고등학교 때 적어도 하루 평균 5시간 정도는 공부해야 한다.

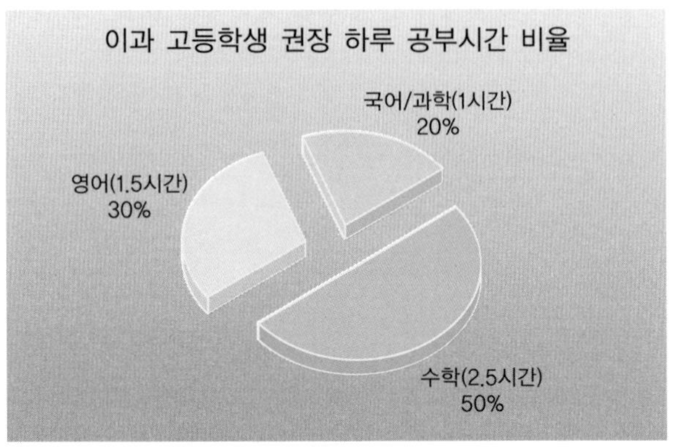

이런 비율에 맞추어 일주일 계획을 세워 보면 다음과 같다.

월	화	수	목	금	토	일
수학	수학	수학	수학	수학	수학	
수학	수학	수학	수학	수학	수학	
수학 영어	수학 영어	수학 영어	수학 영어	수학 영어	수학 영어	보충/휴식
영어	영어	영어	영어	영어	영어	
국어	과학	국어	과학	국어	과학	

문과 고등학생을 위한 권장 공부시간과 비율 예시

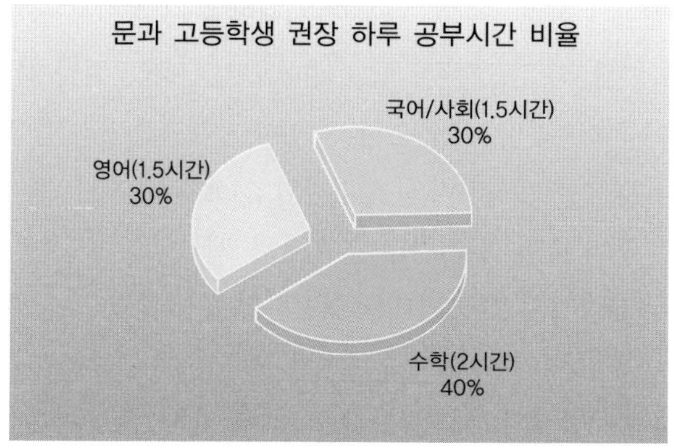

이런 비율에 맞추어 일주일 계획을 세워 보면 다음과 같다.

월		화		수		목		금		토		일
수학		수학		수학		수학		수학		수학		보충/휴식
수학		수학		수학		수학		수학		수학		
수학	영어	수학	영어	수학	영어	수학	영어	수학	영어	수학	영어	
영어		영어		영어		영어		영어		영어		
국어		사회		국어		사회		국어		사회		

우리는 왜 계획을 세우기만 하고 실천하지 못할까?

만약 계획과 실천 중에 하나를 선택해야 한다면 실천을 추천하고 싶다. 실행에 집중하라는 책도 있을 정도로 실천하는 일이야말로 계획을 의미 있게 하는 일이기 때문이다. 실천하는 계획은 100점이다. 설사 잘못되거나 엉성한 계획이라도 실천하면 그것은 더 나은 계획과 실천의 가능성을 열어 준다. 심지어 그것이 좋은 계획이었는지 여부도 대부분 실천에 의해서 결정된다. 반대로 실천하지 않는 계획은 -100점이다. 마음이 상할 뿐만 아니라, 새로운 계획을 세우는 데 두려움만 안겨 준다.

성공하는 사람과 실패하는 사람을 판가름하는 것도 바로 실천 여부이다. 매사 마음을 얼마만큼 행동으로 옮기느냐가 관건이자 전부이기 때문이다. 어느 순간 우리는 일상이라는 거대한 핑계의 물결에 휩쓸려 계획도 없고 실천도 변변치 않은 나 자신을 발견하고 한탄할 때가 있다. 또한 생각처럼 실천이 안 되니까 짜증도 나고 속도 상한다. 그러나 한탄도 잠시일 뿐, 계획을 세우거나 실천하기를 주저한다. 왜 계획을 세우고 실천하는 게 어려울까? 의지가 약해서? 계획이 실천할 수 없을 만큼 지나쳐서? 게을러서? 자꾸 미루어서? 그 이유와 잘 실천할 수 있는 원칙을 알아보자.

잘 실천하지 못하는 이유

① 대부분 쓸데없는 걱정 때문이다. 내가 할 수 있을까? 언제 다하지? 오늘 할 분량을 다 끝내지 못하면 어떡하지 등

② 당장 시작하지 않기 때문이다. 계획은 오늘! 지금! 당장! 시작해야 하는데 그것을 내일로 연기하면 거의 두 배는 실천하기 어려워진다고 보면 된다.

③ 계획이 눈에 들어오지 않는 곳에 있기 때문이다. 달성되어 가는 과정에서 직관적으로 느껴지는 충족감 등이 부족하면 실천하기가 어렵다. 관념적으로 '아, 진행되어 가고 있어' 라는 생각보다는 몸으로 진행되는 것이 느껴져야 실천력이 유지되는데 그것이 부족한 것이다.

④ 일단 시작은 했는데 매너리즘, 슬럼프, 페이스 잃기 등으로 인해 실천력이 점차 감소하기 때문이다.

잘 실천하기 위한 네 가지 원칙

① 일단 걱정을 날려 버려라. 걱정이 된다는 것은 그만큼 한가롭다는 뜻이다. 정말 궁지에 몰리고 다급하면 사람은 누구나 방법을 찾아낸다. 걱정하고 있다는 것은 어느 정도 여지가 남아 있음을 의미한다. 따라서 걱정이 될수록 자신을 보다 혹독하게 몰아붙여야 한다. 언제 다 할지 걱정이 된다면 걱정할 여유조차 없을 정도로 계획을 더 많이 세워라.

② 계획을 짠 그 순간부터 실천을 시작해야 한다. 나중에 한다거나 내일부터 한다는 생각은 버리자. 그냥 무조건 지금 시작해야 실천할 수 있다고 믿고 다른 생각은 접는 것이 좋다. 지금 당장 겸손하고 도전적으로 시작하자.

③ 계획을 세우고 실천하는 것을 항상 보고 느낄 수 있도록 해야 한다. 계획표 한 장은 내 방 책상이나 플래너에 붙여 놓는다. 또 한 장은 아침저녁으로 보면서 긴장하기 위해 화장실에 붙여 놓는다. 그리고 마지막 한 장은 부모님에게 드리고, 밤마다 달성 여부를 확인받는다. 달성한 정도에 따라 용돈을 받거나 휴식시간(TV 시청이나 컴퓨터 사용시간 등)을 보장받는 것도 좋다.

④ 나른하고 게을러지면서 실천력이 조금씩 떨어지는 느낌이 들면 당장 돌파구를 찾아야 한다. 우물쭈물하다가는 결국 실천력이 0이 될 때까지 상황만 나빠진다. 가끔 능률이 떨어질 때 놀면 다시 좋아질 거라고 생각하기 쉬운데, 오히려 페이스만 잃기 쉽다. 돌파구로 좋은 방법은 친구와의 대화나 운동, 음악 듣기, 산책, 가벼운 수면 정도이다. 취미생활도 나쁘지 않지만 빠져들면 걷잡을 수 없어서 조심스럽다. 공부하다가 집중이 안 될 때는 계획을 수정하거나, 방과 책상을 정리하거나, 서브노트(요약노트)를 만드는 것도 좋다. 또한 샤워나 양치질도 도움이 된다.

만약 계획대로 실천하지 못해도 너무 좌절하지 말자.

오늘 실천하지 못했으면 내일 더 하면 된다. 다들 그렇게 한다. 제일 나쁜 건 오늘 못 했다고 내일도 대충 하는 습관이다.

Tip

계획 세우기가 정말 싫거나 힘든 학생은 어떻게 해야 할까? – 따라 하기와 공부 다이어리

계획이 결과를 보장해 주지는 않는다. 하지만 초심을 유지하고 방향을 잃지 않으려면 계획은 매우 중요하다.

1. 다른 사람 따라 하기

대학교 때 수첩을 열심히 쓰는 선배의 모습이 큰 계기가 되어 4년 동안 수첩을 빼곡하게 썼던 기억이 난다. 계획 세우기나 노트 필기처럼 귀찮으면 절대 할 수 없는 일이 있다. 이런 일을 시작하고 습관을 들이는 데 큰 도움이 되는 것이 바로 다른 사람 따라 하기이다. 주변에서 계획표를 잘 짜고(예쁘고 화려하게 꾸미기만 한 계획표는 안 된다) 실천하는 친구를 찾아 따라서 해보자.

2. 전문화된 도구의 사용

후한서 시경의 시구 중에 불감폭호불감풍하(不敢暴虎不敢馮河)라는 말이 나온다. 이것은 '맨손으로는 범을 잡지 못하고 배 없이는 큰 강을 건너지 못한다' 는 뜻이다. 매사 어떤 일을 할 때 그 일에 필요하고, 잘 맞는 적절한 도구는 매우 중요하다. 계획을 세울 때 연습장에 그리는 것도 좋지만, 전문적인 도구를 사용하면 효과를 높일 수 있다. 학생용 공부 플래너로서 컬러풀한 디자인의 비교적 저렴한 다이어리와 진지한 스타일의 약간 비싼 다이어리가 있다. 가장 많이 선택하는 제품을 각각 두 가지씩 소개해 본다.

Tip

• 가격이 싸고 간단하며 예쁜 공부 다이어리

1. 마법수프 스터디 플래너
2. 도로시 다이어리, 스터디 플래너

• 가격이 비싸고 내용이 충실한 공부 다이어리

1. 에듀플렉스의 셀프리더 http://www.self-leader.net/
2. 케이스의 스터디 플래너 http://www.skymentor.co.kr/
3. 스터디코드 http://www.studycode.net

3 STUDY

폭넓게 이해하는 습관

공부를 할 때 새로운 내용을 이해한다는 것은, 기존에 알고 있는 정보를 바탕으로 새로운 정보를 나름대로 쪼개어 자기에게 맞게 받아들인다는 것을 의미한다. 결국 원래 알고 있는 게 많을수록 새로운 것을 쉽게 받아들일 수 있다는 뜻이다. 따라서 책을 많이 읽은 학생이 상대적으로 이해력이 높은 경향이 있다.

그런데 중고생 때는 알고 있는 직간접 배경 지식이 별로 없어서 새로운 내용을 보면 자기한테 맞게 쪼개어 집어넣지 못하고 그냥 그대로 받아들이는 경우가 많다. 무엇이든 알려 주면 무슨 말인지는 잘 모르면서도 무작정 일단 머릿속에 집어넣는 게 중고생 때의 공부형태이다.

중학교 때는 깊이 있게 이해해야 할 공부 내용이 많지 않아서 암기식으로 쉽게 접근할 수 있다. 중학교 수학문제는 외워서 풀 수도 있다. 하지만 고등학교에서는 더 이상 암기식이 통하지 않는다. 중학교 사회는 단순 암기를 해도 되는 쉬운 용어나 내용이 많지만, 고등학교 사회는 내용도 방대하고 새로운 용어나 어려운 한자어가 많다. 그런데도 선생님들이 주입식 · 암기식으로 지도하는 것은 암기를 더 편하게 생각하는 학생들의 특성에 맞추고 있는 것이다. 이런 특성을 거스르며 이해를 시키려면 너무 힘들기 때문에 제한된 시간에 최대의 효율을 내는 암기식 지도를 할 수밖에 없다. 하지만 거기에 맞추어 암기만 한다면 우등생이 되기는 점점 더 어려워진다.

암기와 이해의 차이는 영화를 본 후의 사람들의 유형에 비유할 수 있다. 어떤 사람은 전체 스토리를 이해하는 데 집중하고, 어떤 사람은 한 장면 한 장면을 정확히 기억해 낸다. 어느 쪽이 더 낫다고 말할 수는 없지만 적어도 고등학교 공부를 위해서는 전체적인 스토리를 잘 잡아내는 능력을 길러야 좋은 결과를 얻을 수 있다. 장면에만 너무 치중하다 보면 결국 무슨 영화를 본 건지 알 수 없기 때문이다.

중고생 입장에서는 공부 내용을 이해하기보다는 암기하는 편이 몸에 더 맞고 쉽게 느껴질 수밖에 없다. 그런데 많은 책이나 선생님들은 이해를 강조한다. 그래서 학생들은 암기가 먼저인지 이해가 먼저인지 고민될 것이다.

결론부터 말하면 어떤 것이 먼저라고 할 수는 없다. 다만 암기와 이해 모두 장단점을 가지고 있다. 암기의 장점은 빠르게 반응하여 결론을 낼 수 있도록 해준다는 것이다. 마치 운전하는 사람이 자동차의 운동 메커니즘을 이해하지 않아도 몸으로 익힌 감각으로 능숙하게 운전하는 것처럼 말이다. 반면에 암기만 하다 보면 상황에 따라 적응하는 폭이 좁아진다. 한마디로 암기한 것이 나오면 맞고 아니면 틀리는 것이다. 마치 자동차의 운동 메커니즘을 이해하지 않은 채 무리하게 운전하다가 급커브에 적응하지 못하고 전복사고를 당하는 것처럼 말이다. 이해는 이러한 한계를 극복하도록 도와준다. 이해를 바탕으로 암기를 하면 어떤 상황에 부딪혀도 그 상황에 맞게 자기 지식을 적용할 수 있다. 한마디로 새로운 문제에 대한 적응력이나 응용력이 향상되는 것이다. 이것은 실제로 매우 큰 차이를 가져온다.

예를 들어 물리 공식의 경우 중학교 때는 몇 개의 공식만 외우면 된다. 문제가 응용되어도 별로 다르지 않으므로 암기식이 통한다. 그러나 고등학교 때는 배우는 공식이 너무 많아 단순 암기 자체가 힘들다. 만약 다 외웠다고 하더라도 그 시험문제에 어떤 공식을 적용해야 하는지 판단하는 것도 쉽지가 않다. 그리고 적용할 공식을 선택했다 하더라도 이해가 바탕이 되지 않으면 응용된 문제를 풀 수가 없다. 따라서 고등학교 공부는 깊은 이해가 필요하다.

하지만 이해가 장점만 지니고 있는 것은 아니다. 암기를 제대로 해놓지 않으면 이해한 내용을 시험에 적용하는 데 너무 많은 시간이 걸린다. 예를 들어 이차방정식을 푸는 간단한 문제를 어떤 사람은 공식을 외워서 풀었다. 그런데 어떤 사람은 공식을 구하는 방법만 정확히 이해하고 있다고 하자. 시험문제를 풀 때마다 근의 공식을 유도할 수는 없지 않은가! 따라서 무작정 암기와 무작정 이해는 의미가 없다. 어느 것이 먼저가 아니라 두 가지가 적절하게 조화를 이루어야 한다. 결국 고등학교 때는 이 두 가지를 조화롭게 사용하는 능력도 갖추어야 하는 것이다.

편안함을 거슬러야만 남보다 좋은 결과를 얻을 수 있다. 고등학교 때는 절대로 암기왕이 통하지 않으며, 암기와 이해의 완급을 조절하는 능력도 공부의 일부가 된다. 그러나 공부를 하다가 어느 것을 이해해야 할지, 어느 것을 암기해야 할지 감이 안 잡힌다면 우선 이해하려고 노력해 보아야 한다. 감이 안 잡힌다는 것은 그 내용이 무슨 말인지 아직 이해하지 못했다는 뜻이기 때문이다.

이해하기는 모든 과목을 공부하는 데 기본이다. 여기에서는 이해란 무엇이고 어떻게 해야 하는지, 그리고 내가 이해했는지 여부를 어떻게 점검할 것인지에 대해 알아본다. 특히 이해의 대표주자인 수학 과목의 내용과 암기의 대표주자인 사회 과목의 내용을 가지고 설명해 본다.

수학의 이해란 무엇인가?

중학교와 고등학교 수학에서 학생들이 정확히 이해하지 않고 넘어가는 내용이 몇 가지 있는데, 대표적인 것이 방정식과 함수의 관계, 근의 분리, 정적분과 무한급수, 위치벡터, 공간도형의 방정식과 벡터방정식 같은 것이다. 여기서는 중고생 전반에게 꼭 필요한 내용인 방정식과 함수의 관계에 대해서 설명하면서 이해하기에 대한 예를 살펴본다.

보통의 경우 방정식과 함수의 관계라는 말을 떠올릴 때 생각나는 것으로는 어떤 게 있을까? 우선 '함수의 x축과의 교점의 x좌표가 방정식의 근이다'라는 내용이 생각난다. 그런데 x, y가 모두 식에 들어 있는데 어떤 것은 방정식, 어떤 것은 함수라고 하므로 좀 헷갈리기 시작한다. 그래서 대충 공부하고 넘어가기 시작한다. 그 시작점은 중학교 2학년 1학기 수학 8-(가)로 거슬러 올라간다. 여기에서는 먼저 일차방정식과 일차함수의 관계에 대해서 다룬다.

교과서를 보면 다음과 같은 문구가 나온다.

"일차방정식 $ax+by+c=0$의 그래프를 그려 본다."

음, 그래프는 함수에만 적용되는 것이 아닌가? 하는 의구심도 든다.

또 일차방정식이면 $ax+b=0$ 꼴만 생각나는데 저건 또 뭐지 하는 생각이 들 수도 있다.

그런데 여기서 한 가지 생각이 잘못된 것을 찾을 수 있다. 일차방정식이라는 말은 차수가 일차라는 말이지 절대로 미지수가 한 개라는 뜻이 아니다. 그러므로 $ax+by+c=0$이라는 식은 미지수 x, y 두 개를 갖는 일차방정식이다. 즉, x와 y를 동등한 미지수로 보면 이것은 미지수를 두 개 갖는 일차방정식이 되는 것이다.

그러나 위 식을 변형하면 이야기가 달라진다.

교과서를 보면 다음과 같은 설명이 나온다.

"위 일차방정식의 해를 나타내는 직선은 일차함수 $y=-\frac{a}{b}x-\frac{c}{b}$ $(a\neq0,\ b\neq0)$의 그래프와 같다."

이게 무슨 말일까? 먼저 일차방정식의 해라는 말뜻을 정확히 알아야 한다.

미지수가 두 개인 일차방정식의 해는 $(x_1,\ y_1)$의 형태로 표기된다. 즉, 어떤 좌표 평면상의 점이라는 말이다. 그래서 '일차방정식의 그래프' 도 가능한 것이다.

결론적으로 미지수가 두 개인 일차방정식의 해는 점들이므로 그것을 찍어서 이으면 당연히 직선이 그려지는 것이다.

다음과 같이 식을 써놓은 경우를 생각해 보자.

$$y=-\frac{a}{b}x-\frac{c}{b}\ (a\neq0,\ b\neq0)$$

이것은 식을 변형한 것에 불과한 것처럼 보이지만 다른 의미를 가진다. 즉, 동등한 두 개의 미지수로 보던 것을 정의역 x의 값에 따라 치역 y의 값이 결정되는 함수관계를 표현한 것이다. 함수는 당연히 독립변수인 x값에 따른 종속변수 y의 값이 결정되고 좌표평면상에 그래프로 표기하게 된다. 결국 어떤 관점에서 어떤 약속된 표현으로 쓰고 받아들이느냐에 따라 방정식(미지수 구하기가 관심)이 될 수도 있고, 함수(x, y의 관계가 관심)가 될 수도 있는 것이다.

그러면 맨 처음에 이야기한 '함수의 x축과의 교점의 x좌표가 방정식의 근이다' 라는 말은 무슨 뜻일까?

여기서 방정식이라는 말은 미지수가 한 개인 방정식을 지칭하는 것이다. 즉, $ax+b=0$과 같은 형태를 의미하며, 따라서 $y=0$일 때를 의미한다.

함수의 관점에서 보면, $y=0$은 x축을 의미하므로 당연히 x축과의 교점의 x좌표가 $ax+b=0$의 근이 된다.

결론적으로 방정식과 함수는 서로 다른 영역 같지만 바라보는 관점이나 필요에 따라 구분하여 정의된 영역이며, 서로 밀접한 관계가 있다.

이와 같이 수학에서 이해란 그 내용을 단순히 넘어가지 않고 고민하여 받아들이는 것이다.

수학의 이해 중에 또 한 가지 중요한 것은 바로 수학에 나오는 용어나 정의를 정확히 이해하고 받아들이는 것이다. 예를 들어 보자.

함수란 무엇일까? 어느 단원을 공부하고 나서 시간이 조금 흐른 후에 물어보면 누구나 자신 없는 내용이 있기 마련이다. 물론 사람마다 다르겠지만, '함수의 정의' 도 그중에 하나가 아닐까? 매일 보는 것 같은데 함수 단원이 아니면 문제에서 잘 다루지 않으므로 잊어버리게 된다. 마치 영어단어를 외워도 자꾸 쓰지 않으면 잊어버리는 것처럼 말이다.

사실 함수는 매우 간단하다. 정의역의 어떤 원소도 공역의 원소들 중 어느 하나로만 대응되면 함수이다. 두 개에 대응돼도 안 되고 누군가 대응을 안 해도 안 된다. 그런데 이것이 자꾸 헷갈린다.

이것을 이해하는 방법은 함수 하나를 예로 알아 두는 것이다. '이차함수' 정의역은 실수 전체이다. 치역은 꼭지점 이상의 값 혹은 이하의 값이다. 따라서 정의역의 어떤 원소도 치역의 어느 한 원소와 대응되며 쉬는 원소는 없다. 이것이 함수이다.

또한 고등학교 수학에 나오는 용어 중에 '무한 lim, 급수 $\sum$, 수열 a_n, 등비 r'가 마구 혼재되는 것처럼 느껴지는 때가 있다. 그러나 각각의 말뜻을 알아 두면 조합의 의미도 쉽게 다가온다. 무한은 말 그대로 무한으로 보내는 것이고, 급수는 더한다는 말이다. 수열은 수의 나열이고, 등비는 공비가 일정한 것이다. 이것을 조합해 보자.

무한수열 $\lim_{n\to\infty} a_n$: 수열인데 무한히 계속되는 것이다.

무한등비수열 $\lim_{n\to\infty} r^n$: 수열인데 특히 공비가 일정하게 계속되는 것이다.

무한급수 $\lim_{n\to\infty}\sum_{k=1}^{n} a_k$: 더하는 것인데 무한으로 보낸다.

무한등비급수 $\lim_{n\to\infty}\sum_{k=1}^{n} ar^{k-1}$: 등비수열을 더하는 것인데 무한으로 보낸다.

어떻게 이해해야 하는가?

여기서 이해하기라는 말은 두 가지로 구분된다.

① 단원별로 나오는 새로운 내용(정의, 정리, 공식)을 받아들이는 이해
② 단원 간의 내용을 연결하여 구조적으로 받아들이는 이해

첫 번째 이해는 부단한 설명 읽기로 가능해진다. 보통 학생들은 설명－예제 · 유제－연습문제로 구성된 책을 공부하면서 설명 부분에 많은 시간을 투자하지 않는다. 설명 부분을 읽고 이해하기보다는 문제풀이에만 치중하여 푸는 법에만 관심이 많다. 그러다 보면 중학교 때 식으로 문제 푸는 법을 외우게 되는데 이것이 고등학교 때는 잘 안 된다. 또한 외운

대로 시험에 나오지도 않는다. 따라서 정확한 개념이해의 출발점은 설명 부분(정의, 정리, 공식)을 얼마나 찬찬히 여러 번 읽고 공부하느냐에 달려 있다.

두 번째 이해는 목차와 소제목을 보면서 앞뒤 관계를 고민하고 연관 지어 가며 해야 한다. 이것은 단원별로 진도를 나갈 때 할 수 있다기보다 어느 정도 공부가 되었을 때 가능하다. 따라서 진도가 어느 정도 나가고 나면 시간 여유가 있는 방학기간 중에 단원의 목차를 정리하고 관계를 따져 보는 것이 좋다.

고등학교 수학 10-(가)의 방정식 부분을 예로 들어 정리해 보면 다음과 같다(《수학의 정석》 참조).

일차, 이차, 고차방정식의 해법

① 일차방정식의 해법
- 등식의 성질과 방정식의 해
- 일원일차방정식의 해법

② 이차방정식의 해법
- 이차방정식의 해법
- 인수분해에 의한 해법
- 근의 공식에 의한 해법 : 근의 공식 유도

③ 고차방정식의 해법 : ω의 활용

④ 방정식의 응용

연립방정식

① 연립일차방정식의 해법
- 연립방정식

- 이원일차연립방정식의 해법
- 연립방정식의 부정과 불능

② 연립이차방정식의 해법 : 대칭형($x+y$, xy) 문제

③ 부정방정식

- 부정방정식의 기본형

④ 연립방정식의 응용

이차방정식의 판별식

① 이차방정식의 판별식

- 이차방정식의 판별식 : 판별식에 따른 근의 종류와 그 이유

② 판별식의 응용

근과 계수와의 관계

① 이차방정식의 근과 계수의 관계

- 근과 계수의 관계 : 합 · 곱 · 차에 관한 조건 유도
- 이차식의 인수분해
- 이차방정식의 작성

② 삼차방정식의 근과 계수의 관계

- 근과 계수와의 관계 : 합 · 곱 · 합+곱의 관계 유도

이차방정식의 이론

① 공통근

- 공통근을 구하는 요령 : 상수항 소거, 최고차항 소거

② 이차방정식의 정수근

- 이차방정식의 정수근 : 판별식이 0 또는 양수

③ 이차방정식의 실근의 부호

- 이차방정식의 실근의 부호 : 근이 양 · 음 · 양 및 음이 될 때의 조건과 그 이유

목차의 구조는 다음과 같다.

결국 전체를 조망해 보면 시험문제는 단순한 방정식 풀기보다는 Part 3의 내용이 앞의 내용과 연결되어 나올 것임을 예측할 수 있다. 이것을 보면 전 범위 시험을 볼 때 항상 뒷단원에서 문제가 많이 나오는 이유를 알 수 있다. 전체를 종합적으로 이해해야 하는 내용은 꼭 뒤에 나오기 때문이다.

완벽하게 이해하고 있는지 확인해 보자

자신이 공부한 내용을 똑바로 이해하고 있는지를 점검하는 것은 의외로 매우 간단한 방법이 있다. 바로 백지에 대고 쓰는 연습을 하는 것이다. 혹은 다른 사람에게 설명하는 방법이 있다. 친구에게 설명해 주는 것을 습관처럼 해보면 좋다. 이런 방법을 이용하면 내가 어느 부분을 잘

이해하지 못하고 있는지 바로 알 수 있다. 제대로 이해하지 못하면 문제는 풀 수 있을지 몰라도 다른 사람에게 설명하거나 백지에 쓸 수는 없기 때문이다. 수학 10-(가)의 근의 분리를 백지에 써보는 예를 보자.

다음과 같은 식으로 수학단원들의 내용을 책을 덮고 써나가는 연습을 꼭 하자. 분명히 실력이 향상될 것이다. 특히 내가 모르는 것을 확인하기에도 좋으며, 모아 두면 좋은 서브노트가 되기도 한다.

근의 분리는 이차방정식의 두 근에 대한 제한요건을 만족하는 이차방정식의 계수 조건을 구해내는 것이다. 이때 그냥 구하는것 보다 이차함수 그래프를 도입하여 그 개형을 활용하면 쉽다.

예를 들어 어떤 이차방정식 (2차항계수 > 0)의 두근이 -1 ~1 사이에 있어야 한다면,

i) $D \geq 0$ 이어야 한다. ∵ 두근이 실근이어야 하므로

그러나 이것만으로는 부족하다.

∵ (그래프) 의 경우일 수 있으니까.

ii) 그래서 축을 제한해야 한다.

(그래프) $\Leftrightarrow -1 < -\frac{b}{2a} < 1$

그러나 이것으로도 부족하다.

∵ (그래프) 일 수 있으니까.

iii) ∴ $f(-1), f(1) > 0$ 이어야 한다.

근의 분리 세가지요건

i) D : 위아래 이동

ii) $-\frac{b}{2a}$: 좌우로 이동

iii) $f(+)$: 폭조절.

사회의 이해란 무엇인가?

사회 과목에서도 이해가 필요하다. 이해를 바탕으로 한 암기가 필요하기 때문이다. 이것은 뒤(구조적 암기)에서 다루기로 하고 여기에서는 용어의 이해에 대해서 다룬다. 사회 과목에 나오는 여러 가지 용어를 꼼꼼하게 이해해 두면 단순히 암기하는 것보다 훨씬 효과적으로 공부할 수 있다.

어떻게 이해해야 하는가?

우선은 용어의 정의를 가공하지 않고 정확히 받아들이는 것이 출발점이다. 그리고 정의된 내용이 사용된 예를 알아 두어야 한다.

고등학교 사회 과목 중에 '법과 사회'의 내용을 예로 들어 보자.

법과 사회 과목 초기에 배우는 중요한 용어 중의 하나가 바로 곳곳에서 나오는 '간주와 추정'이다. 이 두 가지는 확실하지 않은 것을 어떠한 상태로 취급한다는 측면에서는 같다. 그러나 그 효력은 전혀 딴판이다.

간주는 다음과 같이 설명되어 있다. "본질이 다른 일정한 것을 법률적 취급에 있어서는 동일한 것으로 보고 동일한 효과를 부여하는 것으로 의제라고도 한다. 법조문에서는 ~으로 본다라고 표현한다. 이 경우 반대의 증거가 있어도 간주된 법률 효과는 번복되지 않는다."

추정은 다음과 같이 설명되어 있다. "확실하지 않은 사실을 반대 증거가 제시될 때까지는 진실한 것으로 인정하여 법적 효과를 발생시키는 것이다. 이 경우에는 간주와 달리 반대의 증거를 들어서 그 효과를 번복시킬 수 있다."

그러나 이런 설명만으로는 의미의 차이를 명확하게 이해할 수 없다. 다음과 같은 예를 통해서 정확하게 이해해 보자.

민법에 동시사망과 실종선고라는 것이 있다. 동시사망이란 두 명 이상의 사람이 동일한 사고로 사망했을 때 그 둘을 동시에 사망한 것으로 추정하는 제도이다. 예를 들어 아버지와 아들이 같은 비행기를 타고 가다가 추락해서 둘 다 죽었는데 누가 먼저 죽었는지 모르는 경우 두 명이 동시에 사망했다고 추정하는 제도이다. 동시사망의 경우 아들이나 아버지 둘 중 하나가 먼저 죽었다는 사실이 나타나기만 하면 동시사망의 추정은 뒤집어진다.

실종선고는, 예를 들어 아버지가 집을 나가 5년간 생사가 불분명할 때 이해관계인이나 검사의 청구에 의해 법원에서 실종선고를 받으면 죽은 것으로 간주된다. 그런데 나중에 아버지가 살아서 나타났다고 해도 그 사실만으로는 실종선고를 취소할 수 없고 법원에 취소를 청구해야 한다. 그래야만 죽은 것으로 간주된 효력이 뒤집어진다.

이와 비슷한 것으로 계약의 해지와 해제가 있다. 비슷한 것 같지만 서로 다르다. 해지는 지속적인 거래에서, 해제는 단발성 거래에서 사용되는 개념이다. 따라서 임대차라든가 고용계약과 같은 경우에는 해지가 맞고, 매매와 같은 단발적인 거래는 해제가 맞다. 해지는 장래에 대한 효력을 소멸시키는 반면에 해제는 처음부터 없었던 것과 같은 효력을 가진다는 점에서 다르다. 주변에서 쉽게 볼 수 있는 예로 핸드폰을 가입했다가 그만둘 때에는 사용계약의 해지가 되는 것이다.

또한 용어를 잘 이해하려면 한자와 친해져야 한다.

고려 시대 토지제도 전시과(田柴科; 농경 가능지 '전', 임야 '시', 등급 '과', 즉 전현직 모든 관리에게 전국의 민전 현황을 파악하여 '전' 지에서는 수조권을, '시' 지에서는 땔감 채취권을 등급에 따라 지급)를 예로 들어 보

자. 그냥 한글로 전시과라고 하면 도대체 무슨 뜻인지 알 수가 없다. 그런데 모른 채로 그냥 공부하면 외울 것만 많고 재미도 없으며 잘 외워지지도 않는다. 말뜻을 이해하지 못하면 외국어공부와 다를 게 없다. 한자어는 한자의 의미를 정확히 파악해야만 그 용어를 받아들이기가 쉽다.

완벽하게 이해하고 있는지 확인해 보자

사회 과목의 용어를 정확히 이해했는지 알려면 어떻게 점검해야 할까? 이것 역시 수학과 마찬가지로 용어의 정의나 뜻을 백지에 써보거나 다른 사람에게 설명해 본다. 친구에게 설명해 주는 것을 습관처럼 해보면 좋다. 제대로 이해하지 못하면 다른 사람에게 설명하거나 백지에 쓸 수가 없다.

과학 용어의 이해

과학에서도 용어의 이해는 중요하다.

지구과학을 보면 서안경계류와 동안경계류라는 용어가 나온다. 이것을 그냥 받아들여도 별 문제는 없지만 왜 동서가 그렇게 결정되었는지 알아 두면 더 좋다. 서안과 동안의 기준은 태평양을 기준으로 결정하기 때문이다. 그래서 우리나라 쪽이 서안이고 미국 쪽이 동안이 된다.

생물에서 G1, G2, S기, M기도 마찬가지이다. G는 gap(간격), S는 synthesis(합성), M은 mitotic(분열)을 의미한다.

그리고 해수의 온도분포로 연직층을 분류하는 기준층 중에 수온약층이라는 용어가 있다. 도대체 왜 수온약층일까? 여기서 '약' 자는 '약하다'는 의미가 아니라 '뛴다'는 의미의 한자어 뛸 약(躍)이다. 즉, 수온이 급격하게 뛴다는 의미이다.

Tip

중고생을 위한 수학 개념이해 확인용 질문 예시

다음 질문에 대해서 정확히 설명할 수 있는지 점검해 보자.

중학생

무리수의 정의에 대해서 설명하시오.

소인수분해와 인수분해의 차이를 설명하시오.

이차방정식을 푸는 방법에 대해서 설명하시오.

이차함수 $y=ax^2+bx+c$의 꼭지점의 좌표를 유도하시오.

고등학생

나머지정리와 인수정리의 관계를 설명하시오.

무리수 상등을 증명하시오.

이차방정식의 판별식을 설명하시오.

이차방정식의 실근의 부호에 대해서 설명하시오.

두 직선이 수직일 때 기울기의 곱이 -1이 됨을 보이시오.

역함수의 존재요건을 설명하시오.

코사인 제2법칙을 증명하시오.

역행렬을 구하는 방법에 대해서 설명하시오.

무한등비급수의 수렴조건을 말하고 그 이유를 설명하시오.

도함수 정의에 대해서 설명하시오.

정적분과 무한급수의 관계에 대해서 설명하시오.

벡터의 내적에 대해서 설명하시오.

위치벡터에 대해서 설명하시오.

Tip

중고생을 위한 영문법 개념이해 확인용 질문 예시

다음 질문에 대해서 예문을 들어 정확히 설명할 수 있는지 점검해 보자.

목적어를 두 개 취하는 동사에 대하여 설명하시오.
목적어 및 보어를 취하는 동사에 대하여 설명하시오.
의무를 표현하는 should, must, have to, be supposed to, be to의 차이를 설명하시오.
영어에서 미래를 표현하는 방법에 대해서 설명하시오.
to부정사의 용법을 설명하시오.
동명사의 용법을 설명하시오.
if의 세 가지 의미를 설명하시오.
관계대명사 who에 대하여 설명하시오.
be to 용법에 대하여 설명하시오.

4 STUDY 재미있게 스스로 공부하는 습관

고등학교 공부는 중학교 때와 달리 능동적으로 공부하지 않으면 따라갈 수가 없다. 그런데 능동적인 공부란 무엇일까? 그리고 수동적인 공부와 다른 점은 무엇일까?

누구나 한 번쯤은 '그게 뭐였더라?' 혹은 '그게 왜 그러지?' 하고 궁금한 경우가 있었을 것이다. 예전에 알던 어떤 내용이 알쏭달쏭 기억이 나지 않거나, 다들 그런가 보다 하고 아무 생각 없이 지나치는 일이 궁금한 적이 있다. 이때 우리는 머릿속을 맴도는 것이나 궁금한 것을 찾기 위해 이것저것 뒤적이고 결국에는 찾아내서 시원함을 느낀다. 특히 성격이 느긋하지 않은 사람은 이것을 해결할 때까지 아무것도 못하기도 한다. 능동적인 공부란 다른 게 아니라 바로 '필요하고, 다급하고, 갑갑하고, 궁금하고 심지어 짜증까지 나는 해결 욕구를 가지고 자기가 찾아서 공부하는 것' 이다. 다시 말해서 능동적인 공부는 책을 읽거나 설명을 들을 때 작은 것 하나라도 왜 그런지, 무엇을 의미하는지 궁금해하고, 그것을 찾아내기 위해서 애쓰는 것을 말한다. 수학이라면 책을 보지 않고 공식을 유도해 보고, 질문하기에 앞서 최선을 다해 풀어 보는 것을 말한다. 그리고 모르는 영어단어가 나오면 손쉬운 전자사전보다는 종이로 된 사전을 찾아 가며 공부하는 것을 말한다. 내가 스스로 궁금해서 찾고 익혀야 내 것이 된다는 말이다. 그래야 생각하는 공부를 할 수 있다.

생물에 나오는 예를 들어 설명하면 다음과 같다.

광포화점에 이르면 더 이상 광합성 속도가 증가하지 않고 일정해진다는 내용이 나온다. 가끔 어떤 강의를 듣거나 교재를 보면 광합성량이 증가하지 않는다고 설명하는 경우가 있는데 이것은 엄밀히 말하면 틀린 것이다. 광합성 속도가 증가하지 않을 뿐이다. 광포화점에 도달한다고 광합성을 안 하는 게 아니기 때문이다. 단지 단위시간당 광합성량이 더 이상 증가하지 않을 뿐이다. 이를 혼동하여 마구 쓰는 경우가 많다. 이런 생각을 해보았다면 이미 능동적으로 공부하고 있는 것이다. 하지만 대부분의 학생들은 광합성 속도가 더 이상 증가하지 않는다는 것만 배우고 익혀서 외운다. 이것이 수동적인 공부이다. 그냥 그런가 보다 하고 아무 생각 없이 받아들이고 넘어가는 것이다. '도대체 왜 더 이상 광합성 속도가 증가하지 않을까?' 라는 의문을 던졌다면 이미 능동적인 공부를 하고 있는 셈이다. 광합성을 할 수 있는 장치의 양이 일정하므로 아무리 빛을 세게 비추어도 모든 장치가 작동하고 있다면 더 이상 단위시간당 광합성량은 증가하지 않고 일정할 수밖에 없는 것이다.

왜 고등학교 때는 중학교 때보다 능동적인 공부를 해야 할까?

앞에서도 살펴보았듯이 고등학교 공부는 분량도 많고 난이도도 높다. 공부할 내용의 난이도가 올라갈수록 깊이 있는 공부를 해야 한다. 이것저것 따져 보지 않고 무턱대고 받아들이면 당장은 빨리 흡수하니까 좋은 것 같지만 절대 그렇지 않다. 더 빨리 머리에서 증발해 버린다. 또한 공부할 분량이 많아질수록 능동적으로 하고, 그것을 구조화해야만 머릿속에 남는다. 그런데 구조적인 공부는 자기가 찾아서 해야 한다. 어느 누구도 도와주지 않는다. 그리고 양이 많을수록 한번 공부한 내용을 오랫동안 꺼내어 쓸 수 있어야 한다. 그런데 자기가 찾아서 하지 않고 누가 알려 주는 것만 공부하면 필요하고 다급해서, 궁금해서 공부한 게 아니기 때문에 오래가지 않는다. 결론적으로 공부한 내용이 오래가려면 자기가 찾아서 해야 한다는 말이다. 또한 앞에서 말했듯이 엄마 매니저가 더 이상 통하지 않는 것도 한 가지 이유이다. 더 이상 어머니나 선생님이 시켜서 하는 공부는 그만 하자. 누가 시켜서 5시간 공부하는 것보다 스스로 3시간 공부하는 게 훨씬 낫다. 어머니는 초등학교, 중학교 때 도와주신 것만으로 충분하다. 이제는 능동적으로 해야 하지 않을까?

능동적으로 공부하는 방법 예시

국어 : 글의 주제, 단락별 중심 내용, 시의 어조, 소설의 시점 같은 것을 자습서를 보지 말고 자기가 먼저 찾아본 후에 자습서로 확인해야 한다.

영어 : 단어는 꼭 종이로 된 사전을 찾는다. 문법은 예문을 꼭 외우고, 듣기는 반드시 받아 적기를 연습한다. 영어 교과서의 본문 해석만 보고 영작을 한다.

수학 : 어려운 문제를 고민하며 푼다. 공식을 스스로 유도한다. 문제집을 풀고 나면 지우고 또 푼다. 세 번까지 지우고 풀어 본 후에는 자신 없는 문제만 정리하고 버린다.

사회, 과학 : 항상 '왜 그럴까?' 고민하고 이것을 해결하려고 애쓴다. 그림이나 그래프 등을 책을 보지 않고 그려 본다.

야자시간을 충분히 활용해라

설마 하는 학생이나 학부모도 있겠지만, 실제 상담을 해보면 야자시간에 적응하지 못해서 성적이 떨어지는 상위권도 꽤 많다. '아니 뭐 야자가 별거야 그냥 귀 막고 열심히 하면 되지' 라고 쉽게 말할 문제가 아니다. 중학교 때까지 조용한 집이나 독서실에서만 공부하다가 갑자기 아이들하고 한 곳에서 정해진 시간 동안 공부해야 한다. 원래 좀 둔한 학생은 어디서든 잘하겠지만, 예민한 학생 중에는 이러한 환경에 적응하지 못해서 신경이 날카로워지고 결국 성적이 떨어지는 경우가 있다.

중학교와 고등학교의 생활면에서 가장 크게 차이 나는 것 중의 하나가 바로 야자이다. 반강제적으로 진행되지만 학기 초와 그 후의 분위기는 조금씩 다르다. 게다가 학교마다, 지역마다, 담임선생님마다 강제성에 대한 기준도 조금씩 다르다. 아무튼 야자는 고등학교 생활의 매우 큰 부분이다. 중학교는 방과 후의 시간이 전적으로 본인에게 달려 있다. 그러나 고등학교는 야자시간을 어떻게 보내느냐가 매우 중요하다. 수업이 끝나고 거의 밤 9~10시경까지 많은 시간을 할애해야 하므로, 이때 자기 공부시간을 확보하지 못하면 낭패를 볼 수 있다. 야자시간을 활용하지 못하고 집에 와서 매일 새벽 2~3시까지 혼자 공부할 수도 없지 않은가?

중학교 때 혼자 조용한 곳에서만 공부하는 게 습관이 되면 고등학교 진학 후 야자 때문에 많이 고민할 수 있다. 주변 친구들이나 반 분위기에 따라 야자시간에 집중하기가 어려울 수도 있고, 반대로 도움이 되기도 한다. 하지만 분위기가 어떻든 간에 이 시간을 활용하지 못하면 정말 자기 공부시간을 마련하기가 어려워진다. 그리고 속된 말로 '왕재수' 혹은 '왕따' 가 되지 않는 범위에서 친구들과의 관계를 유지하는 것도 중요하다. 또한 미움을 사지 않으면서 양해를 구하고 내 것을 챙기는 요령도 필요하다. 이런 것이 모두 인생을 살아가는 데 밑거름이 된다.

어떻게 하면 분위기에 상관없이 나만의 야자시간을 알차게 만들 수 있을까?

첫째, 귀마개 사용을 추천한다. 유난 떤다고 눈치를 주어도 할 수 없다. 아이들이 뭐라고 해도 어쩌겠는가? 친구들이 공부를 대신 해주는 것도 아니다. 그리고 공부를 할 때는 가능한 한 음악을 안 듣는 것이 좋다. 마음을 차분히 가라앉히기 위해 공부를 시작하기 전이나 쉬는 시간에 듣자. 특히 요즈음 많이 사용하는 DMB 방송이 나오는 MP3는 멀리하자.

둘째, 야자 시작 전에는 저녁 식사량을 줄이고 천천히 잘 씹어 먹어야 한다. 많이 먹으면 졸리고, 급히 먹다가 체하기라도 하면 야자고 뭐고 없다. 가끔 밥 먹는 시간도 줄여 보겠다고 밥을 들이마시다시피 하는 경우가 있는데 매우 미련한 짓이다. 잘 씹지 않은 음식은 뱃속에서 독이 된다는 사실을 알아야 한다. 특히 운동량이 적고 가만히 앉아 있기만 하는 여학생들은 더욱더 식사에 여유를 갖는 것이 좋다. 밥 먹을 시간까지 줄여 가면서 공부하지 않아도 서울대에 충분히 갈 수 있다. 잊지 마라. 고등학교 생활은 장기전이라는 것을!

셋째, 집중을 많이 요하거나 이해나 깊은 생각이 필요한 내용의 공부는 피해야 한다. 야자시간에는 졸리기 쉽고 방해요인이 많으므로 시간 소모가 심하고 단순한 공부를 하는 게 좋다. 수학문제 풀기, 영어단어 암기, 독해집 풀기, 언어영역 문제 시간 정해서 풀기, 그날 수업 내용 복습하기 정도가 적절하다. 정신을 집중해야 하는 내용은 주말이나 야자가 끝난 후 조용한 곳에서 공부하자.

넷째, 중학교 우등생은 고등학교의 야자를 대비해서 공공 도서관이나 학교 쉬는 시간에 공부하는 연습도 많이 해두는 것이 좋다. 적막하고 밀폐된 독서실이나 조용한 집에서 혼자 공부하는 것에만 익숙해지면 고등학교 때 힘들어질 수 있다. 어떤 상황에서도 집중할 수 있는 것이야말로 고등학교 우등생이 되기 위한 중요한 요소이다. 또한 이런 연습은 실전을 위해서도 좋다. 수능시험이나 논술시험은 적막한 독립공간에서 혼자 보는 것이 아니다. 야자시간에 집중하지 못하면 독서실에서도 집중하지 못하고 잠만 잘 가능성이 더 높다.

다섯째, 특히 남학생들은 야자 시작 전에는 격렬한 운동을 삼가는 게 좋다. 얌전한 상태에서 공부에 집중하려고 해도 보통 15~20분이 걸리는데 밖에서 뛰어놀다가 들어오면 바로 집중이 될 턱이 없다. 당연히 집중 상태로 들어가기까지 시간이 많이 걸리고 그만큼 여학생들보다 뒤처지게 된다. 가벼운 운동을 하고 가능하면 야자 시작 30분 전에는 들어와야 한다.

Tip

야자시간에 하면 좋은 공부

1. 국어 : 언어영역 시간 정해서 문제 풀기, 그날 국어 수업 내용 복습, 시험에서 틀린 문제 다시 풀기
2. 영어 : 단어 외우기, 독해문제집 시간 정해서 풀기, 영문법 책 예문 암기
3. 수학 : 계산이 위주가 되는 문제 풀기, 공식 유도하기, 난이도 높은 문제 풀기
4. 과학 : 그래프 · 계산 · 그림 · 실험 정리노트 만들기
5. 사회 : 서브노트 만들기

야자시간에 삼가야 할 공부

1. 국어 : 자습서 공부
2. 영어 : 영문법 기본서 내용 공부 · 듣기
3. 수학 : 개념 설명 부분 공부
4. 과학 : 개념 설명 부분 공부
5. 사회 : 교과서 본문 읽고 공부

5 STUDY 핵심 내용을 정리하는 습관

중학교 때는 핵심과 그렇지 않은 것을 구분하지 않고 모두 공부해도 무방할 정도의 분량이다. 그러나 고등학교 공부는 핵심 내용을 파악하여 공부한 내용을 정리하는 능력이 없으면 많은 내용에 휩쓸려 버리게 된다. 특히 같은 시간을 공부해도 어떤 사람은 성적이 잘 나오는데 어떤 사람은 성적이 안 나온다. 바로 같은 책으로 같은 내용을 공부해도 무엇이 핵심인지 알고 공부하는 경우와 그렇지 않은 경우의 차이이다. 먼저 과목별로 어떻게 핵심을 파악할 것인지 알아보자.

과목별로 핵심을 파악하는 방법

국어에서 핵심은 그 글의 장르에 따른 핵심 사항을 찾는 일이다

국어 과목은 글의 장르에 따라 특징적인 핵심 사항이 있다. 중학교 때와 달리 많은 작품을 공부하게 되므로 장르 특성에 따라 핵심 사항을 찾으면서 공부해야 효율을 높일 수 있다. 그리고 장르별 핵심은 자기만의 틀을 만들어 두어야 한다.

예를 들어 시를 공부한다고 하자. 시는 함축적 언어로 시인의 생각이나 정서를 운율 있게 표현한 것이라고 볼 수 있다. 따라서 그 시의 시적 화자, 시어나 시구의 함축적 의미, 주제나 소재, 표현상의 특징과 표현법, 심상, 운율, 시상 전개방식, 어조나 정서, 전체적 분위기, 그 시와 관련된 특별한 용어 등이 핵심 사항이다.

소설을 공부한다면, 소설의 시점, 주제 · 소재, 발단 · 전개 · 위기 · 절정 · 결말, 등장인물의 특징, 인물 간의 갈등, 발생한 사건, 시대적 · 장소적 배경, 표현상의 특징, 본문 내용과 관련된 사자성어, 속담, 어휘 등이 핵심 사항이다.

논설문을 공부한다면, 글의 주제 · 소재, 서론 · 본론 · 결론의 구분 및 각 중심 내용, 내용 전개방법, 세부적인 내용에 따른 사자성어 · 속담 · 어휘 · 낱말이나 문장의 의미를 이해하는 것 등이 핵심 사항이다.

대부분 이런 사항은 자습서 내용이나 선생님이 알려 주는 것을 단순 암기하는데, 그러면 실력이 늘지 않는다. 따라서 가능하면 본문만 읽고 미리 이런 사항을 스스로 찾아보고 예습해 두어야 한다. 절대 어렵지 않다. 꼭 도전해 보자. 뒤에서 더 자세히 다룬다.

책 읽기 내비게이터

4장의 교과서의 지문만 읽는다 부분을 참고한다.

영어에서 핵심은 문법의 정확한 이해와 사용된 예문 암기, 단어나 표현이 사용된 예문 암기이다

영문법에서 핵심은 첫째, 문법요소의 기능을 이해하는 것이고, 둘째, 그 문법요소가 들어간 대표적인 예문을 암기하는 것이다. 이렇게 하면 내용을 억지로 외우는 것보다 효율적이고 오래간다.

예를 들어 관계대명사 which를 알아보자.

관계대명사 which의 기능에 대한 개념을 정리해 보면 크게 두 가지이다. 따라서 어떤 경우에도 관계대명사 which가 나오면 이 두 가지가 떠올라야 한다.

첫 번째는 앞에 나온 선행사를 수식하는 기능이다. 선행사는 명사인 경우가 많으므로 형용사적인 기능을 한다고 보면 된다. 다만 단순한 형용사가 아니라 문장단위의 형용사라고 보면 된다. 우리말로 하면 단순히 형용사+명사의 구조, 즉 '예쁜 차'가 아니고 문장+명사의 구조, 즉 '어제 내가 본 차'와 같은 것이다.

두 번째는 지칭하는 기능이다. 앞에 나온 의미를 지칭하는 것이다. 우리말을 예로 들면 "나는 어제 회사에서 자다가 들켰다, 그것이 사장님을 화나게 했다."라는 문장에서 '그것이'는 자다가 들킨 사실을 지칭하는 것이다. 이런 표현을 하고 싶을 때 쓰는 것이 관계대명사의 계속적 용법이다. 대부분 콤마가 앞에 있다.

그러나 이런 내용을 단지 문법 사항 자체로만 알아 두는 것은 아무 의미가 없다. 실제로는 관계대명사가 사용된 문장을 정확히 해석하는 일이 가장 중요하다. 따라서 개념적으로 이해한 후에는 각각의 기능에 대한 예문을 정리하고 암기해야 한다. 특히 예문을 정확히 암기하고 있으면 작문과 회화에서도 큰 힘을 발휘한다.

수식하는 기능에 관한 예문을 보자.

Dark world in which I lived there was no strong sentiment or tenderness.

선행하는 'dark world'를 'in which I lived'가 수식하고 있다.

지칭하는 기능에 관한 예문을 보자.

He was trying to please me, which made me more angry.

'He was trying to please me' 전체를 which가 지칭하고 있다.

그 밖에 헷갈리거나 여러 가지 의미가 있는 단어나 표현도 그것이 들어간 예문을 암기해 두면 좋다.

He can't speak anything but Korean.

(but은 except의 의미)

All that money brought nothing but sadness.

(nothing but은 영영사전에서 이렇게 설명한다.

"Nothing but a particular thing means only that thing.")

anything but에서는 but만 작용하고 있는 것이다. 따라서 but만으로도 except라는 의미가 전달된다. 그러나 nothing but은 전체가 only라는 의미를 갖는다. 보통 위의 두 가지 표현이 비슷하여 헷갈려서인지 전체적으로 뜻만 열심히 외우는 경우가 많다. 그러나 예문으로 외워 두면 헷갈리지 않고 자연스럽게 사용할 수 있다. 표현 정리와 더불어 예문을 정리해서 암기하는 것이 핵심을 놓치지 않는 길이다.

exercise라는 단어의 의미를 공부할 때도 마찬가지이다. 이 단어의 핵심은 크게 두 가지 의미로 구분된다.

첫 번째는 우리가 잘 알고 있는 '연습하다' 라는 의미이다.

두 번째는 조금은 생소한 '행사하다', '발휘하다' 라는 의미이다.

exercise라는 단어를 공부할 때 핵심은 두 번째 의미로 사용하는 경우의 예문을 잘 알아 두는 것이다. 그러면 독해지문에서 당황하지 않고 해석할 수 있다.

영영사전에 제시된 의미를 살펴보자.

"If you exercise your authority, your rights, or a good quality such as mercy, you put it into use."

예문은 다음과 같다.

They are merely exercising their right to free speech.

이 문장에서 exercise를 '연습하다' 라는 의미로 해석하면 말이 안 된다. 여기서는 '행사하다' 라는 의미로 쓰인 것이다.

수학에서 핵심은 그 단원에서 이슈가 되는 내용과 그에 따른 전형적인 문제를 파악하는 것이다

수학은 단원별로 내용 설명과 문제가 나오는데 어떻게 하면 핵심을 파악할 수 있을까? 역함수 단원을 예를 들어 알아보자.

역함수는 기본 성질에 관련된 문제가 자주 나온다. 우리는 별 생각 없이 함수는 모두 역함수가 있을 것으로 생각하지만 사실은 그렇지 않다. 함수라고 해서 공역의 모든 값이 대응되는 정의역의 값을 갖지는 않기 때문이다. 혹은 하나의 치역의 값에 대응되는 정의역 값이 여러 개일 수도 있기 때문이다. 즉, 일대일 대응일 때에만 역함수가 존재한다. 아주 공평한 상태이다. 특히 역함수는 기본 함수와 $y=x$를 중심으로 대칭된다. 즉, 둘 사이에 교점이 있다면 그 직선 위에 있을 것이다. 이런 특성도 문제화하기가 좋은데, 다른 내용과 연결하여 물어보기가 좋기 때문이다. 게다가 역함수는 기본적인 함수에 관한 내용 중에서 제일 끝에 나오기 때문에 앞의 내용과 조합하는 문제가 많다.

결국 역함수를 공부했다면 역함수의 존재조건, 역함수 구하기, 그리고 $y=x$에 대칭되는 성질 등이 핵심이라는 것을 파악해야 한다. 또한 이러한 내용에 대한 각각의 대표적인 문제들을 풀 수 있어야 한다. 그러면 이런 핵심은 어떻게 파악할까? 어렵게 생각하기 쉬운데 전혀 어렵지 않다. 교재의 소제목을 보면 답이 있다. 『수학의 정석』의 역함수 부분을 살펴보면 소제목이 다음과 같다.

① 역함수
② 역함수의 존재
③ 역함수의 성질
④ 역함수를 구하는 순서

이것을 풀어서 해석하면, 역함수의 정의, 존재할 조건, 대칭성과 역함수의 연산, 실제 구하기가 중요한 이슈라는 것을 알아차릴 수 있다. 그래서 공부법 책들이 앞 다투어 목차를 공부하라고 말하는 것이다. 또한 이런 이슈에 해당하는 대표적인 유형의 문제는 일단 예제와 유제에서 볼 수 있고, 연습문제도 어떤 내용과 연관이 있는지 분석해 보면 좋다. 결론적으로 수학 과목의 핵심을 파악하기 위해서는 단원별로 소제목을 살피고 그것이 지시하는 중요한 내용이 무엇인지 파악한 다음 예제, 유제, 연습문제 등에서 대표적인 유형의 문제들을 풀어 보아야 한다.

과학의 핵심은 학습목표 · 실험 · 계산과 공식 · 그래프 · 그림이다

과학 계통 과목은 어떻게 핵심을 파악할 수 있을까? 일단 학습목표를 통해 큰 가닥을 잡아야 한다. 또 시험문제를 출제해 보면 현상과 원인, 예측과 결과, 즉 법칙이나 공식과 실험 데이터가 맞아 들어가는 것을 기반으로 문제를 내게 된다. 따라서 과학에 제시되는 모든 실험은 무조건 시험문제로 만들 수 있다고 보면 된다.

중학교 3학년 과학 교과서의 '화학 변화와 질량의 관계' 단원을 보면 다음과 같은 학습목표가 제시되어 있다.

"화학 변화에서 질량이 보존되는지 확인하는 방법을 설명할 수 있다.
화학 변화가 일어날 때 질량이 보존됨을 설명할 수 있다.
질량 보존의 법칙을 모형으로 설명할 수 있다."

그리고 이러한 목표 아래에서 세 가지 실험과 모형화가 내용으로 제시되어 있다.

따라서 앙금이나 기체가 생기는 반응, 그리고 연소 반응 등에서 반응 전후에 질량 변화가 없다는 것을 증명하는 실험이 제시되었을 때 그것이 질량 보존의 법칙에 관한 것임을 아는 것이 첫 번째 핵심이다. 또한 이런 현상을 직관적으로 모형화한 것이 질량 보존의 법칙이라는 것도 알아낼 수 있어야 한다.

과학에서 핵심을 파악하는 두 번째 방법은 그래프에 주의해서 공부하는 것이다.

고등학교 1학년용 과학 교과서의 반응 속도 부분을 보면 다음과 같은 그래프와 설명이 제시되어 있다. 기본적으로 그래프의 개형을 이해하고 그 접선의 기울기가 의미하는 바를 알아야 한다.

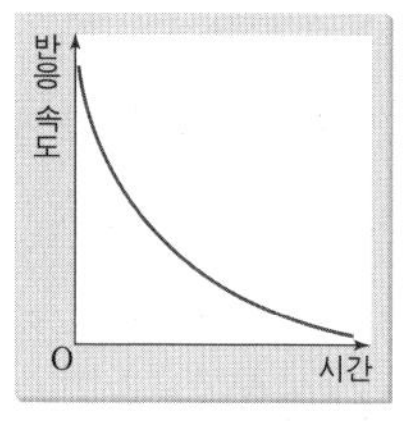

[반응 속도의 변화]

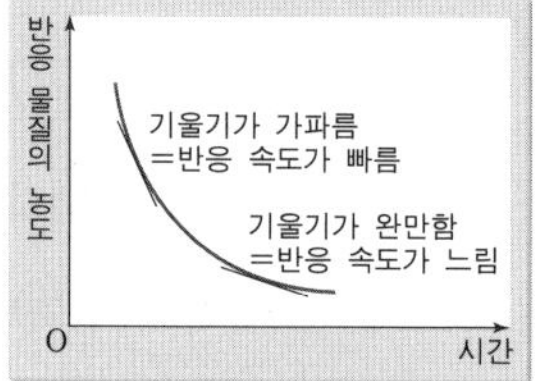

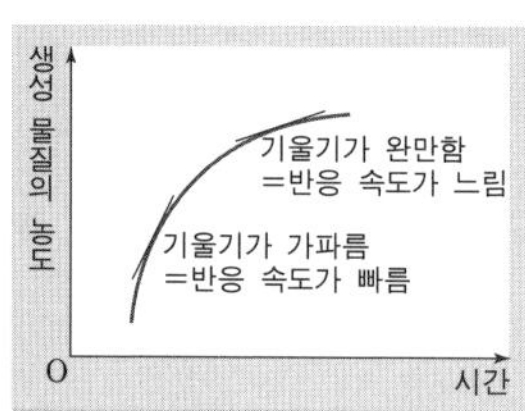

[반응 물질과 생성 물질의 농도 변화]
시간-농도 그래프에 접선을 그으면 접선의 기울기가 그 순간의 반응 속도이다.

과학 시험문제를 출제해 보면 반드시 그래프에 관한 문제를 내게 된다. 따라서 위와 같은 내용이 나오면 바로 시험문제화한다고 보아도 무방할 정도로 그 단원의 핵심 내용이라고 할 수 있다.

그러면 그래프는 어떻게 공부하나?

① 먼저 x축과 y축이 나타내는 값이 무엇인지 본다. 예를 들면 시간에 따른 반응 속도인지 시간에 따른 이동 거리인지 파악하는 것이다. 먼저 무엇의 변화에 따라 무엇을 나타낸 것인지 확인해야 한다.

② 그래프의 개형을 살펴보아야 한다. 곡선 또는 직선인지, 상수인 부분은 없는지, 일정해지는지, 계속 증가 혹은 감소하는지 등을 살펴본다.

③ 특정한 값이나 점이 중요한 그래프인지 살펴본다.

계산과 공식에 관한 문제 또한 단골 메뉴이다. 물리 · 화학 · 지학 · 생물 과목에 따라 조금씩 비중이 다르겠지만 어떤 과목이든지 고등학교 때는 중학교 때보다 더 많은 공식이 나오고, 계산해야 하는 문제의 비중도 훨씬 커진다. 계산문제로 변환시킬 수 있는 내용은 모두 시험문제 출

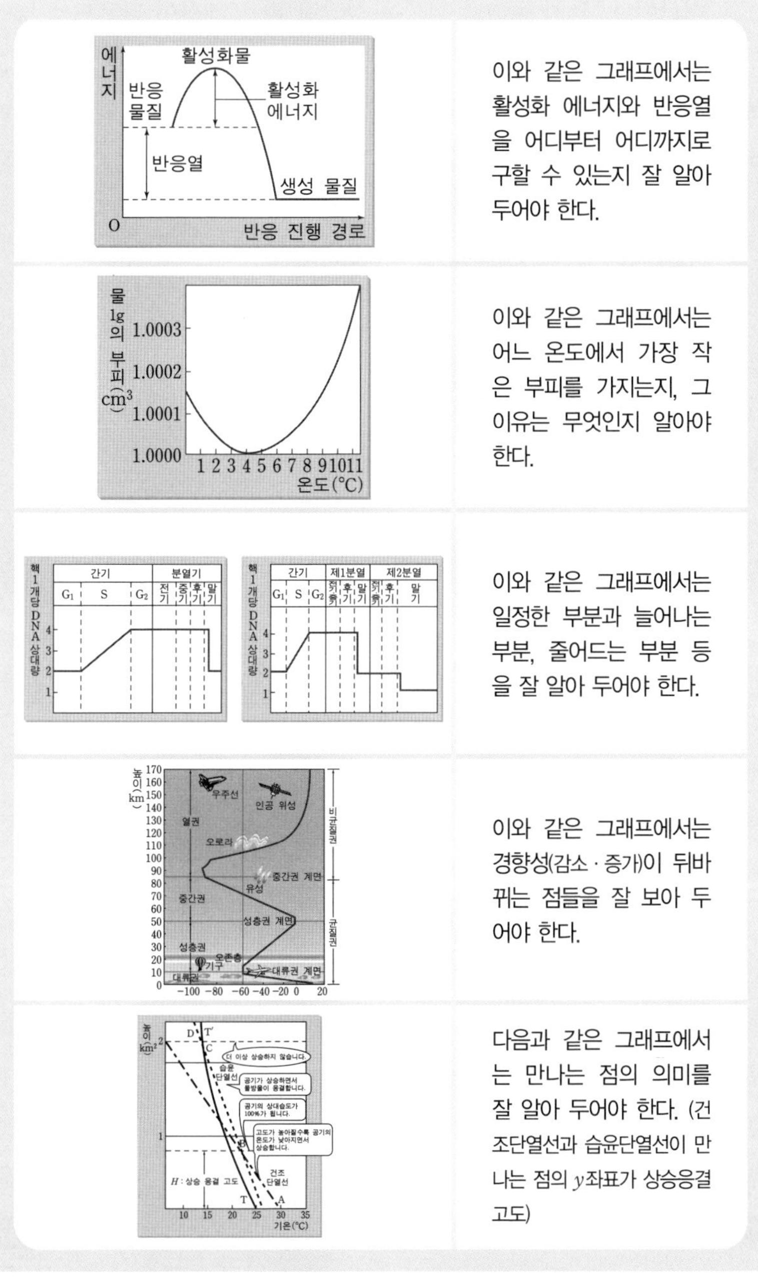

이와 같은 그래프에서는 활성화 에너지와 반응열을 어디부터 어디까지로 구할 수 있는지 잘 알아 두어야 한다.

이와 같은 그래프에서는 어느 온도에서 가장 작은 부피를 가지는지, 그 이유는 무엇인지 알아야 한다.

이와 같은 그래프에서는 일정한 부분과 늘어나는 부분, 줄어드는 부분 등을 잘 알아 두어야 한다.

이와 같은 그래프에서는 경향성(감소 · 증가)이 뒤바뀌는 점들을 잘 보아 두어야 한다.

다음과 같은 그래프에서는 만나는 점의 의미를 잘 알아 두어야 한다. (건조단열선과 습윤단열선이 만나는 점의 y좌표가 상승응결 고도)

제 대상이다. 특히 물리나 화학은 상당히 많은 계산이 나오므로 당연히 핵심 사항이고, 생물이나 지학은 많이 나오지 않기 때문에 반대로 출제 가능성이 높을 수밖에 없다. 과학은 기본적으로 숫자에 민감한 영역이므로 숫자화할 수 있는 내용, 즉 계산문제는 시험과 친할 수밖에 없다.

사회에서 핵심은 학습목표이다

사회 과목 역시 학습목표를 잘 읽어 보면 핵심 사항을 뽑아낼 수 있다. 고등학교 사회 과목 중 한국 근현대사 교과서에서 '구국 민족 운동의 전개'라는 단원의 동학 농민 운동에 관한 학습목표를 살펴보면 다음과 같다.

"동학 농민 운동의 전개 과정과 그 성격을 파악한다."

짧은 문장이지만 두 가지 사실이 핵심임을 파악할 수 있다.

첫 번째는 동학 농민 운동의 전개 과정(어떤 순서로 사건이 발생했고 그 배경은 무엇이었을까)이다.

두 번째는 동학 농민 운동의 성격(어떤 사람들이 주도하고, 왜 발생했으며, 어떤 가치를 추구했는가)이다.

이를 기초로 하여 내용을 정리하면 다음과 같다.

그 순서를 살펴보면 교단의 지도자인 최제우의 창시 이후 최시형이 이어받았으며 보국안민과 제폭구민을 기치로 했다. 포교의 자유가 중요한 화두였다. 그러나 지도자층과 달리 농민 지도자들은 사회 개혁에 관심이 많았다. 반봉건과 반침략을 기치로 내세운 동학 농민 운동은 농민집회를 많이 열었고 결국에는 동학이 농민주도의 사회 개혁 운동으로 많이 변하게 된다. 1, 2차 농민 봉기를 거쳐 결국에는 일본과 정부의 탄

압으로 실패했지만 나중에 의병 전쟁의 추진력이 되어 반일 항일 투쟁의 기반 역할을 한다.

책 읽기 내비게이터
학습목표를 통한 공부를 더 알아보려면 4장의 효율적인 책 보기 팁 부분을 참고한다.

앞 장의 '구조적 암기' 부분에서 제시한 예시문제는 이러한 사회 과목의 핵심이 어떻게 문제화되는지를 설명해 주기도 한다.

정리를 잘해야 최종 게임에서 이긴다

고등학교 공부의 최종 관문은 바로 입시이다. 입시는 전 범위를 다룬다. 그리고 고등학교 후반에는 내신시험도 전 범위 시험을 보기 때문에 기본서를 한 권으로 정리하는 과정이 매우 중요하다. 단권화하지 않고 책의 종류를 늘리기만 하면 전 범위 복습이 어려워지기 때문이다. 따라서 핵심 사항을 파악했다면 그것을 정리하는 방법도 알아야 한다. 정리하는 방법은 크게 서브노트 만들기와 단권화의 두 가지로 나뉜다. 두 가지를 모두 해도 나쁘지 않지만 그러다 보면 배보다 배꼽이 더 커질 수 있으므로, 가능한 한 자기 스타일에 따라 둘 중에 하나만 선택할 것을 권장한다.

서브노트 만들기

서브노트는 요약노트라고 불러도 좋다. 한마디로 공부의 핵심 내용을 한 권의 노트로 정리하는 것이다. 상당히 많은 노력이 드는 반면에 성취감을 느낄 수 있고, 자동 공부 효과에 좋다. 특히 꼼꼼하고 정리를 잘하며 공부시간을 많이 투자할 수 있는 학생에게 좋다. 그러나 반대로 에너지를 아껴 쓰고, 손으로 글씨를 쓰면서 동시에 머리로 생각하기 어려운 학생에게는 오히려 부담이자 시간 낭비일 수 있으므로 피하는 편이 좋다. 서브노트가 강점을 보이는 것은 수학문제 풀이노트, 영문법 정리노트, 과학 정리노트, 사회 정리노트이다.

서브노트의 장단점

장점 : 고3이 되면 유용하다. 1, 2학년 때 수많은 책을 보는데 서브노트가 없으면 고3 때 정말 막막할 수 있다. 특히 마지막으로 정리할 때 기본서를 다 보기에는 너무 부담스러울 경우에 이용하면 좋다. 또한 시험장에서 차분히 마음을 가라앉히며 정리하기에도 좋다. 그리고 어떤 내용을 적을 것인지 고민하며 만드는 과정에서 자동적으로 공부가 된다. 서브노트를 만들면 그동안 아무 생각 없이 받아들였던 내용이 궁금해지기도 하고 구조적인 공부를 하는 데에도 도움이 된다. 특히 슬럼프에 빠진 경우 서브노트를 만들면서 조금씩 빠져나올 수 있다.

단점 : 서브노트를 만들다가 시간만 낭비하는 경우가 많다. 특히 기본서 공부도 별로 안 하고 무턱대고 서브노트를 만들면 손만 아프고 공부도 안 되는 상황이 온다. 반드시 여러 번 공부한 상태에서 만들어야 부피를 알맞게 줄인 알찬 내용의 서브노트를 만들 수 있다. 또 만들기만 하고 안 볼 거면 차라리 만들지 않는 게 낫다. 특히 형형색색으로 예쁘게 만들다가 시간만 낭비하는 경우도 많다. 그리고 세밀한 내용

이나 중요한 것을 모두 적으면 양만 많아진다. 서브노트는 핵심 내용 중에서도 잘 몰랐던 것, 중요한데 머리에 잘 안 들어오는 것, 자기가 잘 틀리는 부분 등을 적는 게 좋다. 그리고 공부를 반복하면서 머릿속에 들어오면 지워 버려야 한다. 따라서 옆줄을 절취하기 쉽게 만들어 놓은 노트를 사면 편리하다.

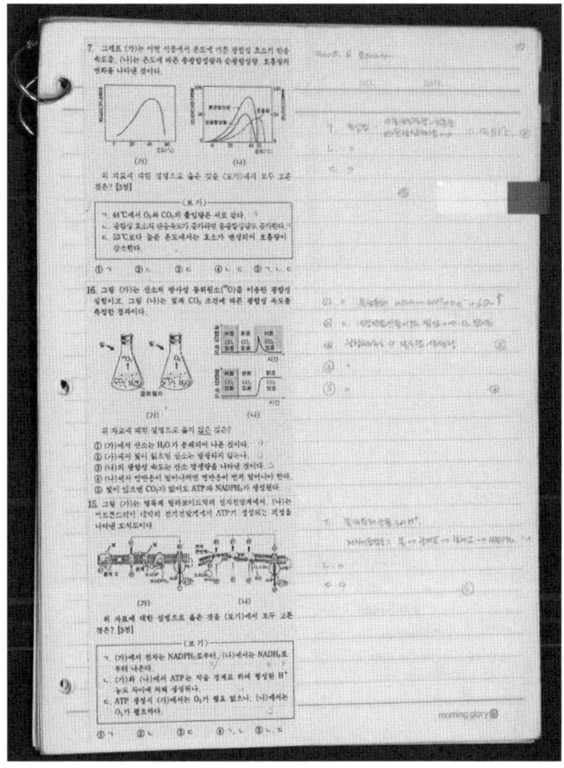

[서브노트 예시]

기본서 단권화하기

단권화란 무엇일까? 책을 한 권만 보는 것을 말하지는 않는다. 그렇다고 기본서에 없는 내용은 무조건 다 쓸어 모으는 것을 의미하지도 않는다. 일종의 선택과 집중을 보완하는 방법이라고 보면 된다. 많은 책을 보는 게 능사가 아니라는 말은 수없이 들어 보았을 것이다. 그러나 학생 입장에서는 불안한 마음에 이 책 저 책 기웃거리게 된다. 그러다 보면 자신도 모르게 책만 많아지고 정작 제대로 보는 책은 없게 된다. 문제집은 그렇다 쳐도 기본서까지 이런 식이 되면 나중에는 무엇이 중요한지, 어떤 책으로 정리해야 할지 막막해진다. 또한 문제는 책마다 설명이 잘된 부분과 그렇지 않은 부분이 다르다는 점이다. 따라서 한 권만 볼 수도 없으므로 우선 가장 선호하는 기본서를 정한다. 학생들이 제일 많이 보는 책으로 정하면 된다. 이 책을 중심으로 보되 이해가 잘 안 되는 내용이 나오면 다른 기본서를 찾아서 읽어 보고 그 내용을 참고하여 포스트잇에 쓰거나 복사해서 자신의 기본서에 추가해 넣는다. 기본서의 중요한 핵심 내용에는 밑줄을 긋고 깨끗하게 표시한다. 처음에는 연필로 표시하여 나중에 중요하지 않은 것에 밑줄을 그어 놓은 게 있으면 지울 수 있도록 한다. 공부를 반복하면서 중요하지도 않은데 밑줄을 그었거나 이미 터득해서 밑줄이 필요 없는 내용, 혹은 써 붙였는데 알게 된 내용은 표시를 없앤다.

정리하면, 다음과 같은 과정을 반복하면서 나만의 기본서를 정리해 나가는 것이다.

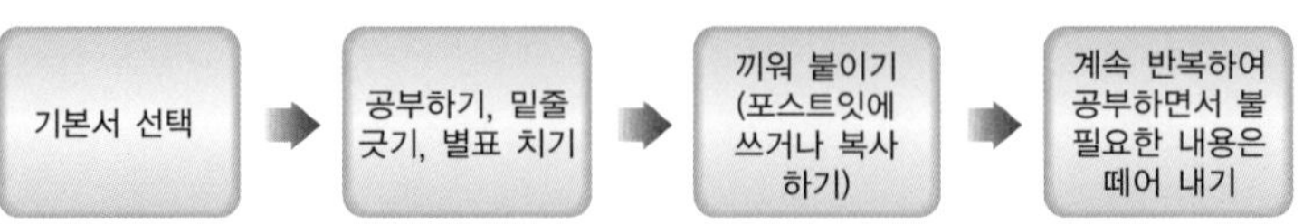

단권화가 강점을 보이는 것은 수학 기본서, 영문법 기본서, 과학 · 사회 과목 들이다.

[단권화 예시]

책 읽기 내비게이터

4장의 사회 과목 단권화 방법을 참고한다.

Tip

어제 공부한 것 떠올리기는 이런 걸 하라!

책을 보지 말고 다음 사항들을 실천해 보자. 이렇게 연습해 보면 처음에는 '내가 이렇게 공부를 대충하고 있나' 하는 자괴감이 밀려올지도 모른다. 하지만 조금씩 훈련하면 예전에는 느끼지 못한 강력한 공부 효과를 느낄 수 있다. 지금 고통스러워도 이대로 하느냐 아니면 대충 공부하고 나중에 고통스러울 것이냐. 선택은 여러분에게 달려 있다.

1. 국어

공부한 글의 종류, 주제, 제목, 대강의 내용, 특징이나 핵심 사항 떠올려 보기

2. 영어

공부한 영어단어 중에 생각나는 단어와 뜻 말해 보기, 공부했던 문법 사항 설명해 보기

3. 수학

어제 공부한 개념 설명해 보기, 공식 떠올리기, 틀렸던 문제의 이유 생각해 보기

4. 사회

① 공부한 내용을 육하원칙(누가, 언제, 어디서, 무엇을, 어떻게, 왜)에 따라 말해 보기(국사, 근현대사, 세계사)

예 : 조선 시대 실학의 발달에 대해서 설명해 보기, 일제 강점기의 토지 조사 사업에 대해 설명해 보기 등

Tip

② 공부한 내용 중에 키워드(핵심 단어)를 떠올려 말하고 설명해 보기(윤리, 정치, 경제, 법과 사회, 사회문화)

예 : 불법행위에 대해 설명해 보기, 국민소득 3면 등가의 법칙에 대해 설명해 보기, 공자와 맹자의 사상 비교하기, 문화 변동 중 내재적 변동에 대해 설명해 보기 등

③ 공부한 내용 중에 중요한 그림이나 지도, 그래프를 떠올리고 그 이유에 대해 설명해 보기(세계지리, 경제지리, 한국지리)

예 : 우리나라 제철 공업의 분포 지도를 떠올리고 그 이유에 대해 설명해 보기, 중국의 산업 구조 변화와 그래프를 떠올리고 그 이유에 대해 설명해 보기 등

6 STUDY 이해하고 암기하는 습관

영어사전에서 '암기하다' 라는 말을 찾아보면 'learn by heart' 라는 표현이 나온다. 그러나 마음으로 외우는 것은 시를 암송할 때나 알맞은 말이다. 공부 내용을 몸으로 느끼려면 모든 내용을 체험해야 한다. 그러나 이런 건 불가능하다. 어떤 사람들은 몸으로 암기한다. 즉, 노래를 하거나 연습장에 쓰고 줄을 치면서 암기한다. 단순 암기에는 이 방법이 잘 맞는다. 그러나 이해하지 않고 무조건 외우기만 하면 오래가지 않는다. 공부에서 암기는 몸과 마음보다는 머리로 해야 한다. 머리로는 무한한 생각과 상상을 할 수 있다. 그리고 이해하고 구조를 찾아내므로 쉽게 암기할 수 있다.

효율과 효과라는 단어는 혼용되어 쓰이는 경우도 많지만 나름대로 구분해 볼 수도 있다. 효율이 높다는 것은 노력한 것에 비해 상대적으로 많은 것을 얻을 수 있는 것이고, 효과가 좋다는 것은 결과적으로 얻을 수 있는 총량만 많으면 되는 것으로 정의해 볼 수 있다. 다시 말하면 효율은 상대적인 것이고 효과는 절대적인 것이다.

암기도 효율적인 암기와 효과적인 암기가 있다. 어떤 내용을 '효율적으로 암기한다' 는 것은 적은 시간을 들여 많은 양을 암기하는 것이다.

반면에 '효과적으로 암기한다'는 것은 들어간 노력이 많든 적든 간에 오랫동안 잘 잊어버리지 않게 하는 것이다.

효과적인 암기를 하려면 어떻게 해야 할까? 이해를 바탕으로 한 구조적 암기를 해야 한다. 그냥 외워도 된다. 하지만 그 구조를 이해하고, 현상의 원인을 찾아내고, 내용을 연결 지어 가면서 전체를 관통하는 원칙 같은 것을 발견하며 끊임없이 고민해서 암기하면 시간은 많이 들지만 절대 쉽게 잊어버리지 않는다. 시간이 지나도 다시 머릿속에서 꺼낼 수 있다. 이런 방법이 바로 구조적 암기(이해를 바탕으로 한 암기)이다.

효율적인 암기를 하려면 어떻게 해야 할까? 적은 시간과 노력을 들여서 외우려면 어떻게 해야 할까? 여기에 바로 암기법이 동원되는 것이다. 첫 글자를 따거나 노래를 만들어서 외우거나, 공통점과 차이점을 동원하거나, 대칭을 이용하거나 이야기를 만들어 외우는 것 등이 모두 효율적인 암기를 위한 방법이다. 이런 방법은 이해가 필요 없는 단순 암기에 효과적이다.

효율적 암기와 효과적 암기는 어느 한쪽이 우월한 개념이 아니라 상황과 과목 및 내용에 따라 적절한 것을 사용하면 되는 것이다. 예를 들어 크로아티아의 수도가 자그레브라는 사실은 뭘 이해하고 안 할 게 없다. 그냥 외우면 된다. 이런 것은 효율적 암기(암기법을 동원한 단순 암기)를 하면 된다. 반면에 뒤에서 설명할 구석기 · 신석기 · 청동기 사회의 변천 과정은 효과적 암기(이해를 바탕으로 한 구조적 암기)를 하기 위해 노력해야 한다. 그 당시 사회상이 그럴 수밖에 없는 이유를 찾으면 단순 암기만으로는 안 되는 내용이 많기 때문이다.

효과적 암기

- 이해를 바탕으로 한 구조적 암기를 한다.

효율적 암기

- 암기법을 동원하여 단순 암기를 한다.

암기는 모든 과목을 공부하는 데 기본적인 것이지만, 여기서는 구조적 암기란 무엇이고 어떻게 해야 하는지, 내가 구조적 암기를 했는지, 그리고 어떻게 점검할 것인지에 대해 알아본다. 구조적 암기가 많이 필요한 사회 과목을 예로 들어 설명한다.

사회의 암기

구조적 암기란 무엇인가?

중고등학교 때 실컷 외우는 내용 중의 하나가 바로 선사 시대의 생활 부분이다. 어느 중학교 자습서의 내용을 인용해 보겠다. 이 내용을 읽고 이해가 되는지 아니면 그냥 외워야 할지 결정해 보자.

구석기 시대와 신석기 시대의 생활 모습의 차이는?

구분	구석기 시대	신석기 시대
시작	약 70만 년 전	기원전 8000년경
도구	뗀석기	간석기, 뼈도구, 토기
식생활	사냥, 물고기 잡이, 채집	농경 목축 시작
주생활	이동생활(동굴, 강가의 막집)	정착생활(움집)
의생활		가락바퀴, 뼈바늘
사회	무리 사회	씨족이 모여 부족 형성
신앙		애니미즘, 토테미즘

구석기 시대 사람들은 돌을 떼어 내어 만든 뗀석기를 가지고 사냥과 채집 또는 물고기 잡이를 하면서 생활했다. 뗀석기는 짐승의 가죽을 벗기거나 나무뿌리를 캐는 데 사용되는 등 만능 도구의 역할을 했다. 한편 구석기 시대 사람들은 일정한 주거 형태를 갖추지 못해 계절에 따라 이동하는 생활을 하면서 동굴에서 살거나 강가에 막집을 짓고 살았다.

신석기 시대의 유적지는 주로 큰 강 유역이나 해안가에 자리 잡고 있다. 신석기 시대 사람들은 강가나 바닷가에 살면서 물고기를 잡거나 조개를 캐서 생활했다. 또한 정착생활을 시작하여 땅을 파고 그 위에 지붕을 씌운 움집에서 살았다. 신석기 시대에는 생산도구도 발전했는데, 돌을 갈고 다듬어 만든 간석기를 사용했다. 한편 이 시기에는 음식물을 조리하거나 저장하기 위하여 토기를 만들어 사용했는데 빗살무늬가 대표적이다. 토기를 사용했다는 것은 정착생활을 했다는 증거이다.

청동기 시대에 달라진 사회 모습은?

1) 달라진 모습

① 주생활

주거지 : 주로 강을 끼고 있는 야산이나 구릉지 → 농경생활의 확대

움집 : 직사각형이나 원형의 움집(움의 깊이가 얕아짐)

신석기 시대에 비해 집이나 마을의 규모가 커짐

② 농경생활

농작물 : 주로 벼, 보리, 콩 등을 재배

농기구 : 반달 돌칼, 맷돌 등의 간석기나 나무로 만든 농기구 사용

2) 고인돌을 통해 알 수 있는 것들

① 고인돌 : 청동기 시대의 대표적인 무덤

② 무덤의 규모를 볼 때 제작 과정에서 수많은 노동력이 동원됨 → 족장의 권위, 지배 · 피지배층의 분화 반영

3) 청동기 시대의 사회 모습

① 계층 사회의 성립

인구증가, 경제발전 → 사유 재산의 발생, 빈부의 격차

계층 사회의 성립 → 신분의 상하 구별 발생

② 족장의 출현

재산 확대와 청동제 무기로 정복활동

③ 제정일치 사회

정치적 지배자인 족장이 종교 의식도 관장함

4) 청동기 시대의 유물

① 농업 발달

간석기인 반달돌칼과 농경무늬 청동기

② 토기

민무늬토기

이런 설명에는 어떤 이유나 현상에 대한 고민이나 고찰이 전혀 없다. 그냥 그랬다는 게 끝이다. 그 다음은? 말할 것도 없이 암기하는 것이다. 그런데 이렇게 외우면 시험이 끝난 후에 남는 건 무엇일까? 아무것도 없다. 더군다나 살아가는 데는 아무런 쓸모가 없다. 게다가 처음 제시된 표도 이유나 근거 없이 정리만 했을 뿐 구조를 전혀 이해할 수 없다.

사회 현상을 바라보는 눈을 기르는 과정을 통해 통찰력이나 사고력을 증진시키고, 나아가 인생을 살아가면서 현명한 의사결정을 하는 성인으로 성장하도록 하는 것이 사회 과목을 공부하는 목적이다. 그러나 이런 암기는 그 무엇에도 도움이 되지 않는다. 한마디로 쓰레기다.

도대체 왜 구석기 시대 사람들은 뗀석기를 사용했을까 하는 일말의 호기심도 일어나지 않는 학습은 오히려 독이 된다. 그래서 이해를 바탕으로 한 구조적 암기는 너무나 중요하다. 이런 공부습관은 단지 중고등학교 때만 중요한 게 아니라 성인이 되어 새로운 것을 학습하는 데도 매우 중요하다. 성인이 되어서 공부하는 대부분의 내용은 단순하게 외우는 것을 요구하지 않는다. 따라서 단순 암기에만 치중하던 사람은 적응하지 못하고 껍데기 공부를 하여 결과가 좋지 않다.

구조적 암기를 한다는 것은 단순히 내용만 외우는 게 아니라, 구조를 이해하거나 현상의 원인을 찾아내거나 내용을 연결 지어 가며 전체를 관통하는 원칙 같은 것을 발견해 내면서 끊임없이 고민하여 암기하는 것이다. 원인과 결과를 찾아내는 일이야말로 구조적 암기의 출발점이다. 어떤 사회 현상이 가지는 배경이나 이유를 생각해 보고 이해해야 한다. 그리고 가능한 한 단순하게 암기하지 않기 위해서 노력해야 한다. 또한 그 이해를 바탕으로 상호 관계를 연결 지어야 한다. 그것이 바로 구조화이다. 이렇게 하면 훨씬 쉽고 재미있게 공부할 수 있다.

어떻게 암기해야 하는가?

우선 당시의 사회 현상의 원인과 결과를 생각해 보자.

구석기 시대는 어땠을까? 캐스트 어웨이라는 영화를 보면 상상해 볼 수 있다. 이동생활을 했으므로 (동굴)에서 지냈을 것이다. 그리고 가축을 기르거나 식물을 기를 능력이 안 되므로 일단 잡아먹거나 따먹었을 것이다(사냥, 채집). 또한 혼자 있으면 춥고 무서우니까 (무리)지어 다니고, 한 곳에 있으면 먹을 것이 떨어지므로 (이동)하며 다녔을 것이다. 그리고 도구 없이는 살기 힘드니까 만들어야 하는데 기술이 없으므로 그냥 부수고 깨서 만들어 썼을 것이다(뗀석기). 추우니까 당연히 (불)을 지폈을 것이고, 동굴에 살면서 심심할 때 할 일이 없으니까 동굴 벽에 (벽화)를 그렸을 것이다. 그래도 심심하면 굴러다니는 물체를 깎아서 (조각품)을 만들었을 것이다.

그럼 신석기 시대는 어떨까? 일단 이동생활하기에 지친 인간은 한 군데에 (정착)해서 살기 위해 머리를 썼을 것이다. 그런데 정착하기 위해서는 동물을 잡아 기를 수 있어야 하고 식물을 심어 키울 수 있어야 한다. 따라서 신석기 시대에는 (농경, 목축)이 시작되고, 정착생활의 초기이므로 집은 단순한 (움집)이다. 농경과 목축을 하려다 보니 물이 필요했을 것이고 그래서 바다나 강가에 많이 살게 된다. 그러나 아직 농경은 초기여서 생산이 그리 넉넉하지는 않았을 것이다. 그래서 작은 단위 모임의 생활을 한다(씨족 · 부족 · 평등 사회). 돌은 다루는 재주가 조금 늘어 (간석기)를 사용하고, 농경의 부산물을 담아 두기 위한 (빗살무늬토기)도 만든다. 각종 농경도구도 늘어난다.

청동기 시대는 어떨까? 오랜 정착생활을 하다 보니 불을 다루는 능력이 향상되었을 것이다. 이에 따라 드디어 금속을 다루기 시작한다. 그리고 청동이라는 금속을 사용하면서 도구가 발달되었을 것이다. 다만, 청동은 단단하지만 잘 부러지는 특성 때문에 농기구로는 적합하지 않다. 그래서 농기구는 여전히 석기(칼이나 도끼)이고, 담기 위한 토기도 여전히 (민무늬토기)이다. 청동기 시대에는 청동만 썼을 것이라고 오해하기 쉬운데 절대로 그렇지 않다. 청동은 오히려 귀했고 석기를 많이 썼다. 농사의 발달은 청동의 발달보다는 농사 기술의 본격적인 발전에서 비롯된 것 같다. 또한 농사가 발달하고 생산량이 증대하면서 욕심이 생겨 사유 재산, 즉 '자기 것'을 인정하고 싶었을 것이다. 벼농사도 이때 시작되었다. 수확을 하다 보면 필연적으로 많이 수확한 사람과 적게 수확한 사람이 생기는데, 여기에서 오는 빈부격차는 갈등과 대립을 불러일으킨다. 그러면서 청동이라는 금속의 역할도 중요해진다. 바로 무기로 사용되는 것이다(도끼, 동검). 무기의 사용은 결국 소규모 전쟁을 일으키게 만들었으며, 지배층과 피지배층 개념이 생기게 되었다. 고인돌은 지배층을 상징하는 계층개념의 존재를 보여 주는 결과물이다. 지배층의 무덤을 만들기 위해 얼마나 많은 피지배층이 동원되었을지 상상하면 금방 알 수 있다. 계층 발생은 인간의 본성인 종교의식과 지배목적이 결합하여 제사를 지내는 종교의 발전을 가져온다. 여기서 또 한 번 빛나는 특성을 가진 청동이 사용되는데 바로 제사용품이다. 당연히 청동을 가질 수 있고 제사를 주관하며 지배를 하는 사람은 지배층인 족장이었을 것이다. 제정일치는 필연적이라고 할 수 있다. 청동에서 이어지는 철기는 농사도구나 무기에 모두 좋다. 사람들은 이것을 이용하여 땅을 더 효율적으로 파고 생산량도 늘렸을 것이다. 인구와 부가 늘어나면서 욕심이 커지면 결국 전쟁도 증가하는데 철기는 강력하므로 전쟁도 대규모였을 것이다.

시대가 변화하면서 국가개념이 점점 확실해지고 문화적인 인간의 삶도 동시에 발전한다. 청동기 시대에서 철기 시대로 이어지는 흐름을 개념도로 그려 보면 다음과 같다.

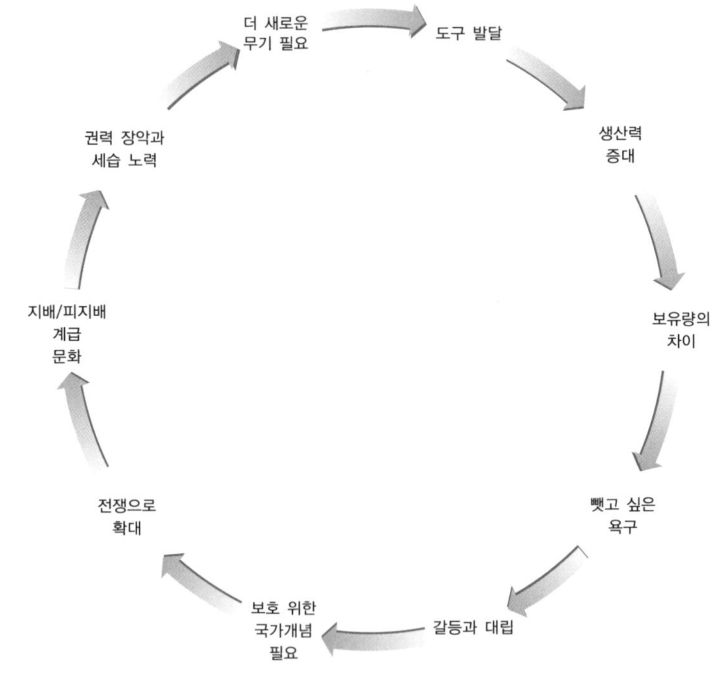

이렇게 이해가 되었다면 이제 구조화할 차례이다.

이해한 내용을 바탕으로 표나 마인드맵을 그려 나가면 제시된 표를 외우는 것보다 훨씬 큰 암기 효과를 얻을 수 있다.

구분	구석기 시대	신석기 시대	청동기 시대
도구	뗀석기, 불 사용 시작	간석기 뼈도구 빗살무늬토기	민무늬토기 간석기(칼, 도끼) 청동기(거울, 도끼, 동검)
식생활	사냥, 물고기 잡이, 채집	농경, 목축 시작	농경 발달
주생활	이동생활 (동굴, 강가의 막집)	정착생활(움집)	더 얕은 움집, 야산이나 구릉
의생활		가락바퀴, 뼈바늘	
사회	무리 사회, 평등 사회	씨족이 모여 부족 형성, 평등 사회	사유 재산, 지배 · 피 지배 계층 구분, 인구 증가
신앙		애니미즘, 토테미즘	제정일치
예술	동굴벽화, 조각품		

완벽하게 암기했는지 확인해 보자

위에서 제시한 내용을 예로 들어 자신이 제대로 암기했는지 알기 위해서는 다음과 같은 질문을 던져 보면 된다.

'구석기-신석기-청동기 시대를 거치면서 변화 발전한 도구 · 의식주 · 사회의 변천 과정을 설명할 수 있는가?'

이 질문에 답하려면 위에서 이해한 내용을 바탕으로 생각을 정리하면서 표를 만들어 보면 된다. 정확히 답할 수 있다면 명확히 암기한 것이고 그렇지 않다면 한 번 더 공부해야 한다. 혹은 주변의 친구에게 내용을 설명해 보는 것도 좋다.

단순 암기도 요령이 있다

앞에서 설명했던 구조적 암기와 상반된 개념이 바로 단순 암기이다. 공부를 하다 보면 이해를 바탕으로 하는 효과 지향적 암기뿐만 아니라 효율 지향적인 단순 암기도 필요하다. 문제는 두 가지를 혼동하여 사용하거나 한 쪽만 고집하는 것이다. 세상만사가 그렇듯이 공부에서 암기도 조화를 이루는 것이 가장 중요하다.

다음에 주어진 방법을 실험해 보고, 이대로만 사용하지 말고 자기만의 방법도 만들어 보자.

두문자를 활용한다

- 고생대 순서 캄오실데석페 : 캄브리아-오르도비스-실루리아-데본-석탄-페름
- 전생갑부여황젖 : 뇌하수체 전엽에서는 생장호르몬, 갑상선자극호르몬, 부신피질자극호르몬, 여포자극호르몬, 황체형성호르몬, 젖분비자극호르몬
- 후옥바 : 뇌하수체 후엽에서는 옥시토신과 바소프레신
- 갑티칼 : 갑상선에서는 티록신과 칼시토닌
- 이인글 : 이자에서는 인슐린과 글루카곤
  (수능을 위해서는 그 기능을 알아 두는 게 더 중요하다)
- 단당류 : 과갈포(과당, 갈락토오스, 포도당)

신프신은 두신코

신마신은 두코신

코프코는 두코코

코마코는 마두신신

$$\sin A+\sin B=2\sin\frac{A+B}{2}\cos\frac{A-B}{2}$$

$$\sin A-\sin B=2\cos\frac{A+B}{2}\sin\frac{A-B}{2}$$

$$\cos A+\cos B=2\cos\frac{A+B}{2}\cos\frac{A-B}{2}$$

$$\cos A-\cos B=-2\sin\frac{A+B}{2}\sin\frac{A-B}{2}$$

순서나 대칭, 길이, 공통점 차이점 등을 이용한다

- 이당류 : 설탕, 엿당, 젖당(두 글자로 되어서 일단 이당류, 한글 순서에 따라 ㅅㅇㅈ)
- 혈액응고 트프트피피 : 트롬보키나아제 → (프로트롬빈 → 트롬빈) → 트롬빈 → (피브리노겐 → 피브린)
- 할로겐의 반응성 순서 : 핑클보이(F−Cl−Br−I)

수정테이프를 칠해서 외운다

공부를 충분히 한 다음에는 수정테이프로 빈칸을 만들어 채우는 방법으로 확인을 하면 좋다.

보상화무늬 벽돌 | 상경 용천부 출토

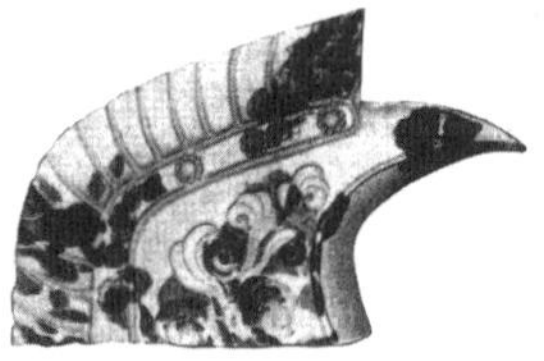

치미 | 동경 용원부 출토

던 발해는 9세기 후반부터 국력이 약화되어 결국 거란족에 의해 멸망하였다(926).

발해의 정치 제도

발해는 나라의 안정을 되찾은 후, 당의 문물 제도를 받아들여 세련된 제도를 갖추는 데 힘을 기울였다. 발해는 독자적인 연호를 쓸 정도로 왕권이 강화되면서 정치 제도를 정비하였다.

중앙에는 왕 밑에 정당성 · 선조성 · 중대성의 3성이 있었고, 그 아래에 6부가 있었다. 발해의 3성은 외형상 당의 제도를 모방하였으나, 운영 방식은 독특하였다. 즉, 3성은 정당성을 중심으로 운영하였고, 정당성 아래에 6부를 두어 나라의 일을 나누어 처리하게 하였다. 그리고 국가의 중요한 일은 귀족들이 정당성에 모여서 회의를 열어 결정하였다.

지방 행정 구역은 5경 15부 62주로 조직되었다. 특히, 5경은 상경을 중심으로 하여 5도의 교통망으로 연결되었다. 그리고 말단에 있는 촌락은 토착 세력가에 의해서 다스려졌다. 이것은 고구려 계통의 지배층이 말갈의 전통적인 사회 조직을 그대로 유지하면서 두 민족 사이의 조화를 꾀한 것이었다.

| 발해 멸망의 시대적 배경 |
10세기 초의 동아시아는 중국이 5대 10국의 혼란기였고, 한반도는 후삼국으로 분열되어 있었다. 발해는 이러한 국제 정세를 이용하여 성장한 거란족의 공격을 받아 멸망하였다.

| 발해 6부의 명칭 |
당의 6부(이, 호, 예, 병, 형, 공)와 달리, 발해는 유교 도덕을 나타내는 '충, 인, 의, 지, 예, 신'을 6부의 명칭으로 사용하였다.

1. 통일 신라와 발해의 발전 | 75

암기카드를 만든다

① 암기카드에는 가능하면 그림이나 상징화된 기호를 넣으면 좋다. 글씨만 쓰면 잘 안 외워진다.

② 카드 하나에는 한 가지 내용만 쓴다. 욕심이 나도 무리하게 많이 쓰면 좋지 않다.

③ 암기카드는 들고 다니면서 보아야 효과가 있다.

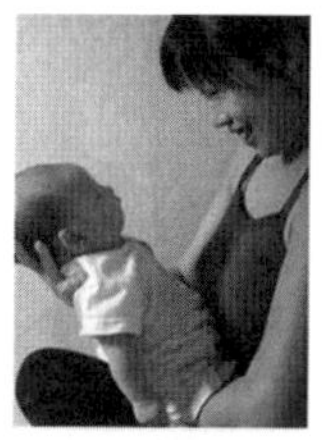
권리 능력 : 권리와 의무의 주체가 될 수 있는 지위, 출생과 함께 사법상 권리 능력을 가짐.

행위 능력 : 단독으로 유효한 법률행위를 할 수 있는 법률상의 자격, 법이 정한 행위 무능력자는 단독으로 행한 법률 행위를 취소할 수 있다. 미성년자, 한정치산자, 금치산자.

커닝페이퍼를 만든다

실제로 커닝하는 데 사용하라는 뜻은 아니다. 시험 직전이 되면 마음도 급해지고 불안하다. 왠지 공부도 안 되고 답답할 때는 커닝페이퍼를 만들어 보는 것도 한 방법이다. 실제로 공부 효과도 있고 마음도 안정되며, 결정적으로 공부가 안 되는 현상에서 빠져나올 수 있다. 시험 볼 때 쉬는 시간에 공부해도 효과 만점이다.

근대 경험론	베이컨	과학적 지식의 중요성 강조. '아는 것이 힘이다'
	홉스	사회계약설, '만인의 만인에 대한 투쟁'
	흄	공리주의 윤리의 모태, 도덕적 판단과 행위에 있어 이성보다 감정이 중요.
근대 합리론	데카르트	방법적 회의, '나는 생각한다. 그러므로 나는 존재한다'
	스피노자	이성으로써 모든 사물의 궁극적인 원인과 질서 인식.
이상주의	칸트	행위의 동기중시. 정언명령, 인간의 존엄성 강조.
	헤겔	국가는 최고 인륜 형태, 인륜의 변증법적 발전.
공리주의	벤담	양적 공리주의, 최대 다수의 최대 행복
	밀	질적 공리주의, 쾌락의 질적차이 고려, 정신적 쾌락 중시.
현대윤리	쇼펜하우어	이성보다 감정과 의지, 지식보다 직관과 체험.
	키에르케고르	실존주의, 각 개인의 주체적 삶의 자세 강조.
	듀이	모든 가치를 유용성 입장에서 판단.
	간디, 슈바이처	생명의 신비와 존엄성 강조.

주의할 점

흔히 암기를 밑 빠진 독에 물 붓기에 비유한다. 뚫린 구멍으로 새어 나가는 물은 어차피 어떻게 할 수가 없다. 우리는 다 새어 나가기 전에 더 빨리, 더 많이 부어 넣어야 한다. 그리고 가능한 한 뚫린 구멍을 작게 만들려고 노력해야 한다. 위에서 제시한 방법은 구멍을 작게 해줄 뿐이다. 새어 나가는 물보다 빨리, 더 많이 붓는 것은 자신의 몫이다. 즉, 먼저 공부를 충분히 하고 이런 방법들을 적용해야 한다는 말이다. 두문자부터 따서 공부하면 나중에 풀지를 못한다.

7 STUDY

문제를 두려워하지 않고 심화학습하는 습관

문제를 내려다보려면 심화학습을 해야 한다

어떤 과목의 어떤 문제를 풀든 간에 문제를 내려다볼 수 있으면 어려운 문제도 훨씬 쉽게 풀 수 있다. 문제를 내려다볼 수 있어야 실전에서 평소에 풀던 문제와 비슷한 수준 혹은 그 이상도 풀 수 있고 응용문제에도 당황하지 않는다. 그러나 문제를 올려다보면 풀 수 있는 문제도 못 푼다. 충분히 노력해서 실력이 어느 정도에 이르면 그 다음은 심리전이 된다. 노력이 부족해서 못 푼다면 억울하지 않지만 알면서도 심리적으로 위축되어 문제를 못 풀면 정말 속상하다. 그러면 이런 차이는 어디에서 오는 것일까? 바로 심화학습을 얼마나 했는가에서 온다. 평소에 얼마나 어려운 문제를 풀기 위해 애쓰고 익숙해져 있는지가 문제를 내려다보느냐 올려다보느냐를 결정한다.

그런데 공부를 하다 보면 '이렇게 어려운 건 시험에 안 나올 거야' 라는 생각을 자주 하게 된다. 하지만 이런 습관이 계속 쌓이면 고등학교 공부에서는 낭패를 볼 수 있다. 중학교 문제는 난이도가 다양하지 않아서 크게 무리가 없지만 고등학교 공부는 난이도가 천차만별인 여러 가지 문제를 다루어야 하므로 어려운 것을 피하면 상위권이 되기 어렵다.

수학의 예를 들면 나의 경우 고3 중반까지도 잡히지 않던 수학이 고3 중반을 넘어가자 서서히 그림이 맞아 들어가기 시작했다. 그러면서 이런 생각이 들었다.

'아 이제 어떤 문제를 풀더라도 답과 다르다면 답이 틀렸거나 문제가 틀린 거다'

심화학습이 극한의 단계에 이르면 이런 느낌이 든다. 그렇게 되기 전에는 나 자신도 언제나 문제를 올려다보면서 위축되어 있었다. 그런데 고2 겨울방학 때 비로소 어려운 문제를 회피하는 습관 때문이라는 것을 알게 되었다. 고3 1년 동안 어려운 문제를 풀기 위해 정말 열심히 노력했고 결과는 좋았다.

어려운 문제를 푸는 것 말고 심화학습의 또 다른 종류는 현재 공부하는 수준보다 한 단계 더 높은 수준의 내용을 공부하는 것이다. 예를 들면 현재 교과서에 나오는 영문법보다 더 높은 수준의 영문법 교재를 보는 것을 말한다. 혹은 현재 중간 수준일 경우 상위 수준의 영문법을 공부하는 것을 말한다. 단어도 마찬가지이다. 중학단어 수준의 공부를 마무리해 간다면 고등단어 수준의 책을 구해서 보는 것이다. 영어독해의 경우도 마찬가지이다. 어려운 지문을 읽고, 독해하고, 빠르게 읽어 나가기 위해 노력하다 보면 자신도 모르는 사이에 독해 실력이 향상된다. 그러나 쉬운 지문만 읽고 사전 찾기를 게을리 하면 영어독해 실력은 절대로 늘지 않는다. 단, 조심할 것은 실력에 맞지 않게 어려운 독해지문을 가지고 낑낑대는 것이다. 이건 별로 좋은 전략이 아니다. 자신의 수준보다 한 단계만 높은 독해를 하면서 꾸준히 실력을 쌓아야 한다. 한마디로 현재에 만족하지 말고 더 높은 수준의 내용을 공부하기 위해 끊임없이 찾아 나서는 것이 심화학습이다. 그리고 이렇게 해야만 실전에서 문제를 내려다보면서 풀 수 있다.

중학생들을 상담해 보면 심화학습과 선행학습 중에서 어느 것을 더 많이 해야 하는지 고민하는 경우가 많다. 결론부터 말하면 둘 다 해야 한다. 양자는 필요나 목적이 서로 다르기 때문이다. 심화학습은 실력 향상을 통해서, 선행학습은 미리 공부하여 익숙해짐으로써 자신감을 가져다준다. 따라서 시기에 따라 심화학습과 선행학습의 비율을 달리할 필요가 있다. 수학의 경우 중1, 2 때는 심화학습에 더 치중하고 중3부터는 선행학습에 더 치중할 필요가 있다. 중학교 수학은 선행학습이 필수적일 정도로 진도가 빠르지 않으므로 오히려 심화학습을 하는 것이 맞다. 그러나 고등학교 수학은 워낙 빠르기 때문에 중3부터는 선행학습을 해두어야 한다. 영어의 경우 문법은 중2 때부터 선행학습을 시작하고, 독해나 단어 암기는 중1 처음부터 중3까지 꾸준히 심화학습을 하면 된다. 선행학습에 대해서는 뒤에서 더 자세히 다루기로 하고, 여기서는 우선 심화학습에 대해서 알아보기로 한다.

책 읽기 내비게이터

선행학습이 궁금하다면 4장의 혼자 하는 선행학습법 부분을 참고한다.

심화학습이란 무엇이고 어떻게 해야 하나?

심화학습이란 쉬운 것만 공부하지 않고 더 어려운 단계의 내용까지 공부하는 것을 말한다. 특히 영어나 수학, 과학(물리, 화학) 같은 과목에서 중요하다. 다른 과목에 비해 더 높은 수준의 공부가 필요하기 때문이다. 여기서는 심화학습이 무엇이고 어떻게 해야 하는지 그리고 어떻게 점검할 것인지를 알아본다.

심화학습은 무엇인가?

1) 내용의 심화

현재의 수준에 만족하지 않고 더 높은 수준을 공부하는 것으로 선행학습과는 다르다. 선행은 새로운 것을 미리 배우는 것이고, 심화는 배운 내용에서 더 발전하는 것이다. 예를 들어 중3이 고등수학 10-(가)를 공부하면 선행이지만, 기초영문법을 배운 중2 학생이 기본영문법을 배우면 심화가 된다. 주로 영어, 수학, 과학 과목에 적용된다.

2) 문제의 심화

현재의 능력보다 한 단계만 더 높은 수준의 문제를 푸는 것을 말한다. 두세 단계 높은 수준의 문제를 푸는 것은 부하만 많이 걸리고 수학 실력의 단계적인 발전에 좋지 않을 수도 있다. 한 단계란 어떤 학생이 중위권이라면 상위권 교재를 푸는 정도이다. 그러나 중위권 학생이 경시대회 문제를 푼다면 그것은 두세 단계 높은 것이다. 주로 수학, 과학 과목에 적용된다.

심화학습은 어떻게 해야 하는가?

1) 비율

학기 중에는 선행학습을 할 시간이 넉넉하지 않다. 따라서 방학기간과 같이 자기 공부시간을 충분히 가질 수 있을 때를 기준으로 다음에 제시하는 정도의 분량으로 하는 것이 표준적이다. 학기 중에는 가능하면 학교공부에 충실하고 심화학습에 집중하는 것이 좋다. 다만 중위권이나 하위권은 여기 제시된 비율보다 보충학습+심화학습의 비율을 높여야 한다.

① 중1~중2까지(보충학습+심화학습에 더 비중)

심화학습의 비율이 전체 공부의 40%를 넘지 말아야 한다. 상위권 학생이라면 보충학습 : 심화학습 : 선행학습의 비율이 2:4:4 정도가 되도록 하는 게 이상적이다. 여기서 보충학습은 지난 학기 내용 중에 정확하게 이해하지 못한 내용이나 자신없는 부분을 보충하는 것이다. 심화학습은 말 그대로 현재의 수준을 끌어올리는 것이다. 그리고 선행학습은 다음 학기 내용을 미리 공부하는 것이다. 만약 보충학습을 할 내용이 없게 완벽하게 공부했다면, 심화학습 : 선행학습의 비율을 6:4 정도로 하면 된다.

② 중3의 경우(선행학습에 더 비중)

이 경우도 심화학습의 비율이 40%를 넘지 않도록 하는 게 좋다. 선행학습에 60% 이상 할애해야 하기 때문이다. 따라서 심화학습 : 선행학습의 비율을 4:6 정도로 하면 된다. 만약 보충학습이 필요하다면 보충학습 : 심화학습 : 선행학습의 비율이 2:2:6 정도가 되도록 하는 게 이상적이다. 특히 고1 수학 선행학습은 중3 1학기 수학 심화학습과 직결되며, 고1 과학 선행학습은 중학과학의 심화학습과 직결되므로 선행학습이 곧 심화학습이다.

③ 고1, 2의 경우(보충학습+심화학습을 선행학습과 비슷하게)

고등학교에 진학하면 학기별 진도에 얽매이지 말고 자신의 페이스를 만들어 나가야 한다. 굳이 보충학습 : 심화학습 : 선행학습의 비율을 따져 본다면 2:3:5 정도로 하면 좋다. 보충학습이 필요 없다면 심화학습 : 선행학습 비율을 5:5 정도로 하면 된다.

2) 정도

① 내용의 심화 : 세 번을 반복해서 공부해도 도대체 무슨 말인지 모르는 수준이라면 이미 과도한 심화라고 보면 된다. 전 단계의 내용을 더 복습해야 한다.

- 중학생의 경우 : 영어단어는 1만 단어 수준까지 공부하면 충분하고, 문법은 성문 시리즈를 기준으로 할 때 기본영어 수준이면 충분하다. 독해는 시중 독해집을 수월하게 풀어낼 정도면 되고, 더 높은 수준을 원한다면 신문이나 잡지의 쉬운 글 정도까지 공부해도 좋다. 수학은 앞서 제시한 교재들(하이레벨, A급 수학, 최상위수학, 고난도수학, line-up수학)을 공부하면 충분하다. 더 높은 수준을 원한다면 경시대회 교재를 공부해야 한다. 과학은 오투나 고난도 시리즈 정도가 중학교 수준에서 높다고 볼 수 있는데, 설명이 부족해서 심화를 원한다면 중학교 공부를 어느 정도 마스터한 다음 고등학교 하이탑 시리즈를 보면 된다.
- 고등학생의 경우 : 영어단어는 2만 단어 수준까지 공부하면 충분하다. 그리고 문법은 기본영어 수준을 더 정확하게 공부한 다음 외국계열의 문법서 상급까지 공부하면 된다. 독해는 독해집 외에도 신문이나 잡지를 공부하고, 토플이나 토익독해까지 확장하면 된다. 수학은 정석 시리즈를 기본으로 공부한 후 개념원리 교재를 풀어야 한다. 심화를 할 때는 실력정석이 좋다. 쎈수학 시리즈도 사용하는데, 물론 더 높은 수준은 경시대회 교재이다. 과학은 하이탑 시리즈를 마스터한 후 더 심화하고

싶다면 대학교양 교재(일반물리학, 일반화학)를 보아야 한다.

② 문제의 심화 : 수학이나 과학 모두 자기가 보는 책에서 정말 풀지 못하는 문제의 비율이 3분의 1이 넘으면 곤란하다. 반대로 현재 풀고 있는 문제집의 문제를 75% 이상 쉽게 풀고 있다면 더 어려운 책을 보아야 한다.

예를 들어 실력정석 연습문제를 푸는데 열심히 풀어도 20문제 중에 8개 이상 못 푸는 문제가 있으면 안 된다. 이런 경우에는 기본정석을 더 공부해야 한다.

중학교 수학과 고등학교 수학의 연결

별색으로 처리한 부분은 심화학습이 별로 필요 없는 내용이다. 기본적인 내용을 숙지하는 데 더 비중을 두어야 한다. 나머지는 심화학습을 꼭 해야 한다. 전반적으로 1학기 때 배우는 내용(대수)의 대부분이 고등학교 수학과 직결되는 것을 알 수 있다.

	1학기	2학기
중학교 1학년	집합은 고등학교에서도 그대로 쓰인다. [10-(가)] 수의 소인수분해나 최대공약수, 최소공배수 역시 그대로 쓰인다. 고등학교 때는 식에 대해서도 이 개념을 적용한다. [10-(가)] 진법은 중학교 때만 중요하고 크게 쓰이지 않는다.	도수분포, 히스토그램, 평균, 상대도수, 누적도수 개념 등은 그리 어렵지 않은 통계 내용이다. 고등학교 때는 별로 쓸데가 없다.

	1학기	2학기
중학교 1학년	정수, 유리수, 사칙연산은 고등학교 때도 그대로 쓰인다.[10-(가)] 문자와 식의 계산은 잘 연습해야 한다. 고등학교 때 그대로 쓰인다. 매우 자주 쓰므로 아주 익숙해져야 한다. [10-(가)] 일차방정식은 기본이다. 고등학교 때도 그대로 쓰인다. 사실 고등학교 수학 입장에서 보면 심화할 것도 없다. [10-(가)] 함수 역시 기본이다. 고등학교 때도 그대로 쓰인다. [10-(나)]	도형 부분은 대부분 순수기하에 기반을 두고 있어 고등학교 때 해석기하로 바뀌면서 별로 쓸데가 없다. 심화보다는 기초적인 성질을 잘 숙지해 두는 것이 더 중요하다. 예를 들면 삼각형 세 내각의 합이 180도라는 사실 같은 것이다.
중학교 2학년	유리수에 대한 개념은 잘 알아 두어야 한다. [10-(가)] 근사값은 고등학교 때 별로 쓸데가 없다. 단항식과 다항식의 계산은 고등학교 때 그대로 쓰이므로 매우 숙달시켜 놓아야 한다. [10-(가)] 연립방정식도 고등학교 때 그대로 쓰이므로 숙달시켜 놓아야 한다. [10-(가)] 일차부등식도 고등학교 때 그대로 쓰이므로 숙달시켜 놓아야 한다. 일차함수는 고등학교 때에도 엄청나게 많이 쓰인다. 심화해서 공부해 놓아야 한다. [10-(나)]	확률과 경우의 수 부분은 고등학교 때(수1)에도 많이 다루므로 많이 해두면 나중에 편하다. 어려운 문제도 도전해 보자. 그 밖에 삼각형, 사각형의 성질이나 도형의 닮음 등은 중학교 때만 중요하고 고등학교 때는 별로 쓸데가 없다. 역시 심화보다는 기본적인 사실들을 정확히 숙지해두는 것이 중요하다.
중학교 3학년	중3 1학기 공부 내용은 거의 그대로 고등학교 수학과 직결된다. 가장 중요하다. 어느 하나 빼놓을 것이 없고 모두 10-(가)(나)로 연결된다. 모두 심화해서 열심	상관도는 별로 쓸데도 없고 어렵지도 않다.

	1학기	2학기
중학교 3학년	히 공부해야 한다. 또한 10-(가), (나)에 대한 선행학습을 하면 자동으로 심화까지 되므로 좋다. 특히 인수분해라든가 이차방정식 풀기는 고등학교 3년 내내 계산해야 하는 것들이다. 문제를 보면 바로 풀 수 있을 정도로 숙달시켜 놓아야 한다. 이차함수 내용 역시 많이 심화해서 공부해 두어야 고등학교 때 좋다.	피타고라스 정리나 원, 삼각비에 관한 내용도 심화보다는 기본 내용을 숙지하는 것이 더 중요하다. 고등학교 때는 이 내용을 좌표상에서 다루기 때문이다.

Tip

심화학습 추천 대상

다음과 같은 학생에게 심화학습을 추천한다.

- 어려운 문제집은 풀기 싫다.
- 지금 성적도 괜찮은데 더 많이 공부하기 싫다.
- 특목고 가고 싶은데 지금 하는 정도면 충분한지 모르겠다.
- 학교공부가 따분하다.
- 내신성적은 좋은데 진짜 내 실력이 얼마나 되는지 모르겠다.

중학생용 심화 수학문제집

중학생 수학용 심화문제집으로 다음 책들을 추천한다.

이보다 더 어려운 문제를 원한다면 경시대회용 문제집을 보아야 한다.

• 하이레벨, A급 수학, 최상위수학, 고난도수학, line-up수학

8 STUDY

꾸준히 반복하는 습관

롱텀의 반복이 고등학교 공부의 바다에서 구해 준다

반복학습의 중요성은 망각곡선부터 시작해서 뇌 구조 분석에 이르기까지 잘 설명한 글들이 많아서 굳이 그 중요성을 강조할 필요가 없다. 그러나 이때의 반복은 숏텀(short term)의 반복을 의미한다. 단기 혹은 중기의 반복을 통해 잊어버리는 현상을 줄이는 것이다. 이런 반복은 특히 영어단어 외우기와 같은 단순 암기에 정확히 들어맞는다.

그런데 고등학교 공부는 숏텀의 반복 외에 또 다른 차원의 반복이 필요하다. 바로 롱텀(long term)의 반복이다. 중학교 공부는 내용이 깊지 않아 한두 번의 공부만으로도 이해할 수 있다. 또한 1차원적인 구조를 가지고 있어서 앞뒤나 전체를 연결해서 공부해야 할 만큼 복잡하지 않다. 그만큼 반복을 하지 않아도 받아들이기 쉽다. 그러나 고등학교 공부는 한 번에 이해하기 어려운 경우도 많고, 구조도 2, 3차원적이어서 여러 번 공부해야 전체를 보는 눈이 생긴다. 처음 공부할 때는 무슨 말인지 모르고 공부했다가 나중에 다시 보면 '아, 그게 그거였구나!' 하는 소위 '아하!' 현상을 많이 느끼게 된다. 그래서 무슨 책이든 10번만 읽으면 다 이해할 수 있다는 말도 있다. 그만큼 고등학교 공부는 여러 번 반복하여 전에는 제대로 알지 못했던 내용을 깨닫는 과정이 중요하다. 이런 차원의 반복은 단순히 여러 번 공부한다는 의미를 넘어서서 이해와 깨달음, 그리고 자연스런 암기를 위한 것이다.

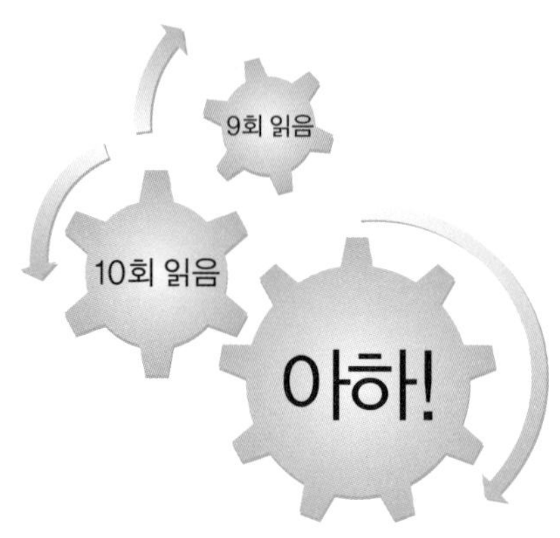

그러면 왜 이러한 반복을 롱텀의 반복이라고 부르는 것일까? 숏텀의 반복은 짧은 기간(예를 들면 며칠이나 1, 2주 정도)에 작은 분량을 여러 번 반복해서 머릿속에 집어넣는 것을 말한다. 반면에 롱텀의 반복은 몇 개의 개념단위를 다 공부하고 나서 그 개념단위 전체를 다시 공부할 때 효과가 나타나기 때문에 최소한 몇 주에서 몇 개월 단위의 반복이 필요하다.

예를 들어 영어단어집 1~3일치를 공부하고, 내일은 1~5일치까지, 모레는 1~7일치를 공부하여 반복하는 것은 숏텀의 반복이다. 사회 과목의 중간고사 시험 범위를 공부하고 시험 전에 한 번 더 복습하는 것도 숏텀의 반복이다. 그러나 수학 10-(가)의 식-방정식-부등식 부분을 공부하고 나서 다시 10-(가)를 복습하는 것은 롱텀의 반복이다. 고등학교 공부는 이러한 롱텀의 반복을 많이 해야만 정복할 수 있다.

이해는 더 깊은 이해를 할 수 있도록 만들어 준다. 또한 새롭고 고차원적이며 잊어버리지 않는 암기를 선물로 준다. 그리고 그것은 고등학교 공부의 바다에서 우리를 구해 줄 것이다.

반복은 어떻게 해야 하나?

반복하라고 해서 그냥 여러 번 공부하라는 이야기가 아니다. 여러 번 공부해도 실질적으로 공부하는 내용이 없다면 반복의 의미가 없다. 반복학습을 제대로 하기 위해서는 앞에서 설명한 여섯 가지 습관을 모두 적용해야 한다. 결국 '반복하기' 라는 습관을 통해서 여섯 가지 공부습관을 모두 실천해 나가는 것이다.

계획을 세워서 반복할 때마다 주제를 정해야 한다

반복할 때마다 주제를 정해야 한다. 주제를 정한다는 것은, 예를 들면 이런 것이다. 수학에 접근할 때 보통은 기본서로 시작하는 경우가 많은데 그것보다는 교과서의 기본 개념 설명과 예제를 풀어 보면서 시작하는 것이 좋다. 맨 처음에는 개념을 잡기 위해 공부하고, 두 번째는 문제를 풀면서 개념을 적용하는 연습을 한다. 이때 개념에 적응하기도 전에 너무 어려운 문제에 접근하면 오히려 역효과가 생길 수 있으므로 쉬운 문제부터 서서히 올라가는 게 좋다. 그리고 다시 개념과 문제를 병행하면서 점차 난이도 높은 문제에 도전하면 된다.

반복을 하면서 구조적 이해를 하기 위해 노력해야 한다

앞에서 구조적 이해는 반복 없이는 불가능하다고 강조한 바 있다. 한두 번의 공부로는 절대로 전체적인 구조를 파악할 수 없다. 반복학습을 할 때는 앞 단원과의 관계를 따져 보고 여러 단원의 내용을 조직화해 보아야 한다. 마인드맵이나 표를 그리는 것도 좋다. 처음 공부할 때는 미처 생각하지 못했던 내용이 이해되기 시작할 것이다.

자기 공부시간을 늘려야 반복이 가능하다. 또 생각하면서 반복해라

여러 번 반복하려면 자기 공부시간이 충분해야 한다. 그리고 생각하면서 능동적으로 반복해야 효과가 있다. 그냥 한 번 더 본다는 생각으로 하면 시간만 낭비할 뿐이다. 학기 중에 중학생은 하루 평균 3.5시간, 고등학생은 하루 평균 5시간을 공부해야 한다. 방학 때는 자기 공부시간을 두 배로 늘려야 한다. 학원이나 과외, 그 어느 것도 자기 공부시간을 들여서 공부하는 것보다 더 좋은 것은 없다.

반복하는 횟수를 늘려 갈수록 정리를 체계적으로 해야 한다

단권화는 처음부터 되는 게 아니다. 여러 번 반복하면서 차츰차츰 쌓아 가는 것이다. 서브노트를 만들 때에도 무작정 한두 번 공부하고 만들면 불필요한 내용을 많이 적게 되어 힘만 많이 들고 효과가 떨어진다. 반복학습을 통해 핵심만 정리해 나가야 진정한 서브노트가 만들어진다. 반복만 하고 정리해 두지 않으면 다음번에 반복할 때 효율이 오르지 않으므로 반드시 잘 정리하도록 하자.

반복하는 횟수를 늘려 갈수록 중요한 사항은 암기를 해야 한다

반복을 하다 보면 문제나 개념, 공식이나 내용이 자연스럽게 암기된다. 너무 가볍게 반복하지 말고 중요한 핵심 사항은 그때그때 암기해 두자. 다음번 반복을 위해서도 좋다.

심화학습은 중반 이후 단계에서 해라

처음부터 심화학습을 할 수는 없다. 반복하는 과정에서 중반 이후부터는 심화학습에도 신경을 써야 한다.

수학과 영어 공부를 기준으로 다음과 같은 반복하기 계획을 예로 들어 본다.

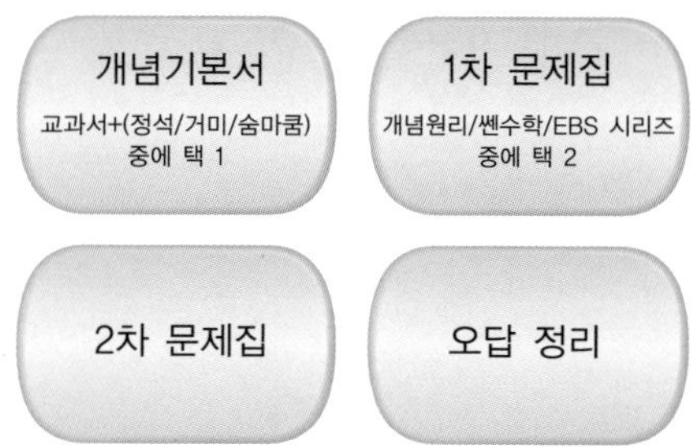

시중에 많은 문제집과 기본서가 난무하고 있지만, 위의 그림에 제시한 것은 엄선한 책이므로 참고해도 좋다.

선행 단계	교과서–개념기본서 (설명, 예제, 유제)	예비 단계 : 중3 1학기	개념이해와 쉬운 문제풀이
선행 단계	개념기본서(설명, 예제, 유제 연습문제)	중3 2학기	개념이해와 쉬운 문제풀이
선행 단계	개념기본서(설명, 예제, 유제 연습문제)	중3 겨울방학	개념이해와 쉬운 문제풀이
실제 진도 및 심화 단계	개념기본서(설명, 예제, 유제 연습문제)	고등	개념이해와 문제 확장 및 심화+정리
실제 진도 및 심화 단계	개념기본서+1차 문제집 Ⅰ+오답 정리	고등	개념이해와 문제 확장 및 심화+정리
정리 및 심화 단계	개념기본서+1차 문제집 Ⅱ+오답 정리	고등	개념이해와 문제 확장 및 심화+정리
정리 및 심화 단계	2차 문제집+ 오답 정리	고3	문제 확장 및 심화+최종 정리
실전 연습 단계		고3 최종	오답 정리+실전연습 +개념 확인

문법 기본서
성문/맨투맨/Grammar zone/
This is grammar/
Grammar in Use 중 택 1

문법 문제집
pass TOEFL 문법

독해집
리더스뱅크/리딩 튜터/
빠른독해 바른독해

단어장
우선순위영단어/능률 보카

선행 단계	문법기본서+독해집 +단어장 I	예비 단계 : 중3 1학기	기본 내용 공부 및 독해에 적용+단어 암기
선행 단계	문법기본서+독해집II +단어장 I	중3 2학기	기본 내용 공부 및 독해에 적용+단어 암기
선행 단계	문법기본서+독해집 III+단어장 I	중3 겨울방학	기본 내용 공부 및 독해에 적용+단어 암기
실제 진도 및 심화 단계	문법 기본서+독해집 IV +단어장 II	고1	기본 내용 최종 정리 및 독해에 적용+단어 심화
실제 진도 및 심화 단계	문법문제집+독해집 V+단어장 II	고2	문법문제로 재확인+ 독해 및 단어 암기 지속
정리 및 심화 단계	문법문제집+독해집 VI+단어장 II	고3	문법문제로 재확인+ 독해 및 단어 암기 지속
정리 및 실전 단계		고3 최종	오답 정리 및 기본 내용에서 재점검+기출 문제+실전 문제집+ 독해 및 단어 암기 지속

Chapter 4

주요과목을 공략하는 전략과 전술

공부의 전략과 전술

전략(strategy), 전술(tactics)이라는 단어가 있다. 이 둘은 비슷해 보이지만 전혀 다른 개념이다. 전략은 장기적이고 폭넓은 시야로 어떤 것을 이루기 위해 세운 계획의 모음이나 일반적인 계획을 말한다. 반면에 전술은 원하는 것을 얻기 위한 기술적인 방법을 말한다. 보기에 따라서는 전술이 전략 안에 포함된 것처럼 느껴지지만 사실 둘은 동등한 수준의 중요성을 가지고 있다. 아무리 좋은 전략이 있어도 전술이 없다면 당장의 게임에서 패배한다. 또한 전술이 좋아도 전략이 없다면 결국 최종 게임에서 패배한다. 물론 전략 없이 좋은 전술만으로도 단기적인 성공을 하거나, 전술 없이 뛰어난 전략만으로 싸우지 않고 승리할 수도 있다. 하지만 그것은 매우 드문 일이고 결국에는 두 가지가 고르게 갖추어져야만 원하는 것을 얻을 수 있다.

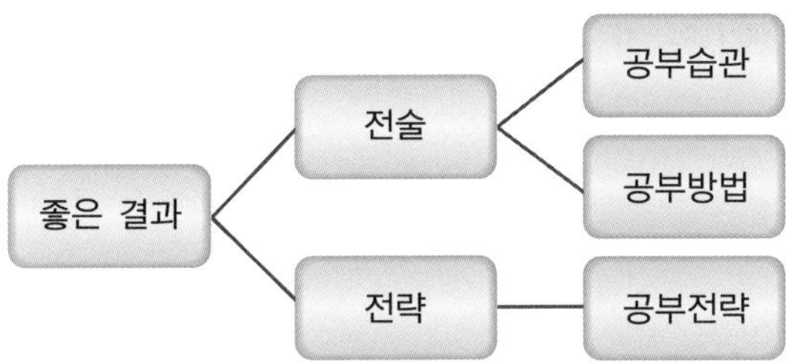

전략의 부재(absence of strategy)라는 말을 신문이나 방송에서 심심치 않게 들을 수 있다. 좋은 전략이 부족하여 장기적인 싸움에서 패배한 경우를 두고 하는 말이다. 공부전략은 머리가 좋거나, 공부방법이 좋거나, 열심히 공부하는 것과는 관련이 없다. 이런 것들은 좋은 공부전술에 필요한 것이다. 좋은 전략은 현재 자신의 모든 능력과 노력을 투여했을 때 최고의 결과를 얻을 수 있는 것을 과감히 선택하고, 그렇지 못한 것을 버리는 데서 출발한다. 모든 것을 다 하려고 하면 운이 좋지 않은 이상 결국 아무것도 얻지 못한다. 가장 급하고 중요한 공부목표부터 급하지는 않지만 중요한 공부목표까지 엄선하여 계획을 세우고 여기에 자기 공부시간과 노력을 쏟아 부어야만 방향을 잃지 않고 원하는 결과를 얻을 수 있다.

이 장에서는 그러한 공부전략에 대해서 알아보고 장기적인 관점에서의 계획과 실행의 중요성을 이해하도록 한다.

1 전략 시험을 잘 보기 위한 5가지 전략

중고등학교 때는 어떤 사람이 제일 공부를 잘할까? 머리 좋은 사람? 노력하는 사람? 머리도 좋고 노력하는 사람? 다 틀렸다. 시험 잘 보는 사람에게는 못 당한다. 학생들이 많이 간과하고 있는 부분이 바로 시험 잘 보기 전략이다. 고등학교 시절을 떠올려 보면, 머리 좋은 아이들이 모의고사는 잘 보아도 수능 점수는 제각각이었다. 바로 모의고사용 학생들이 있었다. 실전시험 자체에 대한 대비나 전략이 없다 보니 좋은 실력을 갖추고서도 제 실력을 발휘하지 못하는 학생들이 있다. 반면에 주변에 보면 시험 보는 데 국가대표 선수급들이 있다. 어떤 시험이든 짧은 기간에 좋은 결과를 얻는다. 그들의 비밀은 무엇일까?

세상의 어떤 시험이든 3:1 정도가 실질 경쟁률이다. 그 시험을 준비하고 열심히 공부해서 합격할 준비가 된 사람은 무슨 시험이든 정원의 세 배 정도이다. 나머지는 사실 허수라고 보아도 된다. 그러면 준비된 3배수 중에 누구는 붙고 누구는 떨어지는 이유는 무엇일까?

중고등학교와 대학, 그리고 현재까지 여러 가지 시험을 보고 결과를 받아 보면서 얻은 한 가지 결론이 있다. 그것은 바로 공부 잘하는 친구가 꼭 시험을 잘 보는 게 아니라는 것이다. 물론 잘 볼 가능성은 제일 높다. 하지만 시험은 시험 적응력이 좋아야 잘 본다. 좋은 결과를 얻은 1은 실력뿐만 아니라 시험 적응력도 좋은 사람이다. 반면 준비가 되어 있어도 나쁜 결과를 얻은 2는 실력만 있을 뿐 시험 적응력이 떨어지는 사람이다. 실제로 학생들을 관리해 보아도 열심히 했는데 시험 점수가 오르지 않는 학생들이 있다. 시험 자체에 대한 대비가 되어 있지 않아서 그렇다.

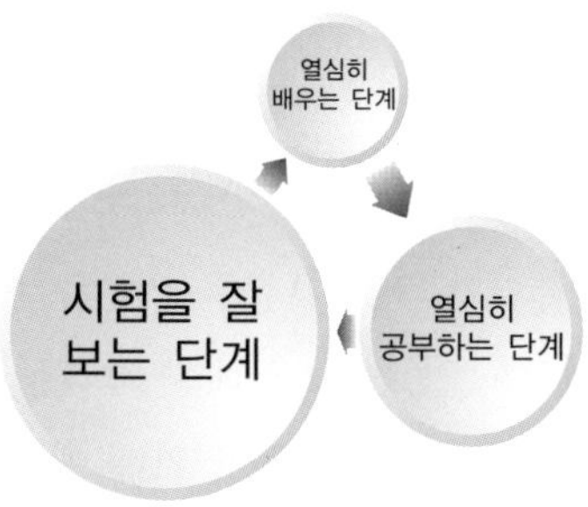

중고등학교 공부는 열심히 배우는 단계+열심히 공부하는 단계+시험을 잘 보는 단계로 구성되어 있다. 그런데 시험을 잘 보기 위한 전략도 없이 열심히 공부하면 그냥 잘될 것이라고 믿으니까 실전에서 힘을 못 쓰는 것이다. 아무리 많이 배우고 열심히 공부해도 시험을 못 보면 아무 소용이 없다. 시험에서는 오직 떨어지는 사람과 붙는 사람만 있다. 그리고 내신시험은 성적이 오른 사람과 떨어진 사람만 있다. 모두들 최선을 다했는데도 말이다. 어떤 사람들은 과정이 중요하다고 말한다. 하지만 모든 과정은 마침표를 찍는 그 순간까지 결과를 위해 존재한다. 실전시험에서 과정은 없다. 결과가 있을 뿐이다. 결과는 소리 없는 노력과 전략의 산물이다. 과정 없이는 결과도 없지만 결과 없는 과정은 아무도 인정해 주지 않는다. 따라서 좋은 결과를 얻으려면 시험을 잘 보기 위한 전략이 필요하다.

시험을 잘 보는 게 중고등학교 공부의 종착점이라는 점을 부정하거나 숨기거나 부끄러워할 필요가 없다. 오히려 받아들이고 거기에 맞게 나를 만들어 나가는 게 낫다.

시험 준비 5가지 원칙

머리를 단순화한다

시험은 복잡한 게 아니다. 가장 단순 명료하며 솔직한 게임이다. 따라서 공부를 할 때에도 복잡한 마음이나 생각에 빠지면 안 된다. 이런저런 상황을 탓하거나 따져서도 안 된다. 최대한 자신을 단순화해야 한다. 평소에도 모든 것을 준비된 상태로 만들기 위해 애쓰지 말고 일단 시작해야 한다. 앞뒤 보지 않고 일단 공부하는 것이다. 야자시간에는 시끄러워서 못 하고, 집에 오면 졸려서 못 하는 식의 공부는 곤란하다.

시험을 분석해라

우리가 하려는 일을 제대로 분석하지도 않고 덤비면 결과는 보지 않아도 알 수 있다. 따라서 시험을 잘 보려면 시험을 분석하고 시험에 맞게 공부해야 한다. 이를 위해서는 다음과 같은 두 가지 분석을 해야 한다.

첫째, 기출문제 분석이다. 그동안 수능에서 어떤 문제가 나왔는지 알아야 공부의 방향을 잡을 수 있다. 모의고사 문제를 분석할 시간에 수능 기출문제를 분석하는 것이 훨씬 낫다. 마찬가지로 문제집 풀기와 함께 학교 내신 기출문제를 병행해야 효과가 높다.

둘째, 시험 결과의 분석이다. 틀린 문제나 찍어서 맞힌 문제의 패턴(경향성)을 알아내야 보완을 할 수 있다. 내신시험을 보고 나면 반드시 틀린 문제를 공부하고 경향성을 확인해야만 다음 시험에서 성적을 향상시킬 수 있다.

내신시험을 보고 나서 반드시 확인해야 할 사항을 살펴보자.

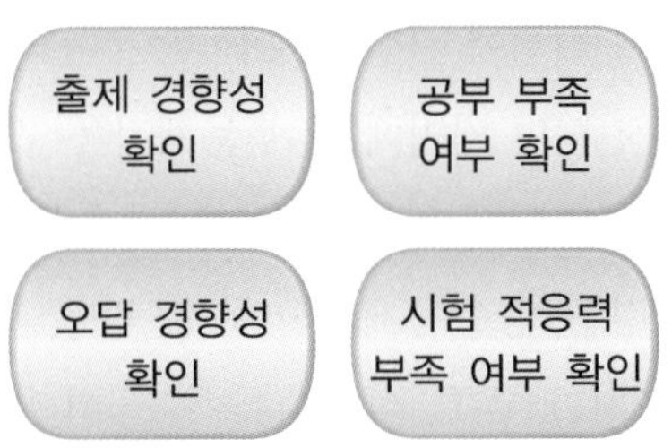

① 어떤 내용이 어떻게 출제되었는지(출제 경향성) 철저하게 확인하고 다음 시험 준비 때는 거기에 맞추어 공부한다. 중학교 초에 발음이나 강세를 공부하지 않았다가 시험을 망쳐서 철저하게 외운 후 다음번 시험에서 틀리지 않은 기억이 있다. 그러나 이런 작전이 통하지 않게 하기 위해서 시험 때마다 경향을 바꾸는 선생님도 있으므로 조심해야 한다. 특히 주요 과목(특히 영어, 수학) 선생님들은 출제 경향을 자주 바꾼다.

② 공부가 부족하거나 잘 몰라서 틀린 문제는 내용 공부를 보충한다. 제대로 공부하지 않았거나 빼먹고 공부한 경우에는 틀린 문제에 연연해하지 말고 보충해서 공부하는 데 주력해야 한다.

③ 수학을 예로 들면 계산문제만 잘 틀리거나 증명문제만 잘 틀리는 것처럼 틀리는 문제에 경향성(오답 경향성)이 없는지 확인한다. 국어라면 어떤 장르에 관한 문제를 많이 틀리는지 확인해야 한다. 예를 들면 언어영역에서 추론하는 문제를 많이 틀리는지, 어휘문제를 많이 틀리는지, 혹은 시에 관한 문제를 많이 틀리는지 확인

한다. 그리고 문제를 풀 때 특히 어려운 문제 유형을 확인해서 보완해야 한다. 외국어영역도 흐름과 관계없는 문장을 잘 틀리는지 아니면 글의 내용과 일치하는 것 찾기를 많이 틀리는지 등을 확인한다. 그리고 과학은 계산문제를 많이 틀리는지, 그래프 해석을 잘 틀리는지 혹은 실험에 관한 문제를 많이 틀리는지 등을 확인한다. 경향성이 발견되면 거기에 맞게 문제집을 구해서 훈련을 해야 한다.

④ 실수로 틀리는 경우, 응용문제라서 못 푼 경우, 함정에 빠진 경우, 단어공부 부족, 시간 부족, 아이디어가 안 떠오르거나 내용을 잊어버린 경우, 공부는 했는데 문제 적응력이 떨어져서 못 푼 경우, 출제자와 생각하는 방법이 다른 경우, 해석은 되는데 답을 못 찾은 경우 등은 없는지 확인한다. 이와 같은 경우에는 앞에서 설명한 공부방법론을 통해 시험 적응력을 보완해야 한다.

시험은 연구나 논문이 아니다

주변에서 보면 시험 준비를 연구하듯이 하거나 논문 쓰듯이 공부하는 친구들이 있다. 이것은 다른 친구들을 위해서는 좋지만 자신을 위해서는 전혀 좋지 않은 전략이다. 다른 친구들은 이런 친구에게 여러 가지를 물어보면서 좋은 힌트를 얻거나 이해하지 못한 내용을 이해할 수도 있다. 그러나 정작 본인은 막판에 정리를 못 하거나 너무 많은 생각들이 떠올라 시험을 망치는 경우를 종종 본다. 실전시험을 위해서는 실전에 맞게 버릴 것은 버리고, 핵심은 다시 정리하는 과감함이 필요하다.

간혹 좋아하는 과목만 공부하는 학생이 있는데 이 경우도 마찬가지이다. 싫어도 예뻐해 주고, 미워도 사랑해 주고 끊임없이 물을 주어야 한다. 취약 과목은 남들만큼 하고 전략 과목은 남들보다 조금만 더 잘하면 합격이다.

작은 내용이나 주변적인 내용에 사로잡혀 그것을 알아내기 위해 힘쓰거나 좋아하는 과목만 공부하는 습관은 나중에 대학에서 연구를 하거나 논문을 쓸 때나 필요하다.

실전훈련을 꼭 해라

학생들과 상담할 때 꼭 주의를 주고 명심시키는 것이 바로 실전훈련이다. 시험 상황을 연출하여 작전을 세우고 연습을 해야 한다. 대표적인 것이 시간 관리이다. 정해 둔 시간 내에 다 풀고 확인하여 답을 쓰려면 시간을 적절하게 배분해서 쓰는 훈련을 해야 한다. 그래서 시험 직전에는 반드시 시간을 정해 놓고 실전과 같은 문제 수로 시간 내에 풀어내는 자체 모의훈련을 하라고 강조한다.

끝까지 보아라

야구에서 타자들은 공을 끝까지 보아야 한다는 말이 있다. 시험도 마찬가지이다. 마지막에 놓쳐 버리면 그동안의 노력이 허사가 된다. 아무리 머리가 좋아도 여러 번 공부한 사람을 이길 수는 없다. 또한 아무리 여러 번 공부해도 마지막에 공부한 사람을 이길 수는 없다. 유난 떤다는 생각을 버리고 시험장에서 쉬는 시간에 공부할 내용까지도 준비해 두어야 한다. 운은 하늘에서 무작위로 떨어지는 게 아니라 준비하는 사람에게만 주어지는 것이다.

시험지를 받으면 어떻게 나왔는지 죽 훑어보고 순간적으로 작전을 세워라

예전에 시험 볼 때 이야기이다. 긴장된 마음으로 자리에 앉아 있었다. 선생님이 시험지를 나누어 주기 위해 문제지를 확인하고 계셨다. 그런데 평소와는 달리 시험문제지 장수가 많은 것이다. 나는 속으로 '음, 이번 시험은 문제가 길겠구나' 라고 생각하고 시험지를 받자마자 전체적인 문제 길이부터 확인해 보았다. 아니나 다를까 예전과 달리 앞쪽 문제들의 지문이 굉장히 길었다. 그래서 그 순간 작전을 세웠다. 문제가 길므로 지문을 다 읽고 앞쪽 문제를 먼저 풀면 분명히 시간이 없을 것으로 판단하고, 일단 짧고 확실한 문제부터 풀어야겠다고 생각했다. 그래서 지문이 길지 않은 문제부터 골라서 풀고 지문이 긴 문제들을 나중에 풀었다. 친구들은 그냥 우직하게 앞에서부터 풀었다고 한다. 결과는 어땠을까? 지문이 긴 문제들이 난이도도 높았다. 나는 지문이 긴 쪽에서 두세 개를 틀리고 나머지는 다 맞았다. 친구들은 지문이 긴 문제부터 꼼꼼하게 풀다가 결국 뒤에 있는 짧은 문제들은 손도 못 대고 다 틀렸다. 그 시험에서 나만 90점을 넘고 나머지 친구들은 모두 70~80점대였다. 이런 것이 순간적인 작전의 성공이다.

지뢰를 피해야 살아남는다

어떤 과목의 시험이든 한두 문제 때문에 시간을 많이 쓰게 되는 경우가 있다. 출제를 하다 보면 일부러 이런 문제를 섞게 되는데 여기에 걸려들면 시험을 망치게 된다. 따라서 평소에 모의고사를 볼 때 어려워서 잘 풀지 못하는 문제는 과감하게 별표 치는 연습을 해야 한다. 평소에 모의고사 점수에 연연하기보다는 모의고사를 통해 시험에 적응하는 훈련을 차근차근 하는 편이 실전시험을 위해서 좋다. 안 풀리는 문제를 붙잡고 있다가 시간 부족으로 시험 전체를 망치면 안 되기 때문이다. 끝까지 풀고 난 후 다시 보면 생각이 정돈되어 풀리는 경우가 많다.

함정(전제조건 같은 것)에 빠지지 않아야 한다

수학 과목에서 특히 많은데 함정에 빠지면 안 된다. 문제의 의도와 상관없이 대답하는 경우도 대부분 함정에 빠진 경우가 많다. 예를 들어 문제는 관점에 대해서 묻고 있는데 결과를 기준으로 답을 찾는다면 함정에 빠진 것이다. 함정에 대해서는 뒤에서 설명한 '계산 실수나 시간 부족 해결하기' 부분을 참고하자.

물약을 준비해 가야 한다

컴퓨터 게임에서 보면 주인공이 다 죽어 가다가 물약을 먹고 살아난다. 이와 비슷하게 자기가 자주 빠지는 함정이나 잘 생각해 내지 못하는 공식, 단어, 내용 등을 리스트로 만들어 외워 둔다. 그리고 시험지를 받으면 바로 써놓는다. 문제를 풀다가 잘 생각나지 않으면 리스트를 살펴본다. 이런 방법은 문제를 다 풀고 검사할 때 함정에 빠지지 않았는지 점검하는 데도 도움을 줄 수 있다. 단, 과목마다 다섯 개 정도만 만든다. 그 이상 만들면 의존성이 생겨서 공부에 소홀해진다. 예를 들면 다음과 같은 것이다.

무연근
산술기하평균
코시-슈바르츠 부등식
평균값 정리
여사건

이렇게 만들어 놓고 시험지를 받으면 바로 여백에 써놓는다!

문제 풀기 원칙을 세워야 한다

한 문제를 몇 분 안에 못 풀면 넘어간다든가, 몇 번 문제까지 몇 분 안에 푼다든가, 못 푼 문제는 몇 번까지만 다시 생각해 보겠다는 등 자기와의 약속을 해두면 과감히 풀 수 있다. 반대로 이런 것을 정해 두지 않으면 실전에서 막히거나 시간이 부족할 경우 당황하게 된다.

주의할 점

무엇이든 마찬가지겠지만 여기서 설명한 내용도 순서를 혼동해서는 안 된다. 열심히 배워서 공부하고 그 다음에 시험에 대한 전략을 준비하는 것이다. 공부도 안 하고 시험전략만 세우면 아무런 효과가 없다는 것을 명심해야 한다.

2 전략 혼자 하는 선행학습법

몇 년치 공부를 미리 해서 자기보다 높은 학년의 문제를 풀면 어떤 학생이 싫겠으며 어느 부모가 싫다고 하겠는가? 그래서인지 요새 학생들은 선행학습을 하는 게 유행이다. 예전에는 상위권 학생들이 주로 방학을 이용해서 미리 공부하는 경우가 많았다. 그러나 요새는 상중하위권을 막론하고 학기 중이건 방학이건 무차별로 선행학습에 매달린다. 초등학생이 고등학교 수학을 배우고 토플을 공부하기도 한다. 이대로 잘만 하면 다들 서울대에 갈 태세이다.

선행학습은 처음 배우는 내용을 단기간에 많이 공부하다 보니 혼자서 하기 어려운 부분이 많다. 그러나 혼자 해보지도 않고 힘들 것이라고 단정 지을 필요는 없다. 또한 누군가 도움을 줄 때 그것이 고맙고 가치 있다는 것을 알기 위해서는 내가 혼자서 충분히 고민해 보아야 한다. 스스로 문제의식을 쌓지 않으면 누군가 조언을 하거나 도움을 주어도 그것이 중요하고 고맙다는 생각이 들지 않아 잘 받아들일 수 없다. 많은 학생들이 부교재를 구입한 후 한 번도 읽어 보지 않은 채 강의를 듣는 경우가 많은데, 이렇게 하면 아무리 선행학습을 많이 해도 효과가 없다. 스스로 고민해 보지 않았기 때문이다. 혼자 공부하면서 내용이 어려워

이해가 안 되거나 문제가 안 풀리는 경험을 해야만 도움을 받았을 때 온전히 자기 실력으로 쌓인다.

선행학습의 장단점

선행학습은 누가 먼저 시작했느냐가 아니라 누가 제대로 공부했느냐가 중요하다. 선행학습의 장단점을 알아보자.

장점 : 자신감을 늘릴 수 있다. 내용에 익숙해지고 친밀감을 느껴 원활하게 공부할 수 있다. 그리고 실제로 진도를 나갈 때 자동적으로 복습 효과를 누릴 수 있다. 또한 새로운 내용을 배움으로써 호기심과 흥미를 찾을 수 있다. 현재 배우고 있는 내용에 대한 관점이 더 성숙된다.

단점 : 선행학습이 지나치면 과목 자체에 대한 흥미를 잃어버리기 쉽다. 중학교 공부는 흥미를 잃어도 어느 정도 할 수 있지만, 고등학교 공부는 지구력이 필요하므로 그 과목이 싫어지면 더 이상 발전이 없다. 실제로 진도를 나갈 때 방심하고 자만하게 된다.

최악의 선행학습 사례

초등학생의 토플 공부 : 앞으로는 외고입시에서 제외되면서 이런 일은 별로 없겠지만 초등학생이 토플을 공부하는 것은 정말 어불성설이다. 물론 외국거주 경험이 있거나 영어에 엄청난 재능과 흥미를 가진 극소수의 학생이라면 도전해 볼 만하다. 하지만 대부분의 초등학생은 영어에 대한 흥미를 늘리고 재미있는 영어공부를 하는 데 시간을 투자하는 게 낫다.

묻지마 고등학교 수학 : 주로 특목고 진학을 준비하기 위해 초등학생이나 중학교 초반에 고등학교 수학을 배우는 경우도 마찬가지이다. 특히 수학은 단계를 차근차근 밟아 올라가는 것이 중요한데 어설픈 상태에서 고등학교 수학을 배우는 것은 아무런 도움이 되지 않는다. 오히려 수학 실력이 무너질 수 있으므로 당장 그만두는 게 좋다.

권장 선행학습 사례

고등학교 수학 예습 : 중3 정도부터는 고등학교 수학을 예습해야 한다. 고등학교 때 워낙 빨리 많은 내용을 배우다 보니 어쩔 수 없다. 특히 수학 10-(가)(나)는 적응이 많이 필요한데, 처음에 잘 적응하면 오히려 나중(수1, 2, 심화)에는 쉬워진다.

미적분학 기초 예습 : 쉽지는 않겠지만 이과로 진학할 생각이 있다면 고등학교 진학 전에 미적분 기초개념 정도는 알아 두는 게 좋다. 물리공부를 할 때 매우 필요한데 오히려 미적분을 나중에 배워서 문제이다.

문학작품 읽어 보기 : 국어 교과서나 문학 교과서에 나오는 문학작품을 미리 읽어 두는 것도 좋다. 나중에 공부할 때 읽은 내용이 나오면 반가움을 느끼고 더 애착을 가지고 공부할 수 있다. 단, 자습서를 사서 공부하라는 것은 아니다. 문학작품을 구해서 편하게 읽어 보면 된다.

선행학습을 할 때 지켜야 할 원칙

① 과목 수와 분량이 적절해야 한다.

고등학교 중후반이 아니면 선행학습은 두세 과목 정도로 제한하는 것이 좋다. 여러 과목을 하다가 한 과목도 제대로 못 하는 경우가 생길 수 있다. 분량도 상위권은 한 학기 정도, 중위권은 2~3달치 정도가 적절하다. 물론 특목고 진학을 목표로 하거나 진학한 학생은 제외한다.

② 보충학습이 더 필요한 경우가 아닌지 생각해 보아야 한다.

선행학습도 중요하지만 지난 학기에 배운 내용 중에 잘 모르는 내용은 없는지 점검하고 보충하는 것도 매우 중요하다. 특별히 보충할 것이 없다면 선행학습만 해도 좋다.

③ 선행학습을 하는 만큼 점검도 잘해야 한다.

선행학습을 하면서 제일 위험한 것이 대강대강 해놓고 자만하는 경우이다. 따라서 구조적인 공부하기, 이해하기, 암기하기, 핵심 찾기, 정리하기, 심화하기, 반복하기, 아무 데나 펼쳐서 설명해 보기 등 이 책에 나오는 공부습관과 공부방법을 동원하여 항상 자신이 제대로 공부하고 있는지 점검해야 한다.

④ 누가 얼마만큼 했다는 말에 휘둘리지 말아야 한다.

누구는 정석을 세 번 반복했다더라. 이런 말에 전혀 신경 쓸 필요가 없다. 어차피 중요한 것은 나 자신이다. 몇 번을 했느냐가 중요한 게 아니라 얼마나 충실히 실속 있게 공부했는가가 더 중요하다. 걱정하지 말고 내 페이스를 만들어 나가야 한다.

주의할 점

단언하건대 절대로 선행학습이 고등학교 성적 폭락 방지를 보장하지는 않는다. 이를 방지하려면 중학교 때부터 올바른 방법과 습관으로 공부하는 것이 가장 좋은 대책임을 되새겨야 한다.

3 전략

공부 포트폴리오를 짜자

작은 단위의 계획(주간, 일간 계획)도 중요하지만 6개월 혹은 1년 단위의 계획을 볼 수 없다면 방향을 잃을 수 있다. 따라서 이러한 단위의 계획을 공부 포트폴리오라 부르기로 하고 다음과 같이 정리해 보자. 학

중1	· 여름방학 : 1학년 2학기 수학 예습, 영어단어 암기, 독해 · 겨울방학 : 2학년 1학기 수학 예습, 영어단어 암기, 독해 및 문법 공부
중2	· 여름방학 : 2학년 2학기 수학 예습, 영어단어 암기, 독해 및 문법 공부 · 겨울방학 : 10-(가) 시작하기, 영어단어 암기, 독해 및 문법 공부
중3	· 여름방학 : 10-(가) 다시 보기, 10-(나) 시작하기, 영어단어 암기, 독해 및 문법 공부 · 겨울방학 : 10-(나) 다시 보기, 10-(가) 다시 보기, 영어단어 암기, 독해 및 문법 완성하기
고1	· 여름방학 : 10-(나) 다시 보기, 수1 시작하기, 영어단어 암기, 독해 및 문법 다시 보기, 언어공부 시작 · 겨울방학 : 수1 완성하기, 영어단어 암기, 독해 및 문법 다시 보기, 사과탐 및 언어 공부
고2	· 여름방학 : 수1 다시 보기, 수2 시작하기, 영어단어 암기, 독해 및 문법 문제풀이, 사과탐 및 언어 공부 · 겨울방학 : 수2 완성하기, 심화 선택 시작하기, 영어단어 암기, 독해 및 문법 문제풀이, 사과탐 및 언어 공부

기 중에는 주로 학교공부에 충실하되 중3 때는 특별히 고등학교 공부에도 신경을 쓰도록 한다.

위의 포트폴리오는 보충학습과 논술 대비는 고려하지 않았으며 영어와 수학 위주로 상위권(특목고 지망생 제외) 학생을 기준으로 하여 방학 때 공부할 것들을 작성한 것이다. 따라서 성적에 따라 조정이 필요하다. 구체적으로 책을 반복하여 공부하는 순서와 방법은 앞에서 설명한 '꾸준히 반복하는 습관' 부분을 참고한다.

중3 때 꼭 해야 할 공부 포인트

중3이야말로 중학교 공부와 고등학교 공부가 연결되는 가장 중요한 시기이다. 중3 동안 꼭 해야 할 공부 포인트는 다음과 같다. 이것만 하면 된다는 것은 아니고 절대로 빼먹어서는 안 될 필수 사항만 정리한 것이다. 자신이 이 내용을 제대로 했는지는 앞에서 나온 공부법과 습관을 참고하여 점검한다.

① 영문법을 완성한다. 그래야 고등학교 가서 영어공부를 수월하게 할 수 있다.
② 수학 10-(가)(나)는 선행학습을 한다.
③ 국어는 고등학교 국어 · 문학 교과서의 작품을 읽어 본다.
④ 과학은 물리와 화학을 예습한다.

1 전술 아무 데나 펼쳐서 설명하기, 풀어 보기

적용하기 좋은 과목 : 영어, 수학, 과학, 사회
적용하기 좋은 학년 : 중고생 전반
추천 학생
- 내가 무엇을 알고 모르는지 모르는 학생
- 개념을 이해했는지 궁금한 학생
- 내가 어디가 약한지 알고 싶은 학생
- 공부는 한 것 같은데 뭔가 불안한 학생
- 다른 문제집을 구입해도 될지 궁금한 학생

공부를 하면서 여러 가지 애매한 상황에 부딪히는 일이 많다. 그중의 하나는 바로 '내가 제대로 공부하고 있는지 점검하려면 어떻게 해야 할까?' 이다. 공부법 책들을 보면 자기 점검이 중요하다는 설명은 많이 나오지만 정작 '어떻게?' 부분이 자세히 설명되어 있지 않다. 문제를 많이 풀어서 잘 맞히면 제대로 공부한 것인가? 절대 그렇지 않다. 그냥 '내가 다시 풀 수 있을까?' 혹은 '설명된 내용을 보면서 무슨 말인지 알겠는가?' 를 따져 보는 것은 아무 의미가 없다. 왠지 다 그럴 수 있을 것

같기 때문이다. 그러면 어떻게 해야 자기가 제대로 공부했는지 점검할 수 있을까?

'기본서 아무 데나 펼쳐서 설명해 보기'와 '문제집 아무 데나 펼쳐서 풀어 보기'라는 두 가지 방법이 있다.

아무 데나 펼쳐서 설명하는 방법 예시

기본서를 아무 데나 펼쳐서 설명하는 연습을 해보자. 이 방법은 주로 영문법, 수학, 과학, 사회 등에 적용하면 좋다.

① 기본서를 어느 정도 공부했다면 몇몇 단원 혹은 책에서 아무 데나 펼친다.
너무 직전에 공부한 부분을 펼쳐 보면 안 된다.

② 펼친 부분에 나온 내용을 설명해 본다.
예를 들어 영문법 책을 펼쳐 보니 '동명사와 부정사를 모두 목적어로 취하는 동사'라는 내용이 나왔다고 하자. 그러면 이 내용에 관해 생각나는 것들을 정리할 수 있는지 검토한다.

동명사와 부정사 모두를 목적어로 취할 수 있는 동사는 크게 의미 차이가 없는 것과 있는 것으로 구분된다. 여기서 의미 차이란 미래의 의미(to부정사 목적어)냐 일반적인 의미(동명사 목적어)냐를 두고 하는 말이다. 의미 차이가 없는 경우는 별 문제가 없으므로 의미 차이가 있는 경우를 예로 들어 본다.

대표적인 동사로는 forget, remember, try 정도가 있다.

• Don't forget to tell him the story. 그에게 그 이야기를 해주는 것을 잊지 마라.
• I forgot to lock the door. 문을 잠가야 하는 것을 잊어버렸다.
• I remember seeing him a week ago. 본 것을 기억한다.
• She is trying to do the best. 최선을 다하려고 애쓰고 있다.
• He tried taking notes during the class. 시험 삼아 필기해 보았다.

③ 친구에게 설명해 주는 것도 좋지만 상황이 여의치 않으면 백지에 써보아야 한다.
눈으로 보는 것과 써보는 것은 천지차이이다.

④ 자신이 설명해 보고 잘 정리된 내용은 파일로 모아 두거나 기본서의 해당 부분에 붙인다.
별도의 노트를 만들어도 좋지만 번거롭다면 큰 포스트잇에 써서 기본서의 해당 부분에 붙여 두면 된다. 나중에 개념복습을 할 때 잊어버린 경우 빠르게 복습할 수 있다.

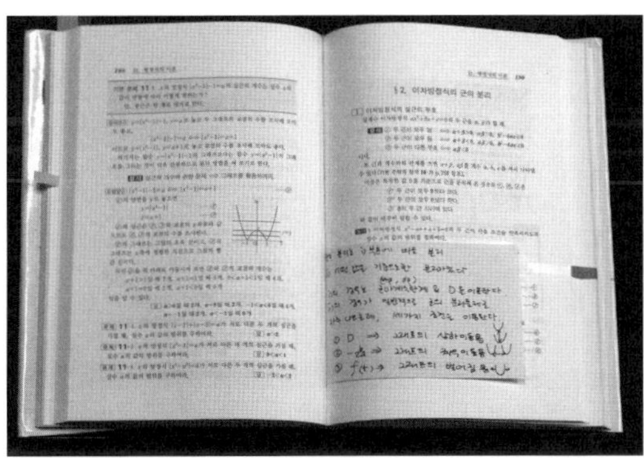

[아무 데나 펼쳐서 설명해 보고 끼워 붙인 예]

펼쳐서 풀어 보는 방법 예시

고등학교 때는 이상하게 풀어 본 문제인데도 나중에 풀려면 잘 안 되는 경우가 많다. 그만큼 여러 번 풀어 보고 확인에 확인을 거듭해야 한다. 그러기 위해서는 불시에 문제집의 아무 곳이나 펼쳐서 문제를 풀어 보는 연습을 정기적으로 꾸준히 해야 한다. 다만 선행학습 단계라면 난이도가 있는 연습문제는 생략하고, 예제 · 유제 수준의 문제를 정확히 푸는 데 초점을 맞추어야 한다. 이 방법은 주로 수학과 과학에 사용하면 좋다.

① 임의의 페이지를 펼쳐서 문제를 풀어 본다.

② 정확히 풀면 넘어간다. 단, 정답에서 제시한 방법과 다른 참신한 방법으로 풀었을 때에는 포스트잇에 써서 문제가 있는 곳에 붙여 둔다. 만약 풀지 못하겠다면 그 단원의 내용과 공식을 한 번 더 살핀 다음 풀어 본다.

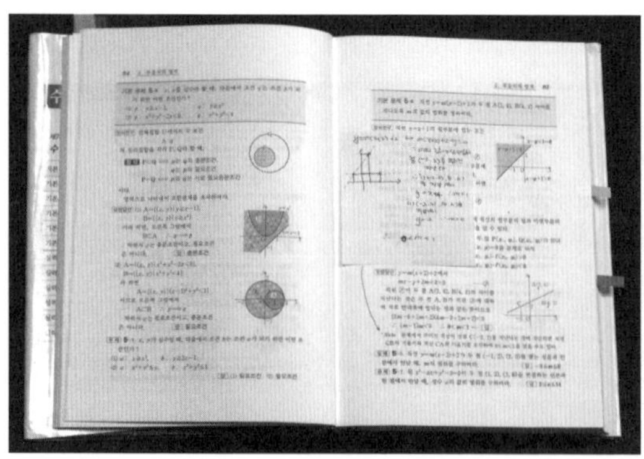

[아무 데나 펼쳐서 풀어 보고 끼워 붙인 예]

③ 그래도 풀지 못하면 그 문제에 별표를 치고 그 챕터의 다른 문제

들을 풀어 본다.

주의할 점

설명하기나 문제 풀기를 해보고 잘 안 되면 그 부분의 내용을 다시 공부하는 데 시간을 할애해야 한다.

① 설명하기가 잘 안 되는 부분은 다시 공부해야 한다.
② 못 푸는 문제가 많은 단원은 내용 설명 부분을 다시 공부해야 한다.
③ 풀어 보기를 하고 나면 반드시 제대로 못 푼 문제를 표시해야 한다. 표시가 많은 문제일수록 나중에 복습할 때 구분이 잘되어 효율적이다.

2 전술 책 종류마다 다른 효과적인 책 보기 방법

적용하기 좋은 과목 : 전 과목

적용하기 좋은 학년 : 중고생 전반

추천 학생

- 무슨 책이든 빨리 공부하는 게 좋은 학생
- 무슨 책이든 꼼꼼하게 천천히 공부하는 게 좋은 학생
- 진도가 너무 안 나가서 고민인 학생
- 진도는 빠른데 결과가 안 좋은 학생

중학교, 고등학교 공부를 하면서 우리는 여러 종류의 책을 만난다. 교과서, 자습서, 기본서, 문제집, 요약서, 공식집, 단어장, 모의고사 문제집 등. 사실 중학교 때는 그냥 대중없이 공부해도 별 지장이 없다. 그러나 고등학교 때부터는 책의 종류나 성질이 여러 가지로 늘어나므로 그것에 맞는 방법으로 공부해야 좋은 결과를 얻을 수 있다. 무조건 꼼꼼하게 보거나 빨리 보는 것은 옳지 않다. 중학교 때부터 올바른 방법으로 책을 보는 연습을 해서 고등학교에서도 잘 적응할 수 있도록 하자.

일반적인 책의 종류 구분

최근에는 자습서에 문제를 많이 추가하거나 문제집에 설명을 곁들인 크로스오버 형식의 책도 많이 나오고 있다. 특히 고등학교 기본서들은 예전보다 많은 설명을 곁들여 충실도를 높이고 있는 추세이다. 이에 반해 중학교 교재들은 여전히 문제 위주의 구성을 탈피하지 못하고 있다. 물론 중학교 학습 내용이 많은 설명보다는 그 자체로 받아들여야 하는 것들이 많기는 하다. 그렇더라도 좀 더 많은 설명이 곁들여져 읽어 나가기만 해도 이해할 수 있는 교재가 개발되었으면 하는 바람이다. 중고등학교 교재를 크게 세 가지로 구분해 보면 다음과 같다.

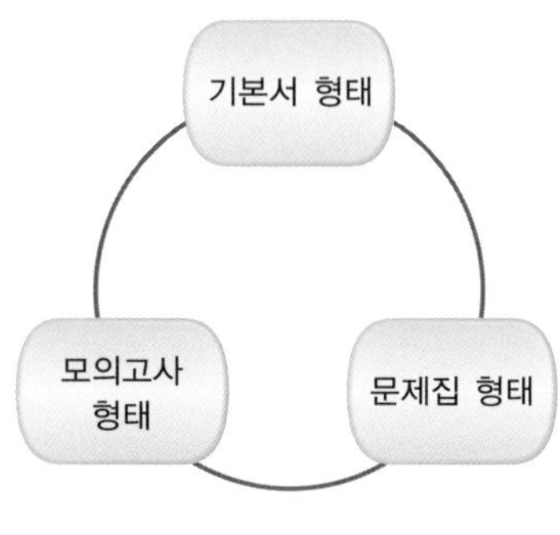

[세 가지 책 종류]

기본서 형태의 책이란 교과서나 개념서 혹은 자습서와 같이 문제보다는 기본 내용의 설명에 치중한 책을 말한다. 그리고 문제집 형태의 책이란 설명보다는 문제의 구성에 더 치중한 책을 말한다. 예를 들면 다양한 난이도나 유형을 반영한 과목별 문제집이나 영어 독해집 같은 것이다. 모의고사 형태의 책은 주로 고등학교 때 많이 사용된다. 길쭉한 모의시험 형태의 책으로 주로 수능에 대비하기 위한 책이다.

기본서 형태 보는 원칙

① 기본서는 시간을 들여 꼼꼼하게 보는 책이다.

기본서를 대강대강 공부하는 학생들이 많은데, 기본서에 나와 있는 설명은 대강 읽고는 절대로 이해할 수 없다. 그리고 너무 빨리 보려다가 기본서에 나와 있는 내용을 그대로 받아들이지 않고 자기 나름대로 잘못 해석하여 이해하는 경우가 있다. 기본서는 말 그대로 기본기를 잡는 데 필요한 책이다. 따라서 급하게 빨리 보려고 조바심 내지 말고 꼼꼼하게 공부해야 한다.

② 여러 번 반복해서 공부하여 단권화한다.

항상 곁에 두고 반복해서 읽어야 한다. 그렇게 해야 깊이 이해할 수 있고, 문제를 푸는 데에도 도움이 된다. 앞에서 설명한 단권화도 기본서를 반복해서 공부해야만 가능하다.

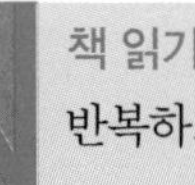

책 읽기 내비게이터

반복하기가 궁금하다면 3장의 꾸준히 반복하는 습관 부분을 참고한다.

③ 기본서는 한 권만 선택해서 보아야 한다.

기본서를 여러 권 사는 것은 돈과 노력을 낭비하는 것이다. 시중에서 가장 많이 팔리는 기본서 중 자신에게 맞는 것을 선택하면 된다. 공부하다가 만약 내 기본서에만 없는 중요한 내용이 있다면 다른 책을 참고해서 찾아보는 정도로 해야 한다. 그리고 찾아본 내용은 직접 써서 자신의 기본서에 붙여 넣어야 한다. 이렇게 만든 기본서는 끝까지 같이 갈 책이다.

문제집 형태 보는 원칙

① 문제집은 빨리 보는 책이다.

문제집을 푸는 데 마냥 시간을 끌면 안 된다. 가끔 문제집을 기본서 보듯이 천천히 푸는 경우를 본다. 문제집은 그렇게 보는 책이 아니다. 기본서를 충분히 공부하고 예제나 유제를 풀 경우 문제집은 가능한 한 빠르게 풀어 보고 자기가 부족한 부분을 찾아내는 데에 사용해야 한다. 또한 문제집은 빨리, 많이 풀어야 공부에 대한 성취감도 많이 든다.

② 문제집은 지우고 풀어 보는 게 좋다.

한 번 풀었다고 다 아는 게 아니다. 지우고 또 풀어야 한다. 문제집도 기본서와 같이 여러 번 반복해야 한다. 다만 기본서처럼 여러 번 볼 필요는 없고 한 번 풀어 보았다면 한두 번 더 지워 가면서 풀면 된다.

물론 두 번째나 세 번째 풀 때는 모든 문제를 푸는 것이 아니다. 한 번에 풀지 못한 문제나 틀린 문제 등을 중심으로 풀어 보는 것이다. 그러면서 모르는 문제가 없도록 한다.

③ 중요한 문제는 오답 정리를 한다.

틀린 문제 중에 나중에 꼭 다시 풀어 볼 문제나 아무 데나 펼쳐서 제대로 풀지 못한 문제는 표시해서 나중에 다시 풀어 볼 수 있도록 오답 정리를 한다.

NAVIGATOR

책 읽기 내비게이터

오답 정리가 궁금하다면 4장의 실용적인 오답 정리 방법 부분을 참고한다.

④ 문제집은 여러 권을 사서 풀어도 좋다.

기본서와 달리 문제집은 여러 권을 사서 풀어도 좋다. 단, 동시에 여러 권을 사지 말고 한 번에 한 권씩만 사서 풀어야 한다. 또한 한 권을 사서 ② 번처럼 지우면서 풀어 본 후에 다음 문제집을 구입하도록 한다.

모의고사 형태 푸는 원칙

① 이런 책은 한 번 풀고 버린다고 생각해야 한다.

문제를 풀고 쌓아 둘 생각은 하지 말아야 한다. 어차피 쌓아 두어도 나중에 못 본다. 모의고사 형태 책의 용도에 맞게 풀고, 틀린 문제를 정리하여 공부가 부족했던 내용은 기본서에 표시하고 버려야 한다.

② 실제로 시험 보듯이 풀어 보아야 한다.

모의고사 형태의 책은 말 그대로 모의고사를 보듯이 풀어야 한다. 시간을 정하고 그 시간 안에 풀어 보아야 한다. 이런 책을 정성들여서 풀고 있다면 책의 용도에 맞지 않게 사용하는 것이다. 시험 볼 때의 긴장감과 여건을 만들어서 풀어 보도록 하자.

③ 기본기가 잘 닦인 공부의 최종 단계에서 보아야 한다.

가끔 공부가 덜 된 상태에서 욕심껏 모의고사 형태의 책을 보는 경우가 있는데 그러면 전혀 도움이 안 된다. 기본서로 충분히 기초를 다지고 문제집으로 적응을 한 후 공부의 최종 단계에서 사용하는 것이 모의고사 형태의 책이다.

④ 너무 많이 풀 필요는 없다.

너무 많이 풀어서 문제 유형에만 익숙해지면 기본 내용 공부를 등한시하게 되고 계속 문제 풀기 중심의 공부로 빠질 수 있다. 적절하게 사서 알차게 풀고, 자신의 실력을 점검하며 실전에 대비하는 용도로 제한할 필요가 있다.

3 전술

효율적인 책 보기 팁

적용하기 좋은 과목 : 수학 · 과학, 국어 · 사회

적용하기 좋은 학년 : 수학 · 과학은 고등학생, 국어 · 사회는 중고생 전반

추천 학생

- 수학이나 과학 과목 책을 보면 이해가 잘 되지 않아 진도가 너무 느린 학생
- 국어 자습서 공부가 너무 지루한 학생
- 사회 과목 교과서 읽기가 너무 지루한 학생
- 국어나 사회 공부할 시간이 부족해서 고민인 학생

앞에서는 책의 종류에 따라 효과적으로 보는 법에 대해서 설명했다. 이번에는 과목에 따라 효율적으로 책을 보는 팁에 대해서 알아보기로 한다. 여기에 제시된 내용은 사용한 용어에도 나타나듯이 방법이라기보다는 팁에 가깝다. 또한 효율적이라는 말에서 알 수 있듯이 적은 시간을 들여 좋은 결과를 얻기 위한 것이다. 현실적으로 한정된 시간에 많은 양의 공부를 해야 하는 고등학교 공부의 특성상 그냥 우직한 방법론만으로 밀고 나가기는 어려우므로 여기에 제시된 방법을 통해 효율을 높여

보자. 크게는 두 가지 팁이 있다. 팁1은 수학과 과학 과목에 잘 적용되며 팁2는 국어와 사회 과목에 잘 적용된다.

팁1 : 문제 우선 풀기 방법 – 주로 고등학교 수학 · 과학

수학이나 과학 과목을 공부하다 보면 중학교 때와 달리 내용상 이해가 안 되거나 공식이나 정리, 정의가 어떻게 사용되는지 감이 전혀 안 잡히는 경우가 많다. 이럴 때는 순서를 바꾸어 문제를 먼저 풀어 보면서 내용이 어떻게 적용되는지를 살펴보면 내용을 잘 이해할 수 있다. 고등학교 수학 내용을 예를 들어 살펴보자.

수학에서 조건부확률은 설명만 보고는 무엇을 어떻게 하라는 것인지 알기가 어렵다. 내용은 다음과 같다.

> 확률이 0이 아닌 두 사건 A, B에 대하여 사건 A가 일어났다고 가정했을 때, 사건 B가 일어날 확률을 사건 A가 일어났을 때의 사건 B의 조건부확률이라고 하고,
>
> P(B|A)로 나타난다.
>
> 이때 이러한 정의에 의하여 $P(B|A)=P(A \cap B)/P(A)$ 단, $P(A)>0$
>
> 가 성립하며 다음의 곱셈정리를 얻는다.
>
> $P(A)>0$, $P(B)>0$일 때, $P(A \cap B)=P(A) * P(B|A)=P(B) * P(A|B)$

이런 경우 문제를 하나만 풀어 보면 정확히 무엇인지 알 수 있다.

가방 공장에서 기계 갑, 을이 가방을 만드는데 각각 전체 총 생산의 30%와 70%를 담당하고 있다고 한다. 그리고 각각의 기계는 불량률이 2%, 3%라고 한다. 이때 만들어진 가방 중에서 아무거나 뽑아 그것이 불량이라면 그 불량품이 기계 갑에서 만들어졌을 확률은 얼마인가?

이 문제를 조건부확률에 대한 사전 지식 없이 그냥 보면 어떻게 풀까? 다음과 같이 생각하지 않을까?

$$P=\frac{3}{10}\times\frac{2}{100}=0.006$$

그러나 이것은 정답이 아니다. 이것은 단순히 가방을 뽑았을 때 갑에서 나온 불량품을 뽑을 확률이다. 그러므로 굉장히 값이 작다.

이 문제는 이미 뽑은 가방은 불량품이 뽑혔다고 가정했을 때(조건부) 그것이 기계 갑으로부터 나온 것일 확률을 구하라는 것이다. 한마디로 계산 결과가 상당히 커야 맞다. 따라서 ,

$$\frac{\text{갑에서 나온 불량품일 확률}}{\text{불량품일 확률(갑에서 나온 불량품일 확률+을에서 나온 불량품일 확률)}}$$

을 물어보고 있는 것이다.

결국, $\frac{3}{10}\times\frac{2}{100}=0.006$, $\frac{7}{10}\times\frac{3}{100}=0.021$

$\therefore\ 0.006\div0.027=0.22$

즉, 불량품을 뽑았을 경우 그것이 갑에서 만든 물건일 확률이 0.22라는 것이다.

팁2 : 책 빨리 보기 방법 - 주로 중고 전반 국어 · 사회

국어나 사회 과목의 경우 중학교 때는 크게 무리가 없다. 그러나 고등학교 때는 내용은 많은데 마땅히 공부할 시간을 내기가 힘든 과목이다. 따라서 한정된 시간에 높은 효율을 올리기 위해서는 마냥 책을 읽어 나가면 안 된다. 국어나 사회는 학습목표나 단원 정리를 통해 효율을 높일 수 있다. 교과서의 학습목표를 보면 '~을 파악한다', '~을 이해한다'라고 되어 있다. 여기에서 힌트를 얻어야 한다. 그리고 학습목표에 대한 답을 찾아내기 위해 책을 읽어야 한다. 책마다 다르긴 하지만 단원이 끝나면 단원 정리가 되어 있는 경우도 있다. 이럴 때는 이 내용을 중점적으로 공부해야 한다. 국어도 보통 단원이 끝나면 단원 정리문제가 있다. 이것을 먼저 보고 중요한 게 무엇인지 알고 찾아내기 위해 공부하면 좋다. 예를 들어 살펴보자.

고등학교 세계사 교과서를 한번 살펴보자. 다음과 같은 학습목표가 주어져 있다. (교학사)

(6) 고대 서아시아 세계

■ 서아시아 지역에서 성립, 발전한 나라들을 파악하고, 그 문화의 특색을 이해한다.

시작하며 생각하기

현재 서아시아 지역 대부분의 사람은 이슬람 교도라고 할 수 있다. 그러나 이슬람 교가 등장하기 이전부터 이 지역에는 많은 민족이 흥망성쇠를 거듭하면서 여러 문명을 발달시켰다. 과연 고대 서아시아 지역에는 어떤 문명이 발달하였을까?

아시리아 노예 ▶

"서아시아 지역에서 성립, 발전한 나라들을 파악하고, 그 문화의 특색을 이해한다." 라고 주어져 있다. 그러면 우리는 무엇을 찾아보아야 할까?

우선 서아시아에 성립, 발전한 나라들을 알아보아야 한다. 그리고 각각 문화적으로 어떤 특색이 있는지 정리해야 한다. 예를 들면 다음과 같이 해볼 수 있다.

제시된 나라들 : 아시리아, 아르케메네스 페르시아, 파르티아, 사산 페르시아

아시리아는 처음으로 오리엔트를 통일했다는 데 의미가 있다. 그러나 처음으로 통일을 하자, 어쩌면 우쭐했거나 아니면 불안해서 중앙집권적인 무단 통치를 했으며, 당연히 반란이 많았다. 결국 멸망한다. 아무튼 문화적으로는 도서관도 만들고 문헌도 수집하여 학문의 중심을 이루어 냈다고 한다.

그 다음에 다시 통일한 나라가 바로 아르케메네스 페르시아이다. 지금의 이란인들이라고 한다.(유명한 다리우스 1세) 페르시아는 아시리아의 전례를 보고 배운 것인지, 어쨌든 이민족을 존중하는 관용정책으로 200년이라는 오랜 기간 동안 오리엔트를 지배한다. 농업, 이를 위한 수로, 도로, 역전제(곳곳에 역을 두어 말을 대기시키고 정보를 전달하는 제도), 화폐제도를 이용하여 똑똑하게 중앙집권을 도모하였다. 국가 기반에 집중했던 것 같다. 또한 문화적으로 국제적 융합을 이루어 냈다. 건축, 공예, 문자, 조로아스터교가 대표적이다. 그러나 영원한 것은 없다고 그리스에게 패하고 망한다.(알렉산더)

알렉산더의 영토를 이어받은 그리스계 왕조에서 이란계 파르티아가 독

립한다. 파르티아는 사람들은 이란계이지만 문화적으로는 그리스의 영향 때문인지 헬레니즘 문화를 동경한다. 그리스 신을 모신 신전이 있을 정도이니 말이다. 또한 철학, 의학 기관을 만들어 망명한 그리스 학자들에게 그리스나 인도 저작을 페르시아어로 번역시킬 정도로 중앙에서의 그리스 동경은 심했던 것 같다. 그러나 지방에서는 자기들 고유의 이란 문화가 이어진다. 무역을 통해 번성한 파르티아는 다시 이란계의 사산 왕조에게 망한다.

사산 페르시아는 이란계 농경민으로 조로아스터교를 국교로 정했다는 것을 보니 파르티아와 달리 정통 페르시아를 이어 나가고 싶었던 것 같다. 로마군을 물리치고 시리아 원정, 인더스까지 확장했다고 하니 굉장했던 모양이다. 문화적으로도 황금기를 마련했고 다시 이슬람에게 망하긴 했지만 조로아스터교 외에 여러 종교(마니교 제외)를 받아들였으며, 건축 · 공예 · 그릇 · 도자기 · 견직물 등의 기술과 양식이 동아시아까지 전파될 정도로 뛰어났다.

이렇게 답을 찾아가면서 생각하고 정리해 보면 그냥 무작정 줄 치고 외우는 것보다 훨씬 재미있고 효율도 높일 수 있다.

팁1에서 주의할 점

문제를 먼저 풀어 보는 방법을 쓰다가 내용보다는 공식만 암기해서 문제에 적용하는 연습만 할 위험이 있다. 당장은 편하지만 결코 나중을 위해 좋지 않으므로 삼가야 한다.

팁2에서 주의할 점

사회에서 학습목표만 시험에 나오는 것이 아니다. 또한 국어에서도 단원 정리문제와 관련된 문제만 나오는 것이 아니다. 가장 중요한 핵심을 빨리 찾고 적극적으로 공부할 수 있도록 하기 위한 것이지 그것만 공부하면 된다는 것이 아니므로 주의하자.

4 전술

실용적인 오답 정리 방법

적용하기 좋은 과목 : 수학, 사회, 과학, 국어(언어영역)
적용하기 좋은 학년 : 주로 고등학생
추천 학생
- 오답을 정리해 본 적이 없는 학생
- 오답노트를 만들기가 너무 귀찮은 학생
- 예쁜 오답노트는 만들었는데 별로 효과가 없는 학생
- 시험이 끝나면 시험지를 버리는 학생

수많은 공부법 책들이 이구동성으로 하는 말이 있다. 바로 오답노트를 만들라는 것이다. 그러나 막상 학생들과 상담해 보면 오답노트 만들기가 생각만큼 쉽지 않고, 기껏 만들어도 다시 보지 않는 경우가 많다. 다시 안 보려면 왜 만드는가? 한마디로 학생의 자기만족이나 학부모의 뿌듯함에 도움이 될지는 몰라도 학습에는 별로 도움 될 것이 없다. 그럴 바에는 차라리 만들지 않는 게 시간이나 에너지를 절약하는 길이다.

그러나 문제를 풀고 나서 오답을 되돌아보는 과정은 분명히 중요하다. 사람은 누구나 한번 했던 실수를 반복하고, 제대로 공부하지 못한 내용에서 또 틀리는 경우가 있기 때문이다. 결론적으로 오답노트를 예쁘게 꾸밀 시간에 기본서의 해당되는 부분에 밑줄을 긋고 표시하여 다시 공부한 다음, 그 문제를 포스트잇에 적어서 기본서의 해당 부분에 끼워 붙여 두는 것이 좋다. 이제 시간과 노력은 줄이고 효과는 극대화하는 오답 정리법을 더 자세히 알아보자.

오답 정리하는 방법

① 틀린 문제를 바로 다시 풀어 본다.

다시 풀어 보지도 않고 바로 답을 보면서 해설을 읽고 이해했다고 넘어가는 일이 없도록 하자. 반드시 답을 보지 말고 즉시 다시 풀어 보아야 한다.

② 답을 맞추어 보고 왜 틀렸는지 이유를 찾는다. (I)

아래의 이유라면 다시 풀고 공부하는 것으로 충분하다.

- 단순 실수이거나 문제를 잘못 읽은 경우라면 그냥 넘어간다.
- 공부가 부족해서 틀린 문제는 기본서의 해당 내용에 밑줄을 긋고 다시 공부한다.

③ 답을 맞추어 보고 왜 틀렸는지 이유를 찾는다. (II)

아래의 이유라면 조금 큰 포스트잇에 써서 기본서에 끼워 붙여야 한다.

- 다시 출제되어도 헷갈리거나 정확히 풀 자신이 없는 문제, 처음 보는 유형의 문제는 문제와 힌트나 핵심 아이디어 등을 포스트잇의 앞면에 쓰고, 뒷면에는 풀이 과정을 작성하여 기본서의 해당 부분에 붙여 두자.
- 문제 자체가 좋거나 풀이방법이 참신한 문제라면 포스트잇의 앞면에는 문제와 힌트나 핵심 아이디어 등을 쓰고, 뒷면에는 풀

이방법을 작성하여 기본서의 해당 부분에 붙여 두자.

- 문제에 그림이 있거나 지문이 길어서 손으로 쓰기 어려운 문제는 시험지를 오려서 붙여 넣어도 좋다.

④ 나중에 기본서를 재복습할 때 그 문제를 꼭 다시 풀어 본다.

- 이번에도 자신 있게 풀 수 없다면 계속 붙여 둔다.
- 이제는 쉽게 풀 수 있고, 특별히 붙여 두어야 할 의미가 없다고 판단되면 떼어 버린다.

오답 정리하는 예시 및 방법 |

중학교 문제는 단순한 사실을 파악하고 있는지 알아보기 위한 경우가 많아서 특별히 오답 정리를 열심히 하지 않아도 문제가 되지 않는다. 다시 풀어 보고 공부하는 정도로 충분한 경우가 많다. 그러나 고등학교 문제는 여러 가지를 생각하고 배운 내용을 조합하여 적용하는 경우가 많아서 반드시 오답을 정리해 보고 이를 기본서에 끼워 붙여야 한다. 다음의 예를 보면서 그 차이를 알아보자.

중학교 문제

●다음 중 빛의 세기와 광합성량과의 관계를 바르게 나타낸 것은? (단, 다른 조건은 모두 일정하다.)

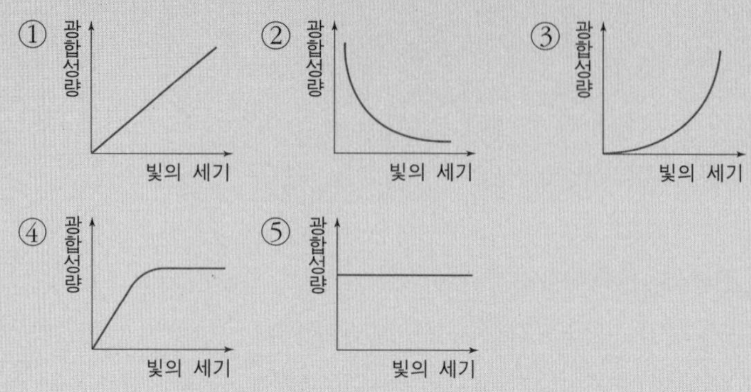

☞ 이 경우 정답은 ④번이다. 즉, 빛의 세기가 증가함에 따라 광합성량도 늘어나지만 일정 정도(광포화점)에 이르면 더 이상 증가하지 않는다는 단순한 사실을 물어보고 있는 것이다. 따라서 이 문제를 틀렸다면 이 사실에 대한 공부가 부족한 것뿐이므로 기본서에서 이 부분을 다시 공부하는 것이 중요하다. 오답노트는 사실상 별로 의미가 없다.

고등학교 문제

1. 다음은 C_3 식물과 C_4 식물의 빛의 세기와 CO_2량에 따른 광합성 속도를 비교한 것이다.

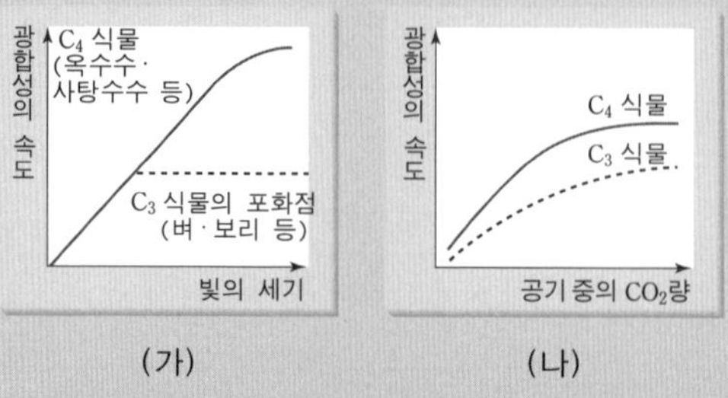

(가) (나)

• 위 자료로부터 측정한 내용으로 옳은 것을 〈보기〉에서 모두 고른다면?

보기

ㄱ. C_4 식물보다 C_3 식물의 광포화점이 더 높다.

ㄴ. 빛의 세기가 강할 때 C_4 식물보다 C_3 식물의 광합성이 더 활발하다.

ㄷ. 사막과 같은 환경에서는 C_3 식물보다 C_4 식물의 생존이 더 유리하다.

ㄹ. 이산화탄소 농도가 낮을 때 C_3 식물보다 C_4 식물의 광합성이 더 활발하다.

① ㄱ, ㄴ ② ㄱ, ㄷ ③ ㄴ, ㄷ ④ ㄴ, ㄹ ⑤ ㄷ, ㄹ

☞ 이 경우 정답이 바로 몇 번인지 알 수가 없다. 광포화점에 이르면 광합성량이 일정하다는 사실은 기본적으로 알고 있다는 전제하에 주어진 문제이다. ㄱ의 경우 (가) 그래프상에서 C_3 식물의 광포화점이 더 낮다는 것을 읽어 내어 선지가 틀렸음을 알아내야 한다. ㄴ의 경우 역시 (가) 그래프상으로 C_4 식물이 광합성이 더 활발하므로 선지가 틀렸음을 알아내야 한다. 따라서 ㄷ의 경우 C_4 식물의 광합성은 빛이 강해도 어느 정도까지는 광포화점에 이르지 않고 광합성량이 증가하므로 사막과 같이 빛이 강한 환경에 더 유리하다는 것을 생각해 내야 한다. 결국 선지는 옳다. ㄹ의 경우 (나) 그래프상으로 C_4 식물의 광합성이 더 많으므로 옳다는 것을 알 수 있다. 정답은 이러한 긴 사고를 거친 후에 ⑤번임을 알아낼 수 있다. 따라서 이 문제를 틀렸는데 다시 풀고 해설을 읽어 보아도 헷갈린다면, 기본서의 해당 부분에 위 문제와 정답을 표기하여 끼워 붙여 두어야 한다. 예를 들면 다음과 같다.

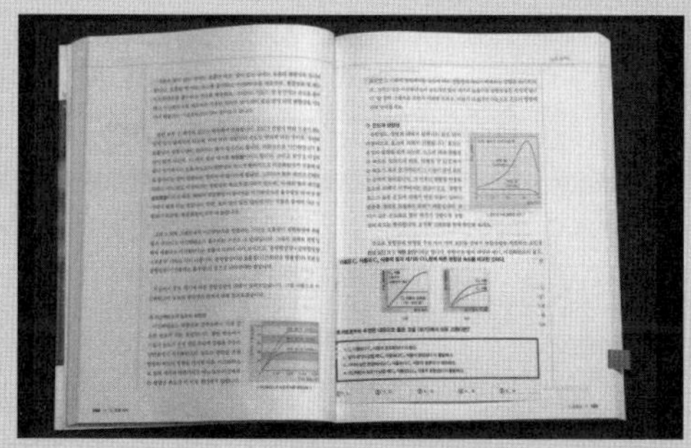

[오답 정리 끼워 붙인 예]

오답 정리하는 예시 및 방법 II

예를 들어 다음 문제를 틀린 경우 다시 풀고 해설을 읽어 보았다고 하자. 문제 자체로 좋은 문제라고 한다면 포스트잇 앞면에 문제와 힌트 등을 쓰고, 뒷면에는 풀이를 써서 기본서의 해당 부분에 붙여 두자.

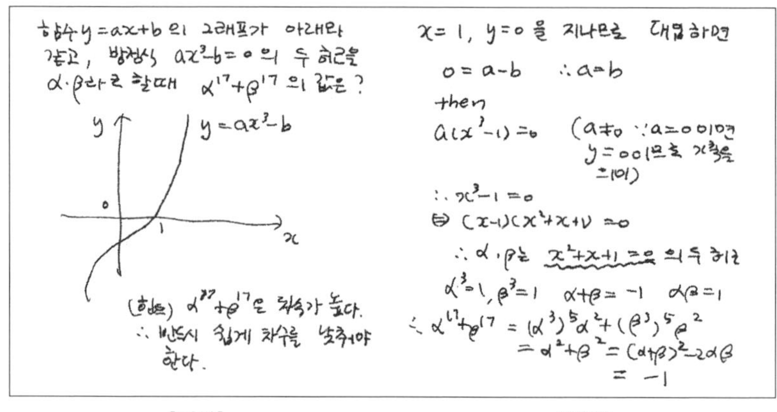

[앞면] [뒷면]

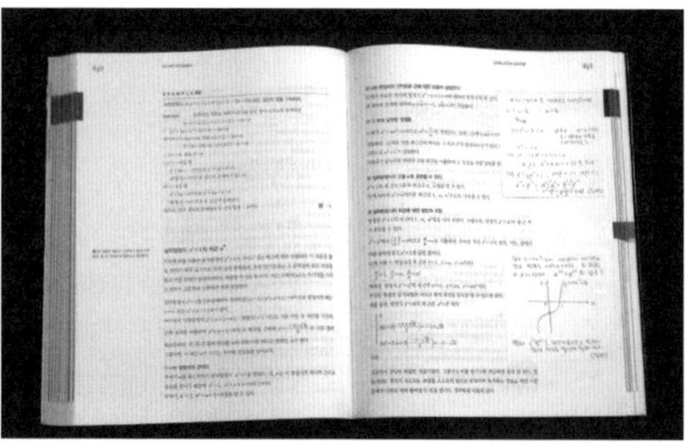

[오답 정리 끼워 붙인 예]

오답 정리하는 예시 및 방법 III

고등학생만을 위한 오답 정리 방법을 하나 소개한다. 바로 언어영역 문제에 관한 것이다.

언어영역 문제는 가장 일반적이면서도 합리적인 생각을 요구한다. 출제된 문제는 보편타당한 논리적 흐름에 기초한다. 따라서 언어영역을 공부하면서 이러한 보편적 사고에 자기 자신을 적응시키는 일도 매우 중요하다. 그래야만 자기만의 논리라는 함정에 빠져서 언어영역이 어려워지는 것을 방지할 수 있다.

이것을 위해서 추천하는 방법은, 문제를 틀린 경우 그 문제에 대한 해설을 직접 작성해 보라는 것이다. 대부분의 학생들은 당장 답을 맞추어 보고 해설을 읽고 이해했다고 생각되면 더 이상 그 문제를 쳐다보지 않는다. 그러나 이런 식의 정방향적 사고훈련만으로는 절대로 언어영역 실력이 향상되지 않는다. 문제만 많이 풀면 어떻게 되겠지, 유형별로 풀면 어떻게 되겠지 하는 생각은 옳지 않다. 별로 효과가 없을 것이다. 반드시 왜 그것이 답이 될까를 거꾸로 추적하는 역방향의 적극적인 사고를 훈련해야만 언어영역 실력이 향상된다.

그러면 언어영역 문제를 정리하는 구체적인 방법을 알아보자.

① 우선 문제의 정답을 확인하고 나서 해설을 바로 읽지 말고, 스스로 왜 그것이 답인지 논리적 근거를 찾아본다. 또한 철저하게 지문에 근거하여 생각을 정리해야 한다. 주어진 지문 안에서 논리적 근거를 찾겠다는 생각으로 해설을 적어 보자.

② 내가 왜, 어떻게 잘못 생각해서 그 문제를 틀렸는지 이유까지 적어 두면 더 좋다.

③ 작성한 해설과 주어진 해설지의 내용을 비교해 본다.

④ 그 근거가 유사한지 아니면 조금 다른 부분은 없는지, 왜 그런지 생각하면서 읽어 보자.

⑤ 충분히 고민하고 정답의 근거를 이해했다면 버려도 좋다. 언어영역 모의고사 문제까지 오답노트로 모아 둘 필요는 없다. 위와 같은 절차를 통해 생각하는 훈련을 하는 것이 훨씬 중요하다.

이와 같은 사고훈련을 꾸준히 한다면 언어영역에 대한 자신감을 찾을 것이다. 단, 한두 달 만에 굉장한 실력 향상을 기대하면 안 된다. 오랫동안 끊임없이 노력해야 한다.

오답 정리를 할 때 주의할 점

오답을 정리하는 것은 자기가 제대로 공부하지 않은 부분이 어딘지 알아내어 다시 공부하고, 나중에 비슷한 문제가 출제되었을 때 틀리지 않도록 하는 것이 목적임을 잊지 말자. 다시 한 번 강조하지만 예쁘게 꾸미고 다시는 돌아보지 않는 오답노트라면 당장 버리는 게 더 낫다.

① 틀리고 나서 즉시 다시 풀어 보아라!
시간이 지나면 왜 틀렸는지도 잊어버리고 다시 풀기도 귀찮아진다. 반드시 그 즉시 다시 풀자.

② 개수를 줄여라!
가능한 한 개수를 최소한으로 줄일 수 있어야 한다. 틀렸다고 아무 생각 없이 다 모아 두면 짐만 된다.

③ 따로 노트를 만들지 말고 기본서에 붙여라!
반드시 기본서에 그 문제가 해당되는 내용이 나오는 부분에 끼워 붙여 두자. 예를 들어 생물 과목의 광합성에 관한 문제라면 광합

성 단원의 해당 내용이 나오는 페이지에 끼워 붙여야 한다. 이렇게 하면 자동적으로 어느 단원의 어떤 내용이 나의 취약 부분인지 쉽게 알 수 있다. 절대로 별도 노트에 붙여서 수집하듯이 모아 두지 말자. 짐만 된다.

④ 나중에 꼭 다시 풀어라!

정리만 해두고 나중에 다시 풀지 않는다면 아무 효과가 없다. 기본서에 정리하여 끼워 붙이는 이유를 다시 한 번 생각하자.

⑤ 나중에는 정말 중요한 문제만 빼고 떼어 내야 한다!

계속 끼워 붙이면 처음에는 책이 점점 두꺼워진다. 그러나 공부를 반복하면 아는 내용이 쌓이게 된다. 그러면 예전에는 틀렸지만 지금은 완벽히 풀 수 있는 문제들이 있다. 이런 판단이 서면 과감히 떼어 버려도 좋다. 나중에는 책이 다시 얇아져야 정상이다.

꼭 도전하자!! 세상에 안 좋은 공부법은 없다. 방법을 실천하지 않는 내가 있을 뿐!

교과서의 지문만 읽는다

적용하기 좋은 과목 : 국어

적용하기 좋은 학년 : 중고생 전반

추천 학생

- 국어공부가 지루한 학생
- 국어 예습하는 방법이 궁금한 학생
- 국어 자습서만 보면 숨이 탁 막히는 학생
- 국어는 자습서에 있는 내용만 공부하는 학생
- 언어영역 점수가 잘 오르지 않는 학생
- 언어영역 점수가 널뛰기를 하거나 꼭 몇 문제를 틀리는 학생

중학교 때는 대부분 학교시험만 잘 보면 되기 때문에 국어도 수업시간에 배우는 내용을 집중해서 듣고 필기해서 공부하면 큰 문제가 없다. 고등학교 때에도 문과 학생들에게는 국어공부가 그렇게 큰 어려움이 아닐 수도 있다. 하지만 대부분의 학생들에게는 국어공부가 만만치 않다. 제일 큰 이유는 국어공부에 투자할 시간이 중학교 때에 비해서 상대적으로 턱없이 부족하다는 점이다. 또한 상위권 학생들이 하는 고민 중의

하나는 언어영역이 가장 골치 아픈 과목이라는 점이다. 어느 단계까지는 노력으로 극복되지만 일정 단계 이상에서는 언어영역이 가장 정복하기 애매한 과목이다. 이런 현상은 평소의 독서습관이라든가 국어공부를 대하는 태도 등에서 비롯된다. 즉, 국어를 아무 생각 없이 수동적으로 그냥 받아들이기만 하면 재미도 없을 뿐만 아니라 언어영역 시험에 대한 대비도 한계에 다다르게 된다. 그렇게 하면 아무리 문제를 많이 풀고, 유형별로 접근하고, 출제자의 사고방식에 익숙해지려고 해도 한계가 있다. 그러면 어떻게 해야 중학교 국어뿐만 아니라 고등학교 국어에서도 좋은 성적을 낼 수 있을까?

국어는 적극적으로 공부하려고 노력하면 그렇지 않을 때보다 훨씬 재미있고 효과적으로 공부할 수 있다. 이게 무슨 말일까? 앞에서도 지적한 바 있지만, 많은 학생들은 국어를 공부할 때 학교 수업 → 자습서 숙지 → 문제집 및 기출문제 풀이 → 시험 보기의 과정만 반복한다. 그나마 이것도 열심히 하는 학생들이나 이 정도이고 더 많은 학생들은 자습서 공부도 겨우 한다. 그리고 방학 때 조금씩 시간을 내서 언어영역 문제를 풀어 보고 고3이 되면 부랴부랴 논술도 써보고 언어영역 문제도 많이 풀어 본다. 그러나 없는 시간을 쪼개서 공부해도 별반 실력이 늘지 않는 것 같고 모의고사 점수도 항상 고만고만하다. 가끔 점수가 널뛰기를 할 때도 있다. 공부할 시간이 부족한 것은 자기 공부시간을 늘리면 되지만 해도 안 되는 건 도대체 어떻게 극복해야 할까? 바로 국어의 적극적 · 능동적 공부법을 활용하는 것이다.

내신 국어는 교과서 텍스트를 따로 인쇄해서 공부해라

국어 자습서만 보면 숨이 막히는 학생들이 있을 것이다. 왜 이리도 깨알 같은 글씨로 여기저기 써놓은 게 많은지 자습서만 보면 짜증이 밀려

오고 집어 던져 버리고 싶을 때도 있을 것이다. 어떻게 공부하면 좋을까? 국어는 본문을 따로 프린트해서 공부해 보자. 자료는 인터넷을 뒤지면 쉽게 구할 수 있다. 이렇게 공부할 때에는 자습서 내용을 보지 말고 자기가 찾아서 해보자. 적극적이고 능동적으로 공부하는 것이다. 예를 들면 다음과 같다.

다음 글은 중학교 3학년 국어 교과서에 나오는 글이다. 똑같은 글이지만 교과서나 자습서에서 읽을 때와 사뭇 다른 느낌을 받을 것이다. 본문 내용 이외에 다른 설명이 없기 때문에 글 자체에만 집중할 수 있다. 왠지 모르게 기피하고 싶던 교과서 본문도 이렇게 따로 떼어 놓고 보면 한 편의 좋은 글일 뿐이다. 교과서를 공부한다고 생각하고 따라서 해보자.

① 우선 프린트한 본문을 읽는다. 다른 생각을 하지 말고 편안하게 읽어 보자.

현대 사회와 과학(중학교 3학년 국어 교과서에서 발췌)

김영식(金永植)

현대를 흔히 '과학의 시대' 혹은 '과학 기술의 시대'라고 부른다. 그만큼 과거에는 생각할 수 없을 정도로 과학과 그것을 응용한 기술이 현대 사회에서 가지는 위상이 높아졌기 때문이다. 당장 에너지 문제에서부터 환경오염, 식량 증산, 인구 조절, 무기 개발 억제 문제 등 인류가 당면한 큰 문제들이 모두 과학과 유관(有關)한 문제라는 것이 이를 잘 말해 준다.

이렇게 과학이 사회에서 점점 중요한 위치를 차지해 오는 동안 과학의 내용은 점점 전문화(專門化)되고 어려워졌다. 특히, 복잡한 수식(數式)이 도입된 과학 분야들은 일반 지식인들로서는 전혀 이해할 수 없을 정도로 전문화되었고, 많은 과학자들까지도 자기 분야 이외의 다른 분야의 과학 내용을 이해할 수가 없게 되었다. 결국, 사회에서 과학이 가지는 중요성은 높아지면서 그러한 사회를 이끌어 갈 일반 지식인이 과학의 내용을 이해하는 것은 거의 불가능해졌다.

이것은 퍽 우려할 일이다. 즉, 위에서 말한 현대 사회의 중요한 문제들에 접해서 많은 선택과 결정을 내려야 할 사람들이, 이들 문제의 바탕이 되는 과학의 내용을 이해하기는커녕 접근하기조차 힘들 정도로 과학이 일반 지식인들로부터 유리(遊離)된 것은 커다란 문제이다. 더구나 이런 실정이 쉽게 해결되기가 힘든 뚜렷한 이유, 즉 과학의 내용 자체가 가지는 어려움은 계속 존재하거나 심해질 것이기 때문에 문제는 더욱 심각하다. 그러나 이러한 과학의 유리 상태를 심화시키는 데에 과학 내용의 어려움보다도 더 크게 작용하는 것은 과학에 관해 널리 퍼져 있는 잘못된 생각이다. 흔히 현대 사회의 많은 문제들이 과학의 책임인 것으로 생각된다. 즉, 과학이 인간의 윤리나 가치 같은 것은 무시한 채 맹목적으로 발전해서 많은 문제들 – 예를 들어, 무기 개발, 전쟁 유발, 환경오염, 인간의 기계화, 생명의 존엄성 위협 – 을 야기(惹起)하면서도 이에 대해서 아무런 책임을 지지 않고 있다는 생각이 그것이다.

대부분의 경우, 이런 생각의 바탕에는 과학이 가치중립적(價値中立的)이거나 가치와 무관하다는 명제(命題)가 깔려 있다. 물론, 과학이 가치중립적이라는 생각은 여러 의미에서 타당한 생각이며, 실제로 많은 사람들이 받아들이는 생각이다. 최근에 와서 이에 회의(懷疑)를 표시하는 사람들도 대부분이 명제 자체를 부정하는 것보다는 과학에 가치중립적이 아닌 측면도 있음을 보이는 데에 그친다. 그러나 일반 사람들이 앞의 문제들에 관한 책임을 과학에 돌리면서 흔히 가지는 생각은 과학의 가치중립성에 대한 잘못된 이해에서 연유할 때가 많다.

과학이 가치중립적이라는 말은 크게 보아서 다음 두 가지의 의미를 지니고 있다. 첫째는, 자연 현상을 기술하는 데에 있어서 얻게 되는 과학의 법칙이나 이론으로부터 개인적 취향(趣向)이나 가치관에 따라 결론을 취사선택할 수 없다는 점이고, 둘째는, 과학으로부터 얻은 결론, 즉 과학 지식이 그 자체로서 가치에 관한 판단이나 결정을 내리지 못한다는 점이다.

사람에 따라서는 이 중에서 첫째는 수긍하면서 둘째에 대해서 반론(反論)을 제기하기도 한다. 예를 들어, 그들은 인간의 질병 중에서 어떤 것이 유전(遺傳)한다는 유전학의 지식이 유전성 질병이 있는 사람은 아기를 낳지 못하게 해야 한다는 결론을 내린다고 생각한다. 즉, 과학적 지식이 인간의 문제에 관하여 결정을 내려준다고 생각한다. 그러나 더 주의 깊게 살펴보면 이것이 착각이라는 것은 분명하다. 앞의 유전학적 지식이 말해 주는 것은 단순히 어떤 질병이 유전한다는 것일 뿐, 그런 질병을 가진 사람이 아기를 낳지 않는 것이 옳은가, 역시 같은 질병을 가진 아기라도 낳아서 가정생활을 하는 것이 좋은가에 대한 결정은 내려주지 않는다. 이 결정은 전적으로 인간이, 즉 그런 질병을 가진 사람 자신 혹은 사회가 내리는 것이지 과학이 내리는 것은 아니다.

이를 더 잘 보여 주는 예로서, 통증이 심한 불치 환자의 경우를 들 수 있다. 이 환자에게 진통제를 다량 주사하면 통증을 느끼지 않으면서 죽게 될 것이라는 것은 과학적 지식이다. 그러나 이 과학적 지식이 곧 안락사(安樂死)의 결론을 내려주지는 않는다. 또, 다른 과학 지식은 다른 치료법을 사용하면 통증은 더욱 심해지지만 환자의 생명은 연장(延長)될 수 있음을 보여 줄 수 있고, 이때 이 두 방법 중에서 어느 것을 택하는 것이 옳으냐에 대해서 앞의 두 과학 지식은 아무 결론도 내려주지 못한다. 생명의 연장과 고통의 제거, 이 둘 중에서 어느 것이 더 중요한 것인가는 결국 사람이(이 경우에는 의사가) 내릴 결정이다.

따라서, 과학이 가치중립적이라는 명제를 과학 지식이 인간의 가치에 무관한, 때로는 그에 반(反)하는 방향으로 인간을 몰고 있다는 식으로 확대 해석하는 사람들의 잘못은 뚜렷해진 셈이다. 유전학 및 진화론이 히틀러의 유대인 학살을 낳게 했다거나, 상대성 이론과 원자 물리학이 원자탄의 투하를 가져왔다고 믿는 것은 이러한 오류(誤謬)의 전형적인 예이다.

한편, 앞에서 말한 유전성 질병과 불치 환자의 두 예는 과학이 어떤 면에서 가치와 유관할 수 있으며, 인간 사회 문제의 결정에 어떻게 기여(寄與)할 수 있는가를 잘 보여 준다. 유전학에 관한 지식은 유전성 질병을 가진 사람에게 어떤 결정을 내려주지는 못하지만, 그가 결정을 내리는 것을 도와준다. 즉, 구체적으로 어떤 증상이 유전할 것이며, 그 확률이 어느 정도인가 하는 데에 관한 지식을 유전학 지식이 제공해 준다. 또, 이러한 지식을 가지게 되면 그의 결정은 그만큼 정확해지고 안전한 것이 될 것이기 때문이다.

불치 환자의 예에서도 마찬가지이다. 환자나 가족은 의사로부터 과연 전혀 치료의 가망(可望)이 없는가, 안락사의 과정이 얼마나 걸릴 것인가, 다른 치료법의 경우에는 얼마만큼 생명을 연장시킬 수 있는가, 통증의 정도가 구체적으로 어떤가 등에 대해 구체적인 과학 지식을 얻게 되며, 이런 지식을 바탕으로 하여 결정을 내리게 된다. 이 두 예에서 보는 바와 같이, 과학 지식이 없을 경우에 결정을 내리기가 얼마나 힘들고, 그렇게 내리는 결정이 얼마나 위험할 것인가는 쉽게 알 수 있다.

위의 두 가지 예는 현대 사회의 여러 문제들에 대처해서 과학이 할 수 있는 역할을 잘 보여 준다. 흔히 보는 것처럼, 앞에서 예로 든 현대 사회의 여러 문제는 과학이 야기시킨 문제이며, 따라서 과학의 책임이라고 과학을 탓하기만 할 수는 없다. 우선, 과학 지식의 처음 형성 단계(形成段階)에 그것이 나중에 어떻게 응용되고 어떤 문제를 일으킬 것인가를 예측해서 그런 문제를 미리 방지해 줄 것을 기대하기는 불가능하고, 또 그런 문제들이 무조건 과학을 탓한다고 해서 물러서 줄 리도 없기 때문이다. 과학의 가치중립성은 이런 문제들에 대한 결정을 과학이 내려주지는 못한다는 것을 이야기해 준다. 결국, 현대 사회의 여러 문제에 대처해서 결정을 내리는 책임은 인간, 그중에서도 지식인들에게 주어져 있다.

그러나 과학의 가치중립성이 이런 결정을 내리는 데에 과학이 전혀 무관함을 의미하는 것은 아니다. 과학의 지식이 이런 결정을 내리는 일을 돕기 때문이다. 따라서 현대 사회의 지식인들이 현대 사회의 여러 문제들에 대처해 나가려면 과학 지식의 습득이 절대적으로 필요해졌다. 물론, 이에는 어려움이 따르지만, 일반 지식인에게 요구되는 것은 과학을 직접 연구해서 지식을 얻어 내는 것이 아니라, 일단 얻은 지식을 이해하는 것이며, 이것은 과학의 고도(高度)의 전문화에도 불구하고 어느 정도 가능하다. 중요한 것은, 과학의 위상이 더할 나위 없이 높아진 현대 사회를 사는 지식인들이 그러한 과학을 어렵다고 무턱대고 싫어하거나 피하려고 하는 무책임한 태도를 버리고 이를 이해하려고 노력해야 한다는 점이다.

오늘날, 많은 지식인들이 문학이나 미술, 음악 등에는 관심을 가지고 이해하려 노력하면서도 과학에 관한 무지에 대해서는 당연한 것으로 여기고 있다. 심한 경우에는 시나 음악에 관한 무지와 무관심은 수치스러워하고 감추려고 하면서도, 과학 지식에 대한 무지는 은근히 내세우기까지 하는 것을 볼 수 있다. 이는 반드시 버려야 할 태도이다.

② 읽고 나면 글의 종류를 파악해 본다.
음, 이 글은 논설문인 것 같군!

③ 글의 종류에 대한 배경 지식을 공부한다.
자습서도 좋지만 지루하면 인터넷 검색을 통해 인쇄해서 공부한다. '논설문' 검색

④ 글의 주제를 찾아본다.
찾은 주제는 나중에 자습서로 확인해 본다.

⑤ 글의 구성과 갈래에 따른 핵심을 자습서를 보지 말고 찾는다.
교과서에 자주 등장하는 갈래의 글들의 핵심을 예로 들면 다음과 같다.

갈래	구성	갈래에 따른 핵심
시	구성(연이나 행의 구성, 대칭이나 대구 등)	시어나 시구의 의미, 시적 화자, 심상, 운율, 어조, 정서, 분위기
소설	구성(발단 – 전개 – 위기 – 절정 – 결말)	사건, 배경, 인물, 갈등, 시점
수필	구성 (서론 – 본론 – 결론 혹은 기 – 승 – 전 – 결)	중심 내용
논설문, 설명문	구성 (서론 – 본론 – 결론)	서론 – 본론 – 결론 및 각 문단의 중심 내용

찾은 내용은 정리해 두었다가 나중에 자습서로 확인한다.

⑥ 학습 활동의 질문에 대해 자습서를 보지 말고 스스로 답을 찾는다.

학습 활동

내용학습

'현대 사회와 과학' 을 읽고, 다음 물음에 답해 보자.

1. 이 글에서 글쓴이가 가장 우려하고 있는 것은 무엇인가?
2. 과학 지식은 현대인의 생활에 어떻게 도움을 줄 수 있는가?
3. 파스퇴르가 "과학은 국경이 없으나, 과학자는 조국이 있다."라고 한 말을 바탕으로 하여 과학과 과학자를 구분해 보고, '과학의 가치중립성' 의 의미를 말해 보자.

목표학습

'현대 사회와 과학' 을 읽고, 다음 물음에 답해 보자.

1. 다음 사항들의 구체적인 내용을 찾아 정리해 보자.
   (1) 과학이 일반 지식인들로부터 유리된 두 가지 이유
   (2) 과학의 가치중립성
2. 위의 정리된 내용을 바탕으로 하여 서론, 본론, 결론의 형식을 갖추어 이 글의 요약문을 써보자.

적용학습

과학에 대한 무지 때문에 생활 속에서 일을 잘못 처리한 경험을 이야기해 보도록 하자.

이렇게 답을 찾는 훈련은 나중에 논술시험을 위해서도 큰 도움이 된다. 찾은 내용은 정리해 두었다가 나중에 자습서로 확인한다.

⑦ 글의 표현상의 핵심은 자습서를 이용하여 공부한다.

갈래	표현상의 핵심
시	표현상 특징과 표현법, 시상 전개방식 등
소설	세부적 내용(낱말이나 문장의 의미), 표현상 특징
수필	세부적 내용(낱말이나 문장의 의미), 표현상 특징
논설문, 설명문	세부적 내용(낱말이나 문장의 의미), 내용 전개방법의 특징 (구체적인 예를 들었다거나 비유에 의한 유추를 하는 것과 같은 것)

⑧ 글의 종류와 상관없는 자세한 내용은 자습서를 이용하여 공부한다.

한자성어나 속담, 어휘, 맞춤법, 단원의 길잡이 등을 공부한다.

⑨ 자습서 문제를 풀어 본다.

언어영역 정복이 힘든 학생은 다음의 공부 순서를 명심하자

언어영역을 준비하는 것과 국어 내신을 공부하는 것은 별개가 아니다. 바로 언어영역 준비의 기초공사 단계를 위해서 내신 국어공부를 하고 있다고 보면 된다. 다음의 네 단계 중 자기가 어느 단계에 있는지 확인하고, 앞 단계를 건너뛰고 뒤 단계를 공부하고 있지는 않은지 점검해야 한다. 이 네 단계는 순서를 꼭 지켜서 밟아 나가야 한다.

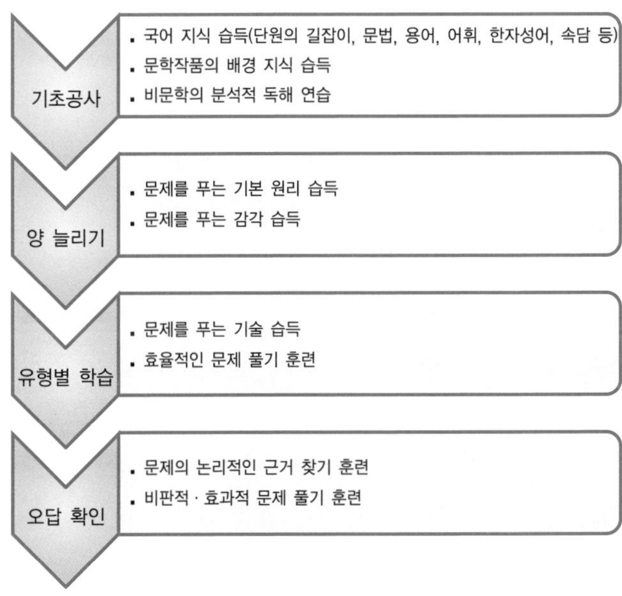

[언어영역 공부의 네 단계]

공부에는 모름지기 단계가 있기 마련이다. 그러나 학생들이 가장 단계 없이 공부하는 과목 중의 하나가 바로 언어영역일 것이다. 수학공부를 할 때에도 개념을 이해하고 공식을 암기한 후 문제를 풀어 보는 것이 순서이다. 이에 반하여 많은 학생들은 수학과 달리 언어영역을 공부할 때에는 공식이나 이론 따위가 없는 것으로 본다. 분명히 학생마다 어휘력이나 듣기, 읽기 능력이 다르다. 그런데도 이런 기본 실력을 증진시키기 위해 노력하지 않고 문제만 풀면서 언어영역은 공부해도 성적이 오르지 않는 과목이라고 생각한다. 이런 능력을 증진시킨다면 언어영역도 영어나 수학처럼 실력이 늘 수 있다.

앞의 그림은 이런 과정을 네 단계로 구분해 놓은 것이다. 먼저 기초공사 단계는 우리가 국어 내신을 공부하면서 준비하는 단계이다. 따라서 중고생 모두는 내신 국어공부를 소홀히 해서는 안 된다. 그 다음은 양을 늘리는 단계이다. 기본기가 잘 닦였다면 문제를 많이 풀어 보아야 한다.

다만, 문제만 많이 풀면 어느 정도 이상 실력이 늘지 않고, 점수도 들쑥날쑥하게 된다. 이를 보완하기 위해서는 다음 단계인 유형별 학습이 필요하다. 언어영역 문제도 생각하고 풀어내는 요령이 있다. 이를 터득하려면 문제를 유형에 따라 정리한 문제집을 풀어 보아야 한다. 그래야 효율적으로 득점할 수 있다. 마지막으로 오답 확인 단계가 있다. 자기가 틀린 문제는 반드시 왜 틀렸는지 확인하고 답을 본 후 답이 나오게 된 논리적 근거를 찾아내야 한다. 이런 훈련을 해야만 완벽한 단계에 올라선다. 자세한 방법은 앞에 있는 오답 정리 부분을 읽어 보자.

주의할 점

다음은 언어영역을 공부할 때 주의할 점이다.

① 문제를 많이 풀어 보기도 전에 문제의 비판적 분석은 효과가 없다.
② 기초공부가 부족한 상태에서 문제만 풀거나 유형별로 풀어 보아도 아무 효과가 없다.

언어영역을 잘하기 위한 능력들

① **끝까지 집중할 수 있는 지구력** : 독서량이 부족하면 언어영역의 긴 지문을 읽을 때 집중력이 떨어지고 끝까지 읽을 수가 없다. 따라서 중학교 때부터 독서량을 확보해야 한다. 뒤로 갈수록 문제를 많이 틀리는 학생은 이것이 문제점이다.
② **보편타당한 사고력 필요** : 특이하게 생각하는 것이 예술 분야나 수학문제 풀기에는 좋을지 몰라도 언어영역 시험문제를 푸는 데는 도움이 안 된다. '내 생각이 일반적인 것일까?' 하는 질문을 자신에게 던져 보아야 한다.
③ **지문에 충실한 논리력** : 지문에 있는 내용만을 기준으로 풀어야 한다. 지문 밖의 지식을 이용하면 빠르게 풀 수도 있지만 다 틀릴 수도 있다.
④ **시간 내에 풀 수 있는 속도** : 문제를 빨리 푸는 것도 관건이기 때문에 양을 늘리는 단계에서 시간을 정해 놓고 푸는 훈련도 꼭 해야 한다.

어휘 · 속담 · 한자성어 하나씩 모아야 공부가 된다

적용하기 좋은 과목 : 국어

적용하기 좋은 학년 : 중고생 전반

추천 학생

- 어휘력이 부족해서 글을 읽고 나도 내용이 머리에 안 들어오는 학생
- 속담에 관한 문제가 나오면 어려운 학생
- 한자성어 지식이 부족한 학생
- 국어공부의 기초를 닦고 싶은 학생

책이나 글을 읽어도 왠지 잘 이해가 안 되고 막막한 느낌을 받는다면 어휘력 부족인 경우가 많다. 문제에서 속담이나 한자성어가 나오면 당황해서 잘 못 푸는 학생도 있을 것이다. 이런 경우에 여러분은 어떻게 대비하고 있는가? 그냥 강사나 동영상 사이트에서 제공하는 자료를 몽땅 뽑아서 공부하고 있지는 않은가. 그러나 이렇게 공부하면 욕심껏 자료만 모으고 공부는 안 하는 현상에 빠지기 쉽다. 아무리 좋은 자료라도 내가 보고 공부하지 않으면 아무 소용이 없다. 자, 그럼 이런 현상을 방지하고 공부 효과를 높이려면 어떻게 해야 할까?

국어도 기초가 되는 어휘나 속담, 한자성어 등을 공부하고 모아 두는 나만의 국어단어장을 만들어야 실력이 올라간다. 영어단어를 알아야만 하는 것과 마찬가지이다. 다만, 영어에서 했던 것처럼 일일이 손으로 쓰고 만들기에는 투자할 만한 시간이 많지 않다.

따라서 이렇게 해보자.

① 모르는 어휘, 속담, 한자성어가 나오면 그 즉시 인터넷으로 단어의 의미를 찾는다. 이때 '네이버'의 국어사전을 활용하면 좋다. 꼭 네이버가 아니더라도 자신이 자주 활용하는 사이트를 이용하면 된다.

② 특히 좋은 점은 단순히 단어를 찾는 기능뿐만 아니라 온라인상에 나만의 단어장을 만들어서 저장하고 모을 수 있는 기능도 제공한다.

③ 모은 단어의 의미를 읽어 보고 인쇄한다.

④ 인쇄한 내용을 바인더로 묶어서 모은다.

다음 글은 고등학교 국어 상 교과서에 실린 황소개구리와 우리말이라는 글의 일부이다. 읽고 국어단어장을 만드는 방법을 살펴보자.

> 세상이 좁아지고 있다. 비행기가 점점 빨라지면서 세상이 차츰 좁아지는가 싶더니, 이젠 정보 통신 기술의 발달로 지구 전체가 아예 한 마을이 되었다. 그래서인지 언제부터인가 지구촌이라는 말이 그리 낯설지 않다. 그렇게 많은 이들이 우려하던 세계화가 바야흐로 우리 눈앞에서 적나라하게 펼쳐지고 있다. 세계는 진정 하나의 거대한 문화권으로 묶이고 말 것인가?
>
> 요사이 우리 사회는 터진 봇물처럼 마구 흘러드는 외래 문명에 정신을 차리

지 못할 지경이다. 세계화가 미국이라는 한 나라의 주도하에 이루어지고 있다. 일본은 얼마 전 영어를 아예 공용어로 채택하는 안을 검토하고 있다. 문화 인류학자들은 이번 세기가 끝나기 전에 대부분의 언어들이 이 지구상에서 자취를 감출 것이라고 예측한다. 언어를 잃는다는 것은 곧 그 언어로 세운 문화도 사라진다는 것을 의미한다. 우리가 그토록 긍지를 갖고 있는 우리말의 운명은 과연 어떻게 될 것인가.(후략)

여러분은 어떤 단어의 의미가 정확하게 이해되지 않았는가?, 대강의 의미는 문맥상 혹은 예전의 경험으로 알고 있지만 정확한 의미를 말하기가 어려운 단어는 없는가?

대략 세 개의 단어, 즉 '바야흐로', '적나라하게', '봇물' 이라는 단어가 궁금해진다. 이 세 단어의 의미를 인터넷으로 찾아서 프린트해 보자.

국어사전

적나라 赤裸裸

'적나라하다'의 어근.

적나라하다 [정----]
[형용사]
1 몸에 아무것도 입지 아니하고 발가벗다.
 ▸ 그의 적나라한 상체에는 기다란 흉터가 있었다.
2 있는 그대로 다 드러내어 숨김이 없다.
 ▸ 환자의 얼굴에 고통이 적나라하게 드러났다.
 ▸ 탈주자들에 의해 수용소의 비인간성과 잔악성이 적나라하게 폭로되었다.

국어사전

바야흐로

[부사]
이제 한창. 또는 지금 바로.

- 때는 바야흐로 만물이 소생하는 봄이다.
- 바야흐로 눈이 녹아내려 지붕에서는 낙수가 뚝뚝 떨어지고, 길과 마당은 질퍽거리며….≪안회남, 농민의 비애≫
- 아내를 맞아들인 다음 내 것이다 하고 채취선을 한 척 마련해서 살아 보겠다 했던 소망이 바야흐로 이루어지는구나 싶었다.≪한승원, 목선≫
- 여름철엔, 파릴 날렸던 창윤이네 국수 영업도 이제 바야흐로 경기를 회복하고 있었다.≪안수길, 북간도≫

【< 야흐로< 야 로/ 야 로<보야 로≪능엄경언해(1461)≫/뵈야 로≪석보상절(1447)≫】

국어사전

봇물 洑-
발음 〔본-〕

[명사]
보에 괸 물. 또는 거기서 흘러내리는 물. ≒보(洑).

- 경기가 끝나자 관객들이 봇물 터지듯 경기장을 쏟아져 나왔다.
- 아이들은 봇물 터지듯 나오는 울음을 조금도 누그러뜨리려 하지 않았다.≪윤흥길, 아홉 켤레의 구두로 남은 사내≫
- 삼십 년 만의 큰 가뭄이었다는 그해에는 봇물마저 깡그리 말라 버렸었다.≪김춘복, 쌈짓골≫

[네이버 국어사전을 활용하여 프린트한 예시]

이것들을 모아 바인더에 추가한다. 한자성어나 속담 등도 이렇게 프린트해서 모아 두고 읽으면 두꺼운 책을 사거나 떠돌아다니는 자료를 엄청나게 인쇄해서 공부하는 것보다 훨씬 재미있고 효과적으로 공부할 수 있다.

시 도대체 어떻게 공부해야 할까?

적용하기 좋은 과목 : 국어
적용하기 좋은 학년 : 중고생 전반
추천 학생
- 시에 대한 공부가 재미없는 학생
- 시를 공부할 때 그냥 자습서로 외우는 학생
- 언어영역에서 시에 관한 문제만 나오면 어려운 학생
- 그 밖에 시 공부법이 궁금한 학생

중고생들이 국어를 공부할 때 제일 골치 아픈 부분은 아마도 고어나 한자 어휘가 많이 나오는 부분, 그리고 시가 아닐까 한다. 여기서는 그 중에 시를 좀 더 효과적으로 공부하는 방법에 대해서 알아보기로 한다.

우리가 문학과 국어 교과서에서 배우는 여러 가지 작품 중에 가장 중요하고 많이 배우는 장르는 아마 시와 소설일 것이다. 그중에서 시는 각종 시험에서도 큰 비중을 차지하고 있다. 특히 수능 유형의 시험에는 교과서에서 배우지 않은 시들이 많이 나온다. 그래서 많은 학생들이 어려워하는 영역이기도 하다. 왜 그럴까? 시는 상징이나 비유가 많아서 그렇다. 쉽게 말하면 읽어도 무슨 소린지 알 수 없다는 것이다. 따라서 제대로 공부해야만 한다. 교과서에서 시를 공부할 때 그냥 선생님의 필기 내용과 자습서 내용만 달달 외우니까 시가 항상 어렵게 느껴지고 시험 보고 나면 바로 잊어버린다. 그리고 언어영역에서 시를 만나면 뭔가 찜찜하고 불안하다.

그러면 시를 어떻게 공부해야 할까? 여기에 설명한 방법은 앞에서 알아본 적극적으로 공부하기와 국어공부 방법에 기초하고 있다.

① 자습서를 펼치지 말고 우선 시를 편안하게 읽고 시인이 이런 시를 쓸 때의 감정이나 상황을 상상하고 느껴 본다. 떠오르는 이미지가 있다면 그림도 그려 보고, 감정이입도 해보아야 한다. 그야말로 시를 감상하는 것이다. 이렇게 하는 데 5분도 채 안 걸린다. 정답도 없다. 여러분이 느끼는 감정이 곧 정답이다. 설사 시인이 그런 감상을 의도하지 않았다고 해도 괜찮다. 여러분의 감정과 느낌이 제일 중요하다.

여러분이 시인이라고 상상해 보자. 언제 시를 쓰겠는가? 시를 한 번 써보면 알 수 있다. 감정의 동요를 느끼거나, 인상적인 풍경을 보거나, 아름답고 감미로운 음악을 듣거나, 사회적 상황에 대한 비판 의식이 발동하거나 혹은 자기의 감정이나 생각, 느낌 등을 문학적으로 표현하고 싶을 때 우리는 시를 쓸 수 있다. 사랑하는 사람을 떠나보내거나 새로운 사랑에 빠졌을 때 어찌 사랑에 관한 시를 쓰지 않을 수 있겠는가? 바로 그것이다.

시는 시인의 감정이나 느낌을 운율이 있는 언어로, 쉽게 말해 리듬감이 있는 말로 표현한 것이다. 바로 그런 것들이 발동되는 어떤 특정한 상황에 놓였을 때 운율이 있는 언어로 쓴 것이 시이다. 산문을 쓴다면 수필 정도가 아닐까? 단, 그냥 직설적으로 표현하면 시의 존재 이유가 없으므로 시는 반드시 상징적 · 비유적 언어를 동반하게 된다. 따라서 시에서 사용된 말들은 여러 가지 의미(다의성)를 가지거나, 문맥상 새롭게 만들어진 의미(함축성)를 가진다.

사랑하는 사람을 떠나보낸다고 할 때 '사랑하는 나의 애인이 떠나갔습니다' 라고 표현한다면 아무런 감흥이 없다. 만약 '내 가슴 속 작은 별이 사라졌습니다' 라고 표현한다면 그냥 봐서는 무슨 말인지 알 수 없다. 함축적 의미가 포함되어 있기 때문이다. 그러므로 시를 읽고 어떤 감흥을 느껴야만 시를 공부하는 의미가 있고 효과가 있다. 힘들어도 조금만 참고 조금씩 해보자. 분명히 여러분의 시에 대한 공부 결과가 완전히 달라질 것이다.

② 시의 핵심 사항을 차분하게 찾아본다.

시를 느껴 보았다면 이제 시를 보다 분석적으로 관찰해 본다. 시에서 핵심은 무엇일까? 시적 자아, 시어나 시구가 상징하는 의미, 그 시의 주제, 심상, 운율, 어조나 정서 또는 분위기 같은 것들이 일반적인 핵심 사항이다.

③ 그 시만의 표현상의 특징을 찾아본다.

표현상의 특징은 무엇일까? 그 시만의 독특한 특징인 시상 전개 방식이나 표현법 같은 것을 말한다.

④ 위의 ②, ③번에서 생각해 본 내용을 자습서의 내용과 비교하면서 공부한다.

내가 생각한 내용과 자습서가 생각하는 내용이 얼마나 일치하는지 알아본다. 그리고 추가적으로 시인에 대해서도 공부하고, 그 시의 갈래에 대해서도 확인해 둔다.

⑤ 마음에 드는 시구는 좀 외워 본다.

시를 몽땅 외우는 것도 좋지만 그럴 여유가 별로 없으므로 마음에 강하게 와닿는 시구라도 외워 두면 좋다. 그런 게 없다면 좀 더 감성을 키워 보자. 여러분도 할 수 있다. 각박한 공부의 세계에 이 정도 낭만은 있어야 고등학교 공부를 즐겁게 할 수 있다.

⑥ 문제를 풀어 본다.

앞의 단계를 거친 후에는 문제를 풀어 보자. 정말 쉽게 풀리고 문제 푸는 것 자체가 재미있을 것이다.

그러면 교과서에 나온 시 중에 한 편을 골라서 위에 적힌 방법을 순서대로 해보자. 자! 잘 따라가 보자.

다음 시는 중학교 3학년 교과서에 나오는 시 〈내가 사랑하는 사람〉이다.

나는 그늘이 없는 사람을 사랑하지 않는다.
나는 그늘을 사랑하지 않는 사람을 사랑하지 않는다.
나는 한 그루 나무의 그늘이 된 사람을 사랑한다.
햇빛도 그늘이 있어야 맑고 눈이 부시다.
나무 그늘에 앉아
나뭇잎 사이로 반짝이는 햇살을 바라보면
세상은 그 얼마나 아름다운가.

나는 눈물이 없는 사람을 사랑하지 않는다.
나는 눈물을 사랑하지 않는 사람을 사랑하지 않는다.
나는 한 방울 눈물이 된 사람을 사랑한다.
기쁨도 눈물이 없으면 기쁨이 아니다.
사랑도 눈물 없는 사랑이 어디 있는가.
나무 그늘에 앉아
다른 사람의 눈물을 닦아 주는 사람의 모습은
그 얼마나 고요한 아름다움인가.

자, 솔직하게 자습서를 보지 말고 아무런 편견 없이 이 시를 감상해 보자. 어떤 느낌이 드는가?

자기는 어떤 사람을 사랑한다고 이야기한다. 그 사람은 그늘과 눈물의 의미를 아는 사람이어야 한다고 말한다. 슬픔과 고민 등이 상상되는 것의 의미를 아는 사람이란 무슨 뜻일까? 슬픔이나 고민 같은 것도 모른 채 햇살과 기쁨만 알고 살아온 사람은 싫다는 말 같기도 하다. 햇살이나 기쁨의 의미뿐만 아니라 그늘과 눈물도 아는 그런 사람이 좋다는 말 같다. 어쩌면 자신이 그런 햇살과 기쁨만 알고 살아온 사람에게 사랑의 상처를 입었을 수도 있다. 아니면 자기가 정말 좋아했던 사람이 그런 그늘과 눈물을 잘 아는 사람이었는지도 모를 일이다. 그래서 그 사람에 대한 기억이 떠올라 이 시를 지었을 수도 있다. 그냥 마음을 열고 시를 읽으면 이 정도 느낌이 든다.

이제 시의 핵심 사항을 생각해 보자. 제목이 말해 주듯이 시적 자아는 내가 사랑하는 사람의 모습에 대해서 말하고 있다. 두 가지 단어의 가치를 아는 사람을 사랑하겠노라고 말한다. 즉, '그늘'과 '눈물'이라는 시어가 계속 반복적으로 눈에 들어온다. 거의 매 행에 사용된 이 두 시어는 어떤 의미일까? 누구나 좋아하는 것들을 더욱 의미 있게 해주는 그 반대의 것들 정도로 느껴진다.

결국 이 시의 주제는 햇빛이나 햇살, 기쁨이나 사랑도 좋지만 이것들을 진정 의미 있게 해주는 그늘이나 눈물의 가치를 아는 사람을 사랑한다는 내용인 것 같다. 주된 심상은 나무 그늘이라든가 나뭇잎 사이의 햇살, 나무 그늘에 앉아 눈물을 닦아 주는 사람의 모습 등, 대부분 시각적 심상이 사용되었다. 운율적으로는 내재율이다. 특별한 형식이 없기 때문이다. 어조나 정서 또는 분위기는 차분하게 자신의 생각이 드러나 있다. 그러면서도 자신의 생각이 단호하게 표현된 느낌도 난다.

표현상의 특징은 무엇이 있을까? 이 시를 읽어 보면 한 가지 특징이 바로 눈에 띈다. 1연과 2연이 비슷한 모양의 대칭으로 전개된다는 점이다. 그래서 왠지 조화로운 느낌의 형식미가 느껴진다. 또한 ~하지 않은가라는 표현이 인상적인데, 그냥 말하는 것보다 더 강조된 느낌이 난다. 제목이 '내가 사랑하는 사람' 인데도 처음 시작은 사랑하지 않는 사람에 대해서 표현함으로써 의외성과 강조된 느낌도 느껴진다.

이 정도 생각해 보았다면 이제 자습서 내용을 읽어 보면서 비교해 본다. 차이가 나는 부분을 중심으로 살펴보자.

① 아뿔싸! 주제 부분이 다소 차이가 있다. 처음 생각했던 것처럼 〔햇빛이나 햇살, 기쁨이나 사랑도 좋지만 이것들을 진정 의미 있게 해주는 그늘이나 눈물의 가치를 아는 사람을 사랑한다〕는 것은 표면적 주제를 파악한 것에 그친다. 왜냐하면 이런 주제로는 다른 사람의 눈물을 닦아 주는 사람의 모습에 관한 이야기나 그늘에 앉아 햇살의 아름다움을 발견하는 내용이 담기지 않는다. 그래서인지 자습서는 {다른 사람의 슬픔과 고통을 이해하고 포용해

주는 삶의 아름다움}이라고 주제를 뽑아냈다. 보다 이면적인 부분을 반영한 것 같다. 수긍할 수 있는 부분이다.

② 자습서는 고백적이고 사색적인 분위기를 이 시의 전체적 분위기로 보고 있다. 그러나 차분하면서도 단호한 느낌에 대해서는 별로 언급하지 않고 있다. 이 부분은 좀 더 반영되었으면 하는 바람이다.

③ 〔사랑하지 않는 사람에 대해서 표현함으로써 의외성과 강조된 느낌도 느껴진다〕 라고 정리한 부분을 자습서는 이렇게 설명한다. {이중부정을 통한 강한 긍정 및 내용 강조를 하고 있다.}

④ 〔1연과 2연이 비슷한 모양으로 대칭적으로 전개된다는 점이다. 그래서 왠지 조화로운 느낌의 형식미가 느껴진다〕라고 정리한 부분을 자습서는 이렇게 설명한다. {비슷한 구조를 반복하는 대구법을 사용하여 운율감을 형성하고 구조적 안정감을 준다.}

⑤ 〔~하지 않은가라는 표현이 인상적인데, 그냥 말하는 것보다 더 강조된 느낌이 난다〕라고 정리한 부분을 자습서는 이렇게 설명한다. {설의법을 써서 여운을 주며 말하고자 하는 내용을 강조함}

이제 마지막으로 자습서의 문제를 풀어 본다. 아마 아무 생각 없이 자습서 내용을 외우던 때와는 완전히 다른 느낌을 받을 것이다. 이 시의 경우 문제들을 살펴보니 표현상의 특징에 대해서 묻는 문제가 많이 나왔다. 무엇이 중요한지 감을 잡을 수 있는 순간이다.

자, 이제 깨달음을 얻었는지 모르겠다. 시는 시답게 공부할 때 최고의 효과를 얻을 수 있다. 외우려고 애쓰거나 머리를 싸매지 말자. 여러분도 얼마든지 시를 바라볼 능력이 있다. 그것을 사용하거나 연습해 보지 않았던 것뿐이다. 지금 바로 시를 다시 바라보자. 여러분도 시를 쉽게 공부할 권리가 있다.

언어영역 헷갈리는 문제 푸는 법

적용하기 좋은 과목 : 국어

적용하기 좋은 학년 : 중고생 전반

추천 학생

- 언어영역 문제를 풀 때 헷갈리면 생각이 멈추는 학생
- 아직 헷갈리는 문제 푸는 방법을 생각해 보지 않은 학생
- 언어영역 문제를 풀다가 둘 중에 헷갈려서 고르면 꼭 틀리는 학생

언어영역 문제를 풀 때 어떻게 하면 보다 정확히 답을 찾을 수 있을까? 이것은 모든 학생들의 관심사이다. 언어영역에서 항상 고민스러운 것은 다섯 개 중에 세 개는 확실히 아닌 것 같은데 두 개 중에 헷갈리는 경우이다. 이럴 때 시간이 부족하면 그냥 찍고 넘어가거나 대충 감으로 푸는 경우가 많다. 이미 충분히 어느 것이 더 정답이 될 수 있는지 고민했는데도 답을 결정하지 못했으므로 더 이상 정방향으로는 머리가 돌아가지 않는다. 이럴 때는 역방향으로 머리를 써보자. 어느 하나가 정답이 되는 이유를 찾지 말고 나머지 것들이 정답이 될 수 없는 이유를 찾아보

자. 만약 어떤 선지가 정답이 될 수 없는 명확한 이유가 있는데도 나중에 그것이 정답이라면 답이 틀린 것이다. 예를 들어 보자.

언어영역 문제 유형(2007학년도 수학능력시험)

※ 다음 글을 읽고 물음에 답하시오.

지식의 본성을 다루는 학문인 인식론은 흔히 지식의 유형을 나누는 데에서 이야기를 시작한다. 지식의 유형은 '안다' 는 말의 다양한 용례들이 보여주는 의미 차이를 통해서 ⓐ<u>드러나기도</u> 한다. 예컨대 '그는 자전거를 탈 줄 안다' 와 '그는 이 사과가 둥글다는 것을 안다' 에서 '안다' 가 바로 그런 경우이다. 전자의 '안다' 는 능력의 소유를 의미하는 것으로 '절차적 지식' 이라고 부르고, 후자의 '안다' 는 정보의 소유를 의미하는 것으로 '표상적 지식' 이라고 부른다.

어떤 사람이 자전거에 대해서 많은 정보를 갖고 있다고 해서 자전거를 탈 수 있게 되는 것은 아니며, 자전거를 탈 줄 알기 위해서 반드시 자전거에 대해서 많은 정보를 갖고 있어야 하는 것도 아니다. 아무 정보 없이 그저 넘어지거나 다치거나 하는 과정을 거쳐 자전거를 탈 줄 알게 될 수도 있다. '자전거가 왼쪽으로 기울면 핸들을 왼쪽으로 틀어라' 와 같은 정보를 이용해서 자전거 타는 법을 ⓑ<u>배운</u> 사람이라도 자전거를 익숙하게 타게 된 후에는 그러한 정보를 전혀 의식하지 않고서도 자전거를 잘 탈 수 있다. 자전거 타기 같은 절차적 지식을 갖기 위해서는 훈련을 통하여 몸과 마음을 특정한 방식으로 조직화해야 한다. 그러나 특정한 정보를 마음에 떠올릴 필요는 없다.

반면, '이 사과는 둥글다' 는 것을 알기 위해서는 둥근 사과의 이미지가 되었건 '이 사과는 둥글다' 는 명제가 되었건 어떤 정보를 마음속에 떠올려야 한다. '마음속에 떠올린 정보' 를 표상이라고 할 수 있으므로, 이러한 지식을 표상적 지식이라고 부른다. 그런데 어떤 표상적 지식을 새로 얻게 됨으로써 이전에 할 수 없었던 어떤 것을 하게 될지는 분명하지 않다. 이런 점에서 표상적 지식은 절차적 지식과 달리 특정한 일을 수행하는 능력과 직접 연결되어 있지 않다.

표상적 지식은 다시 여러 가지 기준에 ⓒ따라 나눌 수 있는데, 그중에서도 '경험적 지식'과 '선험적 지식'으로 나누는 방법이 대표적이다. 경험적 지식이란 감각 경험에서 얻은 증거에 의존하는 지식으로, '그는 이 사과가 둥글다는 것을 안다'가 그 예이다. 물리적 사물들의 특정한 상태, 즉 사과의 둥근 상태가 감각 경험을 통해서 우리에게 입력되고, 인지 과정을 거쳐 하나의 표상적 지식이 ⓓ이루어진 것이다. ㉠우리는 감각 경험을 통해 직접 만나는 개별적인 대상들로부터 귀납추리를 통해 일반 법칙에 도달할 수 있다. ㉡따라서 자연 세계의 일반 법칙에 대한 지식도 경험적 지식이다.

'한편, 같은 표상적 지식이라 할지라도 '2+3=5'를 아는 것은 '이 사과가 둥글다'를 아는 것과는 다르다. '2+3=5'라는 명제는 감각 경험의 사례들에 의해서 반박될 수 없는 진리이다. 예컨대 물 2리터에 알코올 3리터를 합한 용액이 5리터가 안 되는 것을 발견했다고 해서 이 명제가 거짓이 되지는 않는다. 이렇게 감각 경험의 증거에 의존하지 않는 지식이 선험적 지식이다. 그래서 어떤 철학자들은 인간에게 경험 이외에 지식을 산출하는 ⓔ다른 인식 능력이 있다고 생각하며, 수학적 지식이 그것을 보여 주는 좋은 예가 된다고 믿는다.

1. 위 글의 내용과 일치하지 않는 것은? [1점]

① '앎[知]'이란 어떤 능력이나 정보의 소유를 의미한다.

② 절차적 지식은 다른 지식 유형의 기반이 된다.

③ 표상적 지식은 특정한 수행 능력으로 바로 이어지지는 않는다

④ 경험적 지식은 표상적 지식의 일종이다.

⑤ 감각 경험의 사례를 근거로 선험적 지식을 무너뜨릴 수는 없다.

2. 밑줄 친 말이 의미하는 바가 표상적 지식에 해당하지 않는 것은?

① 나는 그 노래를 부른 가수의 이름을 알아.

② 나는 세종대왕을 알아. 그분은 한글을 창제한 분이시지.

③ 우리 아저씨만큼 개를 잘 다룰 줄 아는 사람은 아직 못 봤어.

④ 내 동생은 2를 네 번 더하면 8인 줄은 아는데, '2×4=8'은 모른단다.

⑤ 퀴즈의 답이 '피아노'인 줄 알고 있었는데, 너무 긴장해서 아무 말도 못 했어.

3. ㉠으로부터 ㉡을 도출하는 과정에서 생략된 전제로 가장 적절한 것은?

① 귀납추리는 일반 법칙에 기초해 있다.

② 귀납추리는 자연에 대한 지식을 확장해 준다.

③ 귀납추리는 지식의 경험적 성격을 바꾸지 않는다.

④ 귀납추리는 지식이 경험 세계를 넘어서도록 한다.

⑤ 귀납추리의 결론은 전제로부터 필연적으로 도출되지 않는다.

4. ⓐ~ⓔ를 바꿔 쓴 말로 적절하지 않은 것은? [1점]

① ⓐ : 천명(闡明)되기도 ② ⓑ : 습득(習得)한

③ ⓒ : 의거(依據)하여 ④ ⓓ : 형성(形成)된

⑤ ⓔ : 별개(別個)의

☞ 쭉 풀어 보면 1번 문제의 경우 내용상으로 ①, ③, ④번은 답이 되지 않는다는 것을 쉽게 알 수 있다. ②, ⑤번이 헷갈리는데 ⑤번 역시 마지막 문단을 주의 깊게 읽으면 답이 되지 않는다는 것을 알 수 있다. 글의 내용상 절차적 지식은 정보 소유와 같은 지식 기반이 된다기보다는 능력을 소유하는 것에 관련되므로 이 글의 내용과 일치하지 않는 것은 ②번이다. 아마 2, 4번 문제도 어렵지 않게 풀 수 있을 것이다. 2번 문제의 경우 능력의 '알다'를 찾아내는 문제이므로 정답은 ③번이다. 4번 문제의 경우 '천명된다'라는 말의 의미를 잘 모르더라도 나머지 네 개의 단어들이 명백히 옳기 때문에 답이 ①번이라는 것을 쉽게 알 수 있다.

문제가 되는 것은 바로 3번 문제이다. 가장 애매하다. '논리가 도출되는 생략된 전제'를 찾으라고 하는데 일단 문제의 의미가 명확하지 않다. 아마도 ㉠에서 ㉡으로 가는 논리적 흐름이 있는데, 거기에 항상 만족되지 않는다면 흐름을 깨는 어떤 전제가 숨겨져 있는 모양이다. 그것을 찾으라는 문제 같다. 여기까지는 좋다. 선지를 읽기 전에 도대체 그 논리적 흐름은 무엇일까 생각해 보자.

㉠ : 개별적 대상들 → 〔경험을 통한 귀납추리〕 → 일반 법칙
㉡ : 자연 세계의 일반 법칙도 경험적 지식

즉, 자연 세계의 일반 법칙도 개별 대상들을 경험하고 난 후 거기서 귀납추리를 통해 얻은 것이라는 이야기이다.

선지들을 읽어 보면 손쉽게 답을 고르기는 힘들었을 것이다. 자, 그럼 다음 설명을 읽고 생각해 보자.

①번 선지를 보자. 귀납추리가 일반 법칙에 기초했다는 것은 말이 안 된다. 오히려 일반 법칙이 귀납추리에 기초해서 도출된 것이기 때문이다.

②번 선지를 보자. 귀납추리 자체는 자연에 대한 지식을 확장해 주는 것이 아니고 자연에 대한 지식을 찾아내도록 도와주는 역할을 할 뿐이다.

③번 선지를 보자. 크게 답이 안 될 이유를 찾기 힘들다. 그러나 답이라는 확신도 잘 안 든다. 일단 넘어간다.

④번 선지를 보자. 이건 내용 자체로 틀렸다는 느낌이 확 든다. 귀납추리는 경험 세계를 일반 법칙으로 이끄는 연결 고리이다. 당연히 경험 세계 자체를 뛰어넘도록 도와주지는 못한다. 게다가 이것은 ③번과 정확히 반대로 배치되는 이야기이다. 음, 그러면 분명히 ③번 아니면 ④번 중에 하나가 답이 될 가능성이 굉장히 높다.

⑤번 선지를 보자. ⑤번이 헷갈리는 학생은 걱정하지 말자. 정상이다. 그러나 잘 생각해 보자. ⑤번 선지의 내용은 당연히 맞는 말이다. 귀납추리를 한다고 모든 결론이 필연적으로 도출되는 것은 아니기 때문이다. 그러나 이것은 귀납추리 자체에 관한 것이지 ㉠→㉡으로 가는 논리적 흐름에 관한 전제는 아니다. 답은 아닌 것 같다.

최종적으로 살피면 ③, ④번이 정확히 반대되는 이야기로 둘 중에 하나가 답일 것 같고, 그중에 ③번만이 답이 안 되는 이유를 찾기 어려워서 답으로 고를 수 있었다.

사실 이 문제는 답을 알고 바라보면 굉장히 쉽다. 답은 일단 ③번이 맞다. 당연히 귀납추리가 지식의 경험적 성격을 바꾼다면, 자연 세계의 일반 법칙이 귀납적으로 도출되었다고 하더라도 반드시 경험적 지식이라는 보장이 없으므로 반드시 전제되어야 하는 내용이다. 이렇게 간단한 것이 문제로 나오면 꽤나 어려워지는 것이다. 하지만 아무리 어려운 문제라도 답이 되지 않는 것을 이유를 곁들여 제외시켜 나가면 답을 찾을 확률이 높아진다.

독해문제집과 영어단어집 끝까지 공부하는 법

적용하기 좋은 학년 : 중고생 전반

추천 학생

- 독해문제집을 사면 끝까지 푸는 데 너무 오래 걸리는 학생
- 독해문제집을 사면 한 지문마다 독해하고, 문제 풀고, 답 맞추기를 반복하는 학생
- 시간을 정하지 않고 독해문제집을 푸는 학생
- 단어집이나 보캐블러리 책을 사면 끝까지 보지 못하고 포기하는 학생
- 단어집이나 보캐블러리 책만 여러 권 사서 모아 둔 학생

어지간한 의지력의 소유자가 아닌 이상 누구나 독해문제집과 단어집을 끝까지 공부하는 습관을 들이는 데 어려움을 겪는다. 독해문제집 하나 푸는 데 너무 많은 시간을 소비하는 경우가 많다. 단어집도 처음에는 좀 많이 외우다가 나중에는 시들해져서 묵히게 된다. 왜 그럴까? 정도의 차이는 있지만 사람은 누구나 어떤 것에 질리거나 싫증이 난다. 영어 독해문제집을 사면 처음에는 신나서 풀다가도 미루거나 빼먹기 시작하

면 잊어버리게 된다. 그러면 시들해져서 계속 안 하게 되는 것이다. 단어집도 마찬가지이다. 정이 들기 전에 질려 버리면 끝까지 보지 못하고 그만두게 된다. 어느 것이든 정이 들기 전에 질리면 끝까지 할 수가 없다. 끝까지 보려면 가능한 한 빨리 정이 들도록 해야 한다.

독해문제집 끝까지 보는 법

영어로 된 지문을 많이 읽고 문제도 많이 풀어 보아야 실력이 향상된다. 영어 독해는 노력을 하지 않으면 결코 내 것이 될 수 없는 분야이다. 아무리 머리가 좋아도 소용없다. 영어는 노력하는 자에게만 미소를 보낸다. 그만큼 정직한 과목이다. 다음 순서에 따라 독해문제집을 풀어 보자. 앞에서도 설명했지만 이런 종류의 책은 지우고 다시 풀어 보면 좋다. 그리고 독해문제집을 풀고 나서는 꼭 모르는 단어를 정리하자.

① 시간을 정해 놓고 푼다. 한 문제당 1분 30초로 계산하기를 추천한다. 독해문제집은 보통 다음과 같이 지문+문제들 모양으로 되어 있다.

(A)

They all reached the beach two hours later, exhausted but safe. At that time, the non-swimmer thanked Margo for saving his life, and (a)<u>he</u> asked why she had been so insistent about going slowly and quietly. “Because,” she said to him, “For one thing, I knew it was a long way and we had to conserve our energy. For another, that ocean is full of sharks and I didn’t care to attract their attention. But if I’d told you that, you might have panicked and none of us would have made it."

(B)

Margo took charge. She shouted out orders. She told each person to take a wooden board, use it as a float, and begin kicking slowly toward shore. She ordered (b)the non-swimmer to share a piece of board with her. "Kick softly." she told him, "Don't stir up the water more than you have to." With Margo's firm presence next to him, the non-swimmer avoided panic. When every now and then his kicking became awkward and noisy, Margo ordered (c)him to stop. Slowly and quietly, the five moved toward the distant shore.

(C)

Margo was on holiday with friends, three miles off the Kenyan coast in the Indian Ocean, in a fishing boat. Suddenly the engine died, and for mysterious reasons, the boat began to sink. Before they knew what was happening, Margo, her three friends, and (d)the African boatman were in the sea. They all had life jackets, but it was a long way to shore. Around them were lots of wooden barrels and boards. At that moment, (e)one of the three friends said, "I don't know how to swim."

1. 위 글의 순서로 가장 적절한 것은?

① (A)-(C)-(B) ② (B)-(A)-(C) ③ (B)-(C)-(A)
④ (C)-(A)-(B) ⑤ (C)-(B)-(A)

2. 밑줄 친 (a)-(e) 중에서 가리키는 대상이 나머지 넷과 다른 것은?

① (a) ② (b) ③ (c) ④ (d) ⑤ (e)

3. 위 글이 주는 교훈으로 가장 적절한 것은?

① 난관에 처했을 때 침착하게 대처해야 한다.
② 건전한 마음은 건강한 신체에서 나온다.
③ 지도자는 겸손한 태도를 지녀야 한다.
④ 약속을 지키는 것이 성공의 비결이다.
⑤ 구체적인 삶의 목표를 세워야 한다.

이 지문 같은 경우 문제가 세 개 딸려 있으므로 4분 30초 안에 답을 모두 찾아내야 한다. 따라서 한 시간 동안 영어 독해문제집을 푼다면 이런 식의 지문을 13개가량 풀면 되는 셈이다. 그러나 독해지문 13개를 푸는 것은 너무 힘들 수 있으므로 하루에 여섯 개(문제 세 개짜리) 지문을 30분으로 정하고 시간을 재면서 꾸준하게 푸는 것이 좋다.

② 직독직해를 하되 사전을 찾지 말고 시험 보듯이 푼다.

여섯 개 지문을 연속해서 푸는 동안에는 진짜 시험을 보는 것처럼 사전 없이 풀어 나가야 한다. 2007년도 수능 문항을 예로 하여 어떤 사고를 하며 읽어 나가는지 설명해 보겠다. 문제는 빈칸에 들어갈 적절한 말을 고르는 것이다.

Walking down the street, you may not even notice the trees,/but, according to a new study,/they do a lot more than give shade./Environmental scientists chose two Chicago public housing projects,/both of which had some buildings with lots of trees nearby,/and some with practically none./According to the study,/violence and property crimes were nearly twice as high in sections of the buildings where vegetation was low,/compared with the sections where vegetation was high./Why? One explanation: Greenery creates a natural gathering space for neighbors and,/ultimately stronger ________ in the community. This can also create an atmosphere where children are better supervised,/and buildings better watched.

① fear ② traps ③ quarrels
④ bias ⑤ bonds

사고 과정

☞ 거리를 걸으며 나무들을 인지하지는 못할 거다. 그러나 새로운 연구에 따르면 나무는 그늘 말고도 많은 걸 한다. 환경학자들은 두 개의 시카고 일반 하우징프로젝트를 골랐다. 그 둘 다 어떤 빌딩들 근처에는 나무들이 많았다. 그리고 몇몇은 실질적으로 안 그랬다. 연구에 따르면 폭력과 재산 범죄는 거의 두 배다. 나무가 별로 없는 곳 빌딩 주변에서 나무가 많은 섹션 주변에 비해. 왜? 하나의 설명 : 녹지가 이웃을 위한 공간 자연스런 확보를 만들고, 더 강한 결속을 공동체에 만든다. 이것은 또한 분위기를 만드는데 거기서 아이들

은 더 관리받고 빌딩들은 더 잘 감시된다.

☞ 기본적으로 이 문제는 단어공부를 게을리 해서 bonds라든가 bias, quarrels 같은 말을 모르면 풀 수 없다. 단어공부의 중요성을 확인할 수 있는 대목이다. 그리고 위에 적은 것은 오역도 있겠지만 일단 무시하겠다. 지문을 읽으면서 생각나는 대로 적은 것이다. 이것을 앞뒤로 분석해 가면서 수식관계를 찾고 안 찾고 할 시간도 없고 그럴 필요도 없다. 그런 것은 문법을 공부할 때 나오는 예문을 읽을 때 연습하는 것이다. 실전에서는 사전도 없으므로 그냥 읽어야 한다. 그리고 문제를 푼다. 문제를 풀면서 하우징 프로젝트가 무엇인지 잘 몰랐지만 그냥 죽 읽어 나갔다. 중간 중간에 있는 / 표시는 의미단위로 끊어 읽은 표시이다. 참고가 되었으면 한다. '결속'이라는 말은 국어를 할 줄 안다면 당연히 이끌어 낼 수 있어야 한다. 그렇지 못한 학생을 위해서 부가설명을 하자면, ①번은 두려움인데 전체를 읽지 않고 그 문장만 읽어도 두려움이라는 부정적인 단어가 들어가지 않을 것임은 확실하다. ②번은 덫인데 당연히 이것도 이상하다. ③번은 '다툼'인가? 그럴 텐데 역시 부정적이다. ④번은 편견인데 마찬가지로 부정적인 의미이고 전체를 읽어 보면 말도 안 된다. 답은 쉽게 ⑤번 결속이 되는 것이다.

이와 같이 직독직해는 의미단위로 끊어 읽어 나가는 훈련을 하는 것이다. 다만 직독직해는 어느 정도 수준에 올라선 후에 해야 효과가 있다. 정확한 문장 구조를 보는 눈이 생기기 전에는 무조건 정확한 문법을 배우고, 이를 적용하여 정확히 독해하는 연습을 해야 한다. 직독직해는 중3부터 해도 좋다. 중1~2까지는 정확한 독해에 중점을 두고 노력하기를 추천한다.

③ 답을 맞추고 틀린 문제는 다시 풀어 본다.

시간을 정해 놓고 푼 문제들은 답을 맞추어 본다. 틀린 문제는 다시 풀어서 답을 확인한다.

④ 다시 풀어도 많이 틀렸거나 해석이 잘되지 않으면 답을 보면서

정확히 해석하고 문장 구조를 파악하면서 공부한다.

다시 풀어도 틀린 문제가 많은 지문은 답을 보면서 정확하게 해석하는 연습을 해야 한다. 이때 주의할 점은 모든 지문을 다 해석해 보고 문장을 분석하기에는 분량이 너무 많고 시간이 부족하다는 것이다. 따라서 지문 중에서 특히 많이 틀린 지문만 정확하게 해석하고 문장을 분석하는 연습을 하는 것이 좋다. 2007년도 수능문제를 예로 들어 문장을 분석하는 것을 참고하자.

주어 역할을 하는 구

[A common mistake in talking to celebrities] is to assume [that they don't know much about anything else except their occupations.] In fact, the movie business and the athletic world are full of [intelligent, educated, and informed men and women] who are interested and involved in a wide variety of activities and causes. Yet they are asked only about acting or sports. If you happen to know about the celebrity's 'extracurricular' interest,/you might find he or she will speak to you about it/much more freely than about his or her _______. For example, ask Paul Newman, the famous actor, about his charity work with kids. [3점]

관계대명사절

부사 역할을 하는 구

① personal disaster ② pastime activities
③ family background ④ professional life
⑤ political opinions

독해지문을 보면 먼저 주어 역할을 하는 구를 정확히 찾아내고 독해해야 한다. that절 이하의 내용은 assume이라는 동사의 목적어 역할을 하고 있다. 또한 관계대명사절이 긴 선행사를 수식하는 것을 파악해야 정확하게 해석할 수 있다. 마지막으로 If로 시작하는 긴 문장은 끊어 읽기와 부사 역할을 하는 부분을 어떻게 찾아내는지 보여 주고 있다.

이와 같이 자신이 틀렸거나 정확한 해석이 필요한 지문만 선별하여 문장을 분석하고 정확한 독해를 해보아야 한다.

⑤ 모르는 단어나 표현은 표시를 해두고 사전을 찾아서 나만의 단어장에 적는다.

잘 모르는 단어나 표현은 독해문제집에 표시를 해두고 영어사전에서 찾아 자기만의 단어장에 적어 넣는다. 요새는 독해문제집 자체에 단어나 표현이 정리되어 있는 경우가 많으므로 이럴 때는 바로 그곳에 하이라이트를 하고 자기만의 단어집에 적어 넣는다. 귀찮은 학생은 독해문제집에 표시한 것을 그대로 단어집처럼 반복해서 공부해도 좋다.

독해문제집 공부할 때 주의할 점

① 한 개의 독해문제집을 푸는 데 너무 오래 걸리지 않아야 성취감도 들고 그 책에 정이 들어서 끝까지 풀 수 있다.

② 최종적으로는 단어나 표현만 뽑아내고 문제집은 버려야 한다.

③ 시간을 정해 놓고 푸는 동안 절대로 답을 보거나, 해석을 참고하거나 사전을 찾으면 안 된다. 힘들어도 참아야 한다.

Tip

문제집에서 얻어야 할 것들

– 독해 속도 증가
– 공부한 영문법의 적용 연습을 통한 정확한 독해
– 문제풀이 연습
– 단어와 표현 정리

영어단어집 끝까지 보는 법

영어단어집이나 보캐블러리 책을 사면 항상 처음 1, 2 챕터만 열심히 하고 집어 던지는 경우가 많다. 마치 모든 학생들의 수학책이 집합명제만 새까맣게 표시되어 있는 것처럼 말이다. 이것은 다시 말하면 누구나 처음 몇 단원만 열심히 하고 뒤로 갈수록 시들해져서 결국에는 끝까지 책을 보지 못한다는 이야기이다. 이런 현상을 막고 영어단어집을 여러 번 반복하면서 공부하려면 어떻게 해야 할까?

① 영어단어집을 사면 그날 안에 표제어(Part 1의 영어단어) 중에서 모르는 단어에 모두 V 표시를 한다.

단어집을 구입하면 당장 그날 안에 모든 표제어 중 모르는 단어에 연필로 V 표시를 한다. 구입한 날 안에 모두 표시하려면 꽤 부지런히 해야 한다.

책마다 조금씩 다르지만 일반적으로 영어단어집은 다음과 같이 구성되어 있다.

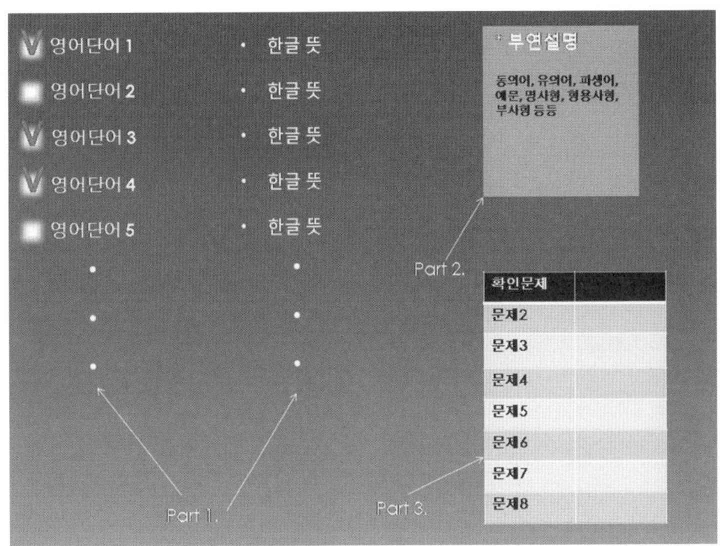

[일반적인 영어단어집의 구성]

② Part 1만 먼저 공부한다. 최소 세 번 이상 반복한다. 첫 번째 반복은 한 달을 넘기지 않는다.

대개 단어집을 끝까지 못 보는 주요 원인은 Part 2, Part 3까지 한 번에 다 보려고 하다가 질리기 때문이다. 따라서 처음 사면 Part 1에 나오는 표제어와 한글 뜻만 외운다. 다른 내용은 거들떠보지 말고 표제어와 한글 뜻을 가능한 한 빨리, 정확히 외우는 데에만 집중을 한다.

③ Part 1을 세 번 이상 반복하고 거의 다 외워 갈 무렵부터 Part 2를 병행해서 공부한다.

이제 표제어뿐만 아니라 거기서 확장되는 내용까지 공부한다. 훨씬 더 높은 효과를 얻을 수 있다.

④ Part 1과 Part 2를 거의 다 공부할 무렵 지금까지의 공부 결과를

진단하기 위해서 Part 3의 문제를 풀어 본다.

충분히 외웠다면 문제를 쉽게 풀 수 있을 것이다. 하지만 왠지 답답하고 짜증이 밀려온다면 아직 공부가 부족한 것이다. 문제 풀기를 중단하고 다시 외우기로 돌아가야 한다.

단어집 공부할 때 주의할 점

① 단어집이나 보캐블러리 책은 자기 수준에 맞게 단계적으로 보아야 한다.

수준에도 맞지 않게 22000이나 33000을 보다가 자포자기하고 의욕을 상실해서는 안 된다. 자기 수준에 맞는 책을 골라서 본 후 단계적으로 높은 수준의 책을 보아야 한다.

② 다시 한 번 강조하지만 반드시 책을 구입한 바로 그날 처음부터 끝까지 표제어 중 모르는 단어에 모두 V 표시를 해야 한다. 이것이 핵심이다.

③ 영어단어만큼은 꼼꼼하게 외우면 더 잘 외워질 것이라는 생각은 버리는 게 좋다.

언어는 사용을 전제로 두뇌에 각인된다. 따라서 사용하지 않는 단어는 당연히 머릿속에서 지워진다. 그러므로 아무리 꼼꼼하게 암기해도 필연적으로 영어단어는 잊어버리게 되어 있다. 우리는 평소에 영어를 사용하지 않기 때문이다. 하지만 잊어버릴 거라도 많이 접하고 외워 본 후에 잊어버리는 게 좋다. 그래야 독해문제집이나 신문, 잡지, 방송, 영화, 교과서 등에서 그 단어를 다시 만났을 때 보다 쉽게 외울 수 있다. 따라서 하루에 조금 많다 싶어도 여러 개씩 외워야 한다. 그렇게 반복하는 것이 꼼꼼하게 조금씩 외우는 것보다 훨씬 좋다.

④ 단어집 암기가 효율이 없다는 편견을 버려라.

가끔 단어집을 외우는 것보다 독해지문을 통해서 암기하는 게 옳다는 의견을 접한다. 맞는 말이다. 그 단어의 쓰임도 모른 채 무작정 암기한다고 단어가 머릿속에 들어가는 게 아니기 때문이다. 하지만 독해지문에 나오는 단어만으로 단어를 암기할 작정이라면 정말 많은 독해를 하기 바란다. 그럴 자신이 없다면 단어집 암기도 병행하는 게 좋다. 효율은 좀 떨어질지도 모른다. 하지만 미리 눈으로 익혀 둔 단어를 다른 곳에서 만났을 때 설사 그 뜻이 생각나지 않아도 어디에서 본 느낌만으로도 충분히 의미가 있다. 각인 효과 덕분에 더 잘 외워지기 때문이다.

Tip

독해문제집 고르는 요령

- 처음 실력이 부족할 때에는 문법 사항과 함께 설명된 독해집이 도움이 된다.
- 어느 정도 실력이 붙고 나면 하나의 지문에 여러 개의 문제가 붙은 장문 독해 위주의 문제집을 고르자.
- 설명 부분을 살펴보고 구문 해석이 많은 문제집을 고르자.

단어집(보캐블러리) 고르는 요령

단어집은 네 부류의 책이 있다. 즉, 단순 단어집, 암기 요령에 초점을 맞춘 책, 접두어 · 어근 · 접미어 분석에 따라 정리한 책, 그 밖에 많은 단어를 모아 놓은 책이다. 이 중에서 가능하면 어원 분석이 잘 되어 있는 책을 보기 바란다. 학생들이 주로 많이 보는 단어집은 다음과 같다. 참고하기 바란다.

- 우선순위영단어
- 능률 보카
- 거로 보카
- 해커스 토플 보카
- 워드스마트
- 22000 계열(여기에 나오는 단어가 22,000개라는 것이 아니라, 수준을 말하는 것이다.)

Tip

중고등 수준에서는 이 정도면 충분하지만 더 필요한 학생은 다음 책을 참고한다.

– 33000 계열(여기에 나오는 단어가 33,000개라는 것이 아니라, 수준을 말하는 것이다.)

나만의 영어단어장 만들기

적용하기 좋은 학년 : 중고생 전반

추천 학생

- 영어단어장을 만드는 데 자신이 없는 학생
- 영어단어장을 만들다가 항상 포기하는 학생
- 영어공부에 새로운 분위기 전환이 필요한 학생

영어단어장은 항상 몇 장 만들다가 포기하는 경우가 많다. 어떻게 하면 나만의 단어장을 끝까지 채울 수 있을까? 그리고 단어장에는 어디에서 공부한 단어들을 채워야 할까? 틀린 시험문제나 독해문제집, 문법 기본서, 신문이나 잡지, 소설, 인터넷 사이트 같은 곳에서 모르는 단어를 정리하면 된다. 단, 모르는 단어를 모두 써넣으면 너무 많아서 지치므로 우선 중요한 단어(주로 동사) 위주로 정리하는 것이 좋다.

나만의 영어단어장 만드는 법

① 스프링 노트를 구입하고 일주일 안에 내용을 끝까지 채울 각오로

써나가야 한다.

가능한 한 빠른 시간 안에 노트를 끝까지 채워야만 나만의 단어장을 완성할 수 있다. 빨리 채워야만 단어장에 정이 들어서 버리지 않게 되기 때문이다. 조금씩 적어 넣으면 결국 중도에 포기하게 된다.

② 1단계 제작할 때에는 왼쪽 페이지에 영어단어와 한글 뜻만 적으면서 뼈대를 잡는다.

영한사전을 이용하여 한글 뜻을 찾아 적는다. 다른 내용들(예문이나 동의어, 유의어, 파생어 등)까지 한꺼번에 다 적으려고 하면 초반에 지쳐서 포기하게 된다. 욕심 부리지 말고 영어단어와 한글 뜻만 적어서 끝까지 채운다. 오른쪽 페이지는 비워 둔다.

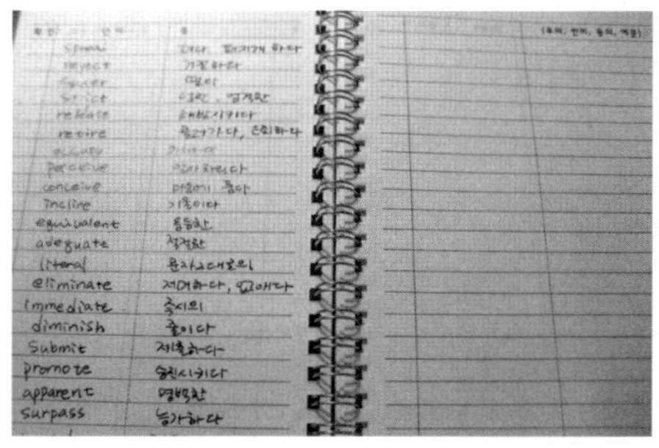

③ 2단계 제작할 때에는 오른쪽 페이지에 동의어, 유의어, 파생어, 예문 등을 적는다.

영영사전을 이용하여 그 단어와 관련된 단어들이나 예문 등을 써 넣으면서 살을 붙인다.

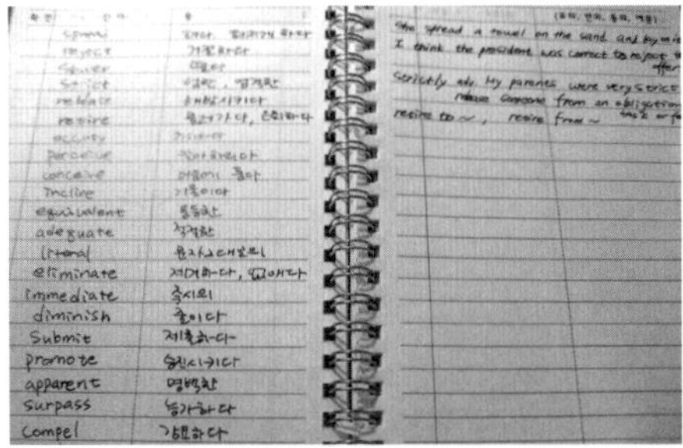

④ 3단계로 암기할 때에는 영어단어 왼쪽에 못 외운 단어는 正 표시를 해나간다.

한 번 못 외울 때마다 한 획씩 그려 나간다. 획수가 높은 단어는 나중에 더 주의를 해서 외운다.

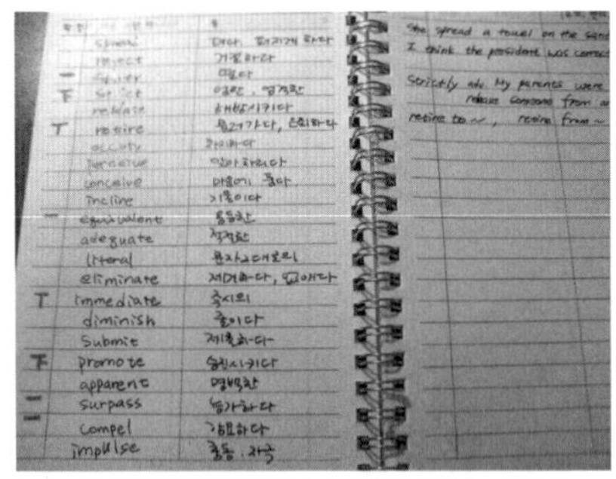

주의할 점

① 암기하기 위해 만드는 영어단어장의 기본 목적을 잊어버리면 안 된다.

만들어 놓기만 하고 안 본다면 만들지 않는 게 낫다. 만들었으면 반드시 자주 보고 못 외운 단어와 외운 단어를 확인해서 표시하며 공부하는 데 사용해야 한다.

② 예쁘게 만들 필요는 없다.

형형색색으로 예쁘게 만들려다가 지쳐서 포기하게 된다. 그냥 한 두 가지 색깔의 볼펜으로 써나간다.

③ 항상 들고 다녀야 한다.

모르는 단어가 나오면 언제든지 적을 수 있게 항상 가지고 다녀야 한다. 집이나 학교에 두고 다니면 효과가 없다.

자투리 시간 재미있게 활용하는 방법

적용하기 좋은 과목 : 영어, 수학, 과학

적용하기 좋은 학년 : 중고생 전반

추천 학생

- 자투리 시간을 버리고 있는 학생
- 자투리 시간에 무엇을 해야 할지 모르는 학생
- 자투리 시간에는 영어 듣기나 단어 암기만 해야 한다고 알고 있는 학생
- 자투리 시간을 활용하고 싶지만 몸이 안 따라 주는 학생
- 공부가 재미없고 지루한 학생

쉬는 시간이나 등하교 길 전철이나 버스 안에서 자투리 시간을 활용하는 것은 확실히 중요하다. 그 양이나 질을 떠나서 열심히 하려고 노력하는 마음이 있을 때만 가능한 일이기 때문이다. 자투리 시간에 엄청난 양의 공부를 한다기보다는, 그 시간조차 아까워하고 노력하는 습관이 실제 공부시간에도 최선을 다할 수 있도록 만들어 준다.

보통 공부법 책에는 자투리 시간에 단어장 보기나 영어 듣기를 하라

고 되어 있지만, 사실 해보면 상당히 지루하고 졸리다. 차라리 어려운 수학문제나 영어 독해집 풀기와 같이 도전적인 것들을 하는 게 좋다. 짧은 시간에 문제 풀기식의 공부를 하면 긴장도 되고 의외로 집중도 잘 된다.

여기에서는 진부한 자투리 시간 활용법은 무시하기로 한다. 어떻게 하면 자투리 시간을 좀 더 재미있고 역동적으로 사용할 수 있는지 생각해 보자. 신세대 취향에 맞추어 각종 신종 도구들을 동원하여 공부도 재미있게 해보자.

디지털 카메라나 고해상도 핸드폰 카메라로 할 수 있는 것들

① 디지털 카메라로 수학이나 과학문제를 찍어 두었다가 푼다.

수학문제 풀기가 짜증난다면 한번 도전해 볼 만한 방법이다. 요새는 디지털 카메라 액정이 커져서 수학문제 하나 정도는 액정으로 잘 보일 정도이다. 지하철이나 버스에서 어떤 방법으로 풀지 아이디어 잡기 훈련을 하다 보면 정류장을 지나칠지도 모른다. 풀고 나면 지운다.

고등학교 수학 정석

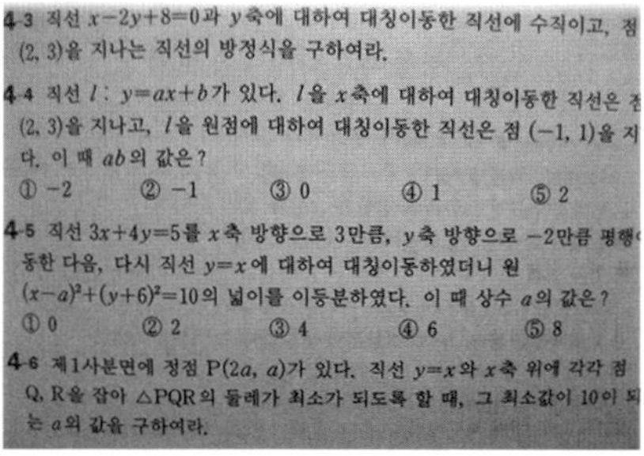

4-3 직선 $x-2y+8=0$과 y축에 대하여 대칭이동한 직선에 수직이고, 점 (2, 3)을 지나는 직선의 방정식을 구하여라.

4-4 직선 l : $y=ax+b$가 있다. l을 x축에 대하여 대칭이동한 직선은 점 (2, 3)을 지나고, l을 원점에 대하여 대칭이동한 직선은 점 (−1, 1)을 지나다. 이 때 ab의 값은?
① −2 ② −1 ③ 0 ④ 1 ⑤ 2

4-5 직선 $3x+4y=5$를 x축 방향으로 3만큼, y축 방향으로 −2만큼 평행이동한 다음, 다시 직선 $y=x$에 대하여 대칭이동하였더니 원 $(x-a)^2+(y+6)^2=10$의 넓이를 이등분하였다. 이 때 상수 a의 값은?
① 0 ② 2 ③ 4 ④ 6 ⑤ 8

4-6 제1사분면에 정점 P($2a$, a)가 있다. 직선 $y=x$와 x축 위에 각각 점 Q, R을 잡아 △PQR의 둘레가 최소가 되도록 할 때, 그 최소값이 10이 되는 a의 값을 구하여라.

연습문제는 네 문제 정도가 한 화면에 담긴다.

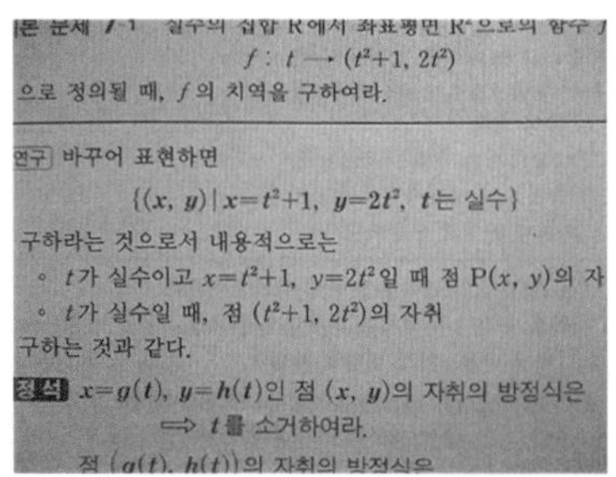

본 문제 7-1 실수의 집합 R에서 좌표평면 R^2으로의 함수 f

$$f : t \longrightarrow (t^2+1,\ 2t^2)$$

으로 정의될 때, f의 치역을 구하여라.

연구 바꾸어 표현하면

$$\{(x,\ y) \mid x=t^2+1,\ y=2t^2,\ t\text{는 실수}\}$$

구하라는 것으로서 내용적으로는

- t가 실수이고 $x=t^2+1$, $y=2t^2$일 때 점 P$(x,\ y)$의 자
- t가 실수일 때, 점 $(t^2+1,\ 2t^2)$의 자취

구하는 것과 같다.

정석 $x=g(t)$, $y=h(t)$인 점 $(x,\ y)$의 자취의 방정식은

$\Longrightarrow$ t를 소거하여라.

점 $(g(t),\ h(t))$의 자취의 방정식은

기본문제는 한 문제+힌트가 한 화면에 담긴다.

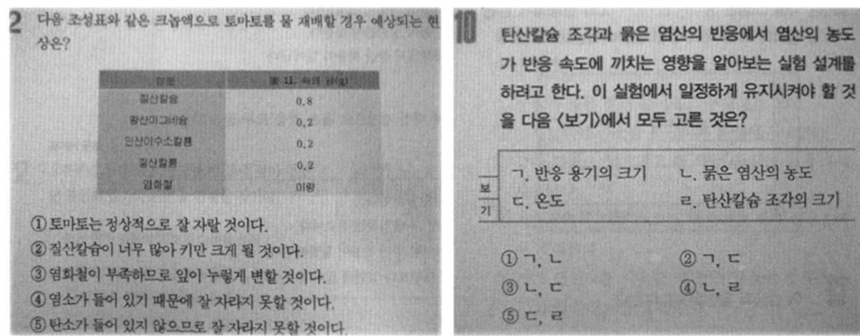

2 다음 조성표와 같은 크놉액으로 토마토를 물 재배할 경우 예상되는 현상은?

[illegible]	[illegible]
질산칼슘	0.8
황산마그네슘	0.2
인산이수소칼륨	0.2
질산칼륨	0.2
염화철	미량

① 토마토는 정상적으로 잘 자랄 것이다.
② 질산칼슘이 너무 많아 키만 크게 될 것이다.
③ 염화철이 부족하므로 잎이 누렇게 변할 것이다.
④ 염소가 들어 있기 때문에 잘 자라지 못할 것이다.
⑤ 탄소가 들어 있지 않으므로 잘 자라지 못할 것이다.

10 탄산칼슘 조각과 묽은 염산의 반응에서 염산의 농도가 반응 속도에 끼치는 영향을 알아보는 실험 설계를 하려고 한다. 이 실험에서 일정하게 유지시켜야 할 것을 다음 <보기>에서 모두 고른 것은?

보기
ㄱ. 반응 용기의 크기　ㄴ. 묽은 염산의 농도
ㄷ. 온도　ㄹ. 탄산칼슘 조각의 크기

① ㄱ, ㄴ　② ㄱ, ㄷ
③ ㄴ, ㄷ　④ ㄴ, ㄹ
⑤ ㄷ, ㄹ

중고등학교 과학문제집은 한 개의 문제가 한 화면에 담긴다. 화면에서 충분히 구분이 가능하며 풀 수 있다(액정은 가로 5cm, 세로 3.5cm를 기준으로 함).

② 디지털 카메라로 단어집(보캐블러리)을 찍어 두고 사진을 넘겨 가면서 암기했는지 확인한다.

자동으로 나만의 전자 단어장을 만들 수 있다. 꼭 단어집이 아니어도 모르는 단어가 나오면 항상 찍어 두자. 나중에 사전을 찾아볼 수 있고, 넘겨 가면서 암기했는지 확인할 수도 있다.

영어단어집(능률 보카)

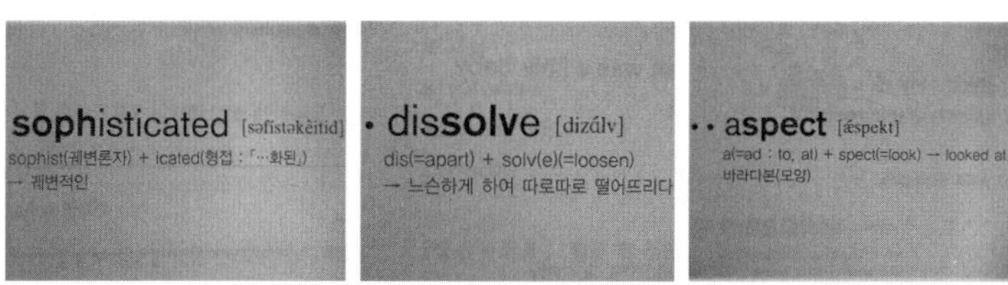

영어단어 한 개 혹은 그 이상을 촬영할 수 있다.

③ 디지털 카메라의 동영상 기능을 이용하여 영어 직독직해 훈련도 할 수 있다.

예를 들어 30초 안에 지문을 독해해야 한다면 30초 동안 지문을 동영상으로 촬영하여 독해를 하는 것이다. 일종의 컴퓨터로 보는 영어시험을 구현하는 것이다.

시중의 독해문제집을 대상으로 촬영하여 한 화면에 한 개 지문과 문제를 넣을 수 있었다. 또한 플레이해서 풀어 본 결과 답도 맞출 수 있었다.

♫ MD나 MP3로 할 수 있는 것

① 학교나 학원의 수업 내용을 MD나 MP3로 녹음했다가 들을 수 있다.

주로 수업 내용이 그대로 문제화되는 내신시험 대비에 좋은 방법이다. 자투리 시간에 미리 녹음해 놓은 강의를 다시 듣는 것도 재미있고 할 만하다. 특히 녹음해서 들어 보면 알겠지만 집중해서 수업을 들어도 선생님 말씀 중에 담긴 미묘한 뉘앙스나 핵심 지적을 놓치는 경우가 있다. 녹음해서 들으면 다 잡아낼 수 있다.

② 출판사 사이트에서 제공하는 영어 교과서 본문 음성 MP3 파일을 받아서 듣는다.

요즘은 영어 교과서 출판사 사이트에서 본문 듣기 파일을 제공한다. 이를 자신의 MP3에 다운받아서 자투리 시간에 들어 보는 것도 좋다. 듣고 받아쓰기 훈련을 하거나 본문 암기에 활용하면 도움이 된다.

전자사전이나 PMP 등 기타 도구로 할 수 있는 것

① 전자사전으로 영어단어장에 적어 놓은 단어 뜻을 찾아본다.

평소에 시간이 없으면 자신의 영어단어장에 모르는 단어만 적어 두었다가 자투리 시간에 전자사전으로 찾아보면 좋다. 어차피 짧은 시간이므로 너무 많은 것을 하기보다는 이렇게 시간을 이용하면 좋다.

② PMP로 동영상 강의를 듣는다.

사실 동영상 강의를 듣기에는 자투리 시간이 너무 짧기 때문에 추천하지는 않지만 도전해 보고 싶다면 해도 좋다. 그러나 판서가 있을 경우 글씨를 알아보기 어려우므로 그다지 좋은 방법은 아니다.

수정테이프로 간단하게 암기한다

적용하기 좋은 과목 : 영어

적용하기 좋은 학년 : 중고생 전반

추천 학생

- 영어 본문 공부가 재미없는 학생
- 교과서 본문 암기가 힘든 학생
- 내신 영어시험 공부가 힘든데 어떻게 해야 할지 모르는 학생

내신 영어시험 공부를 하다 보면 교과서 본문을 외워야 하는 경우가 많다. 본문을 외우는 게 쓸데없다는 책도 있지만 장기적으로나 단기적으로나 절대 그렇지 않다. 단기적으로 시험에 직접 출제되지 않아도 본문을 장악하고 있으면 그만큼 쉽게 문제를 풀 수 있다. 장기적으로 영어는 언어이기 때문에 교과서의 기본 문장들을 암기해 두면 나중에 영작이나 회화를 할 때도 밑바탕이 된다. 실제로 영어회화의 상당 부분은 중학교 때까지 배운 기본 문형을 변형하는 수준이다.

이때 무작정 외우면 시간도 많이 소요될 뿐만 아니라 효율도 떨어진

다. 눈과 손으로만 외우니까 그렇다. 앞에서 설명한 것처럼 교과서 본문 음성 MP3 파일을 제공하는 출판사 사이트가 많다. 이런 것을 들으면서 외우면 더 쉽다. 또한 듣기만 하지 말고 따라 하면서 외우면 더욱 좋다. 귀와 입까지 동원되므로 훨씬 잘 외워진다. 또 마지막 점검 단계에서는 수정테이프로 칠하고 중요한 단어나 표현을 확인하면서 공부한다. 더욱 발전된 점검방법은 자습서의 해석만 보고 문장 전체를 영작하는 것이다.

영어 본문에 수정테이프를 칠해서 점검하는 법

가능하면 교과서에 직접 칠하지 말고 본문을 입력한 것을 프린트해서 수정테이프로 지우는 것이 좋다. 그래야 시험 때처럼 지문의 모양새가 생소해서 실전훈련이 된다. 교과서에 수정테이프를 칠하면 보기도 힘들고 교과서를 또 사야 한다. 각종 인터넷 사이트나 인터넷 카페 등에 가면 출판사별로 본문 자료를 구할 수 있다.

① 교과서 본문을 다운받아 인쇄한 다음 중요한 것을 수정테이프로 지운다. ('두산동아 중3 영어 교과서' 중에서 발췌)

Behind the Pictures

We often feel that art is difficult to understand. I , we usually think that we should have special knowledge enjoy a of art. As a result, many of us feel that can enjoy art. This, , is not true. One of the major functions of art is to give us pleasure. the important thing is we feel about a work of art and pleasure we can find it.

, having some background knowledge about a painting may help us a it better. The following is some background information about three famous paintings. Read and see it helps you a each work better.

The Art of Landscape

The Gleaners by François Millet (1814~1875)

Millet was born in Normandy, France. His father was a farmer, so he had many memories of country life. Millet believed that there was value farmers' work. His strong interest farmers' lives is well-expressed his paintings. His famous painting, *The Gleaners*, is one good example. What catch your eyes in *The Gleaners* is the horizon. Can you guess what Millet is trying to express with the horizon? Well, to him, the horizon symbolizes mother earth we are born, live, and die. That's the horizon is important Millet's paintings and he liked to draw it his paintings.

수정테이프로 지우는 중요한 것들은 다음과 같다. 이 밖에도 많지만 이 정도로 정리해 본다.

중요한 명사	예시 본문에서는 work 같은 것
단수 · 복수형	예시 본문에서는 paintings의 s 주의
중요한 동사	예시 본문에서는 appreciate 같은 것, '감사하다'가 아니라 '감상하다'라는 의미로 쓰인 경우

어순	예시 본문에서는 a of only special group people을 주고 → only a special group of people로 순서 맞추기
전치사	예시 본문에서는 in이 여러 번 쓰였으므로 공통으로 들어가는 전치사 찾기
관용표현	예시 본문에서는 in order to 같은 것
접속사	예시 본문에서는 however, therefore, how, what, why 등 여러 가지 접속사 같은 것
관계대명사, 관계부사	예시 본문에서는 관계부사 where, 보통은 which나 who 같은 것
공통으로 들어가는 것	예시 본문에서는 in, appreciate, how, however, why 같은 것
특별한 부사	예시 본문에서는 indeed 같은 것
조동사 변형	예시 본문에서는 may → might

② 수정테이프로 지운 빈칸에 내용을 적어 넣는다. 만약 적을 때 기억나지 않는 것은 남겨 두고 넘어간다. 나중에 한꺼번에 교과서를 보면서 확인한다.

Behind the Pictures

We often feel that art is difficult to understand. Indeed, we usually think that we should have special knowledge in order to enjoy a work of art. As a result, many of us feel that only a special group of people can enjoy art. This, however, is not true. One of the major functions of art is to give us pleasure. Therefore. the important thing is how we feel about a work of art and what pleasure we can find in it.
However, having some background knowledge about a painting may help

us appreciate it better. The following is some background information about three famous paintings. Read and see how it helps you appreciate each work better.

The Art of Landscape

The Gleaners by François Millet (1814~1875)

Millet was born in Normandy, France. His father was a farmer, so he had many memories of country life. Millet believed that there was value in farmers' work. His strong interest in farmers' lives is well-expressed in his paintings. His famous painting, *The Gleaners,* is one good example. What might catch your eyes in *The Gleaners* is the horizon. Can you guess what Millet is trying to express with the horizon? Well, to him, the horizon symbolizes mother earth where we are born, live, and die. That's why the horizon is important in Millet's paintings and why he liked to draw it in his paintings.

영어 본문 영작해서 점검하는 법

교과서 본문 암기를 점검하는 고난이도 방법은 자습서에 나온 한글 해석만 보고 영작하는 것이다. 다음과 같은 본문 해석을 보고 영작한 다음 교과서로 확인해 보자.

> 그림의 뒷이야기
>
> 예술은 이해하기 어렵다고 느낄 때가 많다. 사실 우리는 대개 예술작품을 즐기기 위해서 특별한 지식을 가지고 있어야 한다고 생각한다. 그 결과 단지 특별한 집단의 사람들만이 예술을 즐길 수 있다고 대다수가 생각한다. 그렇지만 이것은 사실이 아니다. 예술의 주요한 기능들 중의 하나는 우리에게 즐거움을 주는 것이다. 따라서

중요한 것은 우리가 한 예술작품을 어떻게 느끼며 우리가 그 안에서 어떤 즐거움을 찾을 수 있는가 하는 점이다. 그렇지만 한 그림에 대한 약간의 배경 지식이 있으면 우리가 그 그림을 좀 더 잘 이해하는 데 도움이 될 수 있다. 다음은 세 개의 유명한 그림에 대한 약간의 배경 지식이다. 읽고 나서 그것이 여러분이 각각의 작품을 더 잘 이해하는 데 어떻게 도움이 되는지를 알아보라.

풍경화

밀레는 프랑스의 노르망디에서 태어났다. 그의 아버지는 농부였으며, 그래서 그에게는 시골생활의 기억들이 많았다. 밀레는 농부들이 하는 일의 가치를 믿고 있었다. 농부들의 삶에 대한 그의 강한 관심은 그의 그림들에 잘 표현되어 있다. 그의 유명한 그림인 '이삭 줍는 사람들' 은 하나의 좋은 예이다.

'이삭 줍는 사람들' 에서 당신의 시선을 끄는 것은 바로 지평선일 것이다. 지평선으로 밀레가 표현하고자 했던 것이 무엇인지를 추측할 수 있는가? 그에게 있어서 지평선은 우리가 태어나고, 살고, 그리고 죽는 장소인 대지를 상징한다고 볼 수 있다. 그런 점이 밀레의 그림에서 지평선이 중요한 이유이며, 또 그가 지평선을 즐겨 그린 이유가 된다.

재미있게 수학문제 푸는 방법

적용하기 좋은 과목 : 수학, 물상(물리, 화학)

적용하기 좋은 학년 : 중고생 전반

추천 학생

- 문제 풀기가 너무 지루하고 힘들어서 쉽게 포기하는 학생
- 조금만 어려우면 습관적으로 답을 보고 푸는 학생
- 문제 하나 풀고 안 풀리면 답 보기를 반복하는 학생
- 답은 무조건 보면 안 되는 것으로 알고 너무 많은 시간을 수학문제 푸는 데 소비하는 학생
- 자꾸 답을 보면서 풀다 보니 문제는 많이 푼 것 같은데 문제를 풀 때마다 새로운 학생
- 어떤 문제를 답을 보아야 할지 막막한 학생

고등학교 수학을 공부하다 보면 필연적으로 많은 문제를 풀게 된다. 공부한 내용을 적용해 보아야 진짜 자기 실력이 되기 때문이다. 그러나 막상 문제를 풀어 나가는 과정은 굉장히 지루하고 괴롭다. 그래서 가능하면 문제를 풀 때 자신과의 게임을 하는 게 좋다.

또한 시간이 지나도 안 풀리면 습관적으로 별표를 치고 넘어가 버리거나 답을 보고 싶은 유혹 때문에 고민이 된다. 답을 보면서 푸는 게 습관화되어 문제집을 많이 푸는데도 문제를 풀 때마다 새로워서 잘 안 풀리는 느낌을 받기도 한다. 답을 안 보고 풀어야 한다는 책도 많아서 어떻게 할지 고민되는 경우도 많다. 답을 안 보고 풀자니 시간이 너무 많이 들고, 답을 보고 풀자니 문제를 풀고 나도 찜찜한 기분이 든다.

문제를 풀 때 조금이라도 재미있게 풀려면 어떻게 해야 할까?

문제를 한두 개나 서너 개 푼다면 누구든지 별로 지루하다는 느낌 없이 풀 수 있다. 그러나 한 번에 수십 개 이상 풀려면 재미가 없으면 못한다. 그래서 몇 문제 풀다가 지겨우면 영어공부를 했다가 국어공부를 했다가 하는 식으로 산만해진다. 어떻게 하면 문제를 재미있게 풀 수 있을까?

그나마 좋은 방법이 자신과 게임을 하는 것이다. 몇 번씩 고민해도 안 풀리는 문제에는 별표를 치는 방법을 사용한다. 여러 번 반복해서 풀어보아도 안 되는 문제는 별표가 늘어나는 것이다. 그렇게 하다 보면 별표 치는 문제를 줄이고 싶고 최종적으로 답을 보고 푸는 문제를 줄이려고 노력하게 된다. 이러한 별표 치기 문제풀이법을 '방법과 예시'에서 더 구체적으로 살펴보자.

안 풀리는 문제가 있으면 답을 보는 게 좋을까?

고등학교 수학은 문제 난이도의 다양성과 전형적인 문제의 방대함 측면에서 중학교 수학과 매우 다르다. 또한 전형적인 문제의 종류가 너무 많아서 외우기도 힘들고, 외우기에는 풀이 과정도 길 뿐만 아니라 잘 외워지지도 않는다. 따라서 중학교 때 식으로 마구잡이로 답을 보면서 문제를 풀거나 문제풀이법을 통째로 외우는 방식으로는 감당할 수 없고, 수학 실력도 떨어진다.

그렇다고 답을 안 볼 수도 없다. 시간이 무한정 주어진다면 답을 안 보고 한 문제씩 풀면 좋다. 하지만 수학 말고도 공부할 과목이나 양이 엄청난 고등학교 때 수학문제 하나에 한 시간씩 풀었다가는 수학은 몰라도 다른 과목은 망치게 된다. 따라서 자기만의 적절한 방법으로 답을 보되 어떤 문제의 답을 볼 것인지, 어떻게 답을 볼 것인지, 답을 본 다음에는 어떻게 해야 하는지 알아야 한다. 답을 보는 데에도 분명히 요령이 있다.

별표 치기 문제풀이법과 답 보기 방법의 예시

① 나만의 원칙을 세워서 문제를 풀고 별표를 하나 친다.

- 예를 들어 '나는 10분 동안 고민해서 풀이법이 생각나지 않으면 별표를 치고 넘어갈 거야!' 같은 식으로 원칙을 세웠다면, 10분 만에 풀이법이 떠오르지 않는 문제는 과감히 별표를 치고 넘어간다.

★

1 $x+y+z=1$, $xy+yz+zx=3$, $xyz=4$일 때, $x^2y^2+y^2z^2+z^2x^2$의 값을 구하여라.

2 $x+y+z=2$, $xy+yz+zx=3$, $xyz=4$일 때, $(x+y)(y+z)(z+x)$의 값을 구하여라.

3 $x=y+z=\sqrt[3]{4}$일 때, $x^3+2(y^3+z^3)+6xyz$의 값을 구하여라.

★

4 $x^2+y^2+z^2=xy+yz+zx$이고 $xyz=8$일 때, $x+y+z$의 값을 구하여라. (단, x, y, z는 실수)

5 $x^2+x-1=0$일 때, x^5+4x^2-x의 값을 구하여라.

6 $x+y=-1$, $xy=1$일 때, 다음 식의 값을 구하여라.

(1) x^3 (2) y^{12}

(3) x^9+y^9 (4) $x^{17}+y^{17}$

★

7 $x=\frac{\sqrt{5}-\sqrt{3}}{\sqrt{5}+\sqrt{3}}$, $y=\frac{\sqrt{5}+\sqrt{3}}{\sqrt{5}-\sqrt{3}}$일 때, 다음 식의 값을 구하여라.

(1) xy (2) x^2+y^2

(3) x^3+y^3 (4) x^4-y^4

★

8 $P=3x(x-y)+2y(x+y)-y(x-y)+2$이고 $(3+2\sqrt{2})x=1$, $(3-2\sqrt{2})y=1$일 때, P의 값을 구하여라.

9 $A=a+2b+1$, $B=a-2b-1$, $C=-a-2b+1$이고 $b=\frac{1}{2}(1-a)$이다. ABC의 값을 구하여라.

★

10 $x=\sqrt[3]{9}-\sqrt[3]{3}$일 때, x^3+9x의 값을 구하여라.

★

11 $0<x<1$을 만족하는 실수 x가 $x^2+\frac{1}{x^2}=5$를 만족할 때, x의 값을 구하여라.

12 $x+y=2-z$, $x^2+y^2=\frac{1}{2}-z^2$, $xyz=6$일 때, $x^3+y^3+z^3$의 값을 구하여라.

② 별표를 하나 친 문제들만 모아서 다시 풀어 본다.

- 예를 들어 12문제를 풀 때, 별표 친 문제가 여섯 개라면 이것들만 다시 풀어 본다.

③ 다시 풀어도 안 풀리는 문제는 별표를 하나 더 친다.

- 여섯 개 중에서 한 개는 풀리고 다섯 개는 여전히 안 풀리면 여기에는 별표를 하나 더 친다.

④ 다음 단원을 먼저 공부하고 나서 다시 돌아와서 별표 두 개짜리

문제들을 풀어 본다.

- 아직은 답을 보면 안 된다.
- 안 풀린다고 계속 반복해서 풀어 보는 것은 별로 좋은 방법이 아니다. 다음 단원을 공부하고 다시 돌아와서 푸는 것이 좋다.
- 그래도 안 풀리는 문제는 또 별표를 친다. 이제 세 개다!

⑤ 별표 세 개짜리 문제는 답을 본다. 단, '답을 한꺼번에 본다!!'

- 만약 별표 세 개인 문제가 네 개 있다면 답을 하나씩 보지 말고, 한꺼번에 본다.

⑥ 답을 다 보았으면 문제를 한꺼번에 풀어 본다.

- 별표가 세 개인 문제를 한꺼번에 풀어 본다.
- 하나씩 답을 볼 때와는 달리 또 안 풀리는 문제가 있을 것이다. 이것은 별표 네 개짜리가 된다.
- 별표 네 개짜리는 답을 보면서 열심히 연구해 가며 풀어 보고, 나중에 또다시 풀어 보아야 한다.

주의할 점

답을 보는 것은 거기서 힌트를 얻어 자신이 다시 풀어 보기 위한 것임을 잊지 말자.

① 나만의 별표 치기 문제풀이 원칙을 잘 세워야 한다.

적어도 한 문제에 5분, 어려운 문제는 10~15분, 엄선된 문제는 30분까지도 할애하고 나서 안 풀릴 때 별표를 쳐야 한다. 얼마 고민도 안 하고 별표를 치면 문제지가 별표로 가득할 것이다.

② 별표가 세 개인 문제만 답을 본다.

문제를 보고 아이디어를 떠올리기 위해서는 부단한 노력이 필요하다. 그런데 좀 안 풀린다고, 시간 없다고 마구 답을 보면 수학 실력은 절대로 늘지 않는다. 반드시 세 개의 별표를 친 후에 답을 보자.

③ 한 문제 한 문제 답을 보지 말고 안 풀린 문제들의 답을 한꺼번에 다 보아라!

한 문제 한 문제 답을 보고 푸는 습관을 들이면, 수학문제를 푸는 게 아니라 답을 외우게 될 위험성이 크다. 한 번에 답을 다 보고 다시 다 풀어 보는 원칙을 반드시 지켜야 한다.

④ 답을 보고 이해했다고 다시 안 풀어 보면 아무 소용없다!

많은 학생들이 이런 경우가 많은데 정말 조심해야 한다. 다시 풀어 보지 않으려면 답을 볼 이유가 없는 것이다. 특히 학교나 학원 선생님께 질문하여 문제를 풀어 주는 경우에도 다시 풀어 보지 않는 경우가 많은데, 자기 것으로 만들기 위해서는 다시 풀어 보아야만 한다. 자신이 직접 풀어 보는 것이 수학 실력의 기본임을 잊지 말자.

수학 고득점으로 가는 깔끔 정리법

적용하기 좋은 과목 : 수학, 물리, 화학

적용하기 좋은 학년 : 중고생 전반

추천 학생

- 평소 연습장에는 잘 풀지만 시험만 보면 엉망으로 푸는 학생
- 수학을 정말 열심히 해도 성적이 오르지 않는 학생
- 평소 실력에 비해서 수학 점수가 안 좋은 학생

고등학교 2학년 말이었다. 그때까지 나름대로 여러 가지 문제집도 풀고 실력정석도 열심히 공부했건만, 수학 실력은 제자리걸음인 것 같았다. 그때 많은 영감을 준 사람은 당시 수학경시대회 반에서도 리더그룹에 속한 대단한 친구였다. 나는 그 친구와 한 달 동안 짝을 하면서 그와 나의 차이점을 발견하기 위해서 유심히 관찰했다. 그때 발견한 차이점은 이런 것이었다.

① 수학문제를 보면 굉장히 빨리 풀려고 애쓰는 모습이 역력하다.

② 모의고사 시험지나 연습장 모두 깔끔하게 문제를 풀어낸다.
③ 수학문제 하나하나를 풀어서 정리하는 것에 애착을 가지고 있다.
④ 어려운 문제를 발견하면 끝까지 자기 힘으로 풀려고 애쓴다. 못 풀면 굉장히 분하게 생각한다.

이런 차이를 좁히기 위해 내가 세운 전략은 다음과 같다.

① 내 짝이 한 문제 풀면 나도 한 문제 푼다.
② 나도 내 짝처럼 풀이 연습장을 복사하면 책 같아 보일 정도로 잘 정리하면서 푼다.
③ 전형적인 문제들은 풀어서 꼭 바인더에 모아 둔다.
④ 너무 많은 시간을 소비하지 않는 한 스스로 풀려고 애쓴다.

①번을 따라하는 것은 생각보다 오래 걸리지 않았다. 그동안 내 계산 속도가 느려서 빨리 못 푼다고 생각했는데 오히려 계산 속도보다는 문제를 빨리 풀어내고자 하는 마음이 더 중요했다. 느긋하게 풀면 누구라도 느리게 푼다. 반대로 마음을 최대한 모아서 집중하면 누구라도 속도를 향상시킬 수 있다. ③번을 따라 하는 것 역시 어렵지 않았다. 좋은 문제나 그 단원에서 자주 나오는 유형의 문제는 A4 용지에 따로 풀어서 바인더로 묶어 두었다. 한 번 풀어서 정리해 두고 끝내는 것이 아니라 시간될 때마다 풀고 또 풀어 보았다. ④번을 따라하는 것도 그리 어렵지는 않았다. 가능한 한 답을 보지 않고 풀고 충분히 고민한 후에도 안 되면 힌트만 보고, 그래도 안 될 때에만 답을 보고 풀었다.

문제는 바로 ②번이었다!

연습장에 잘 정리하면서 푸는 것까지는 거의 비슷하게 했다. 그러나 나는 시험만 보면 엉망진창으로 풀기 일쑤였다. 실전에서는 그와 나의 격차가 한없이 벌어지는 것이다. 내 짝의 시험지는 여백을 최소한으로 활용하면서 꼭 필요한 과정만 써서 답을 구해 냈다. 그러나 나는 여백을 꽉 채우고도 모자라 뒷면으로 넘기면서 풀어도 필요한 답을 구하지 못하는 경우가 있었다. 또 글씨 크기도 제각각이어서 어려운 문제가 나올수록 흥분한 탓인지 글씨도 커지고 실수도 많아졌다.

결국 이 차이를 극복하는 데 6개월 정도 걸린 것 같다. 대수롭지 않게 생각했는데 이것이 그 친구와 나의 결정적 차이였다는 것을 나중에 알게 되었다. 왜냐하면 나도 장소에 상관없이 어디서든지 정리하면서 푸는 게 가능해지자 수학에 대한 자신감이 많이 생겼기 때문이다. 그 후에는 어떤 상황에서 어떤 문제가 나오든 흥분하지 않고 차분하게 문제를 풀어냈다. 이처럼 잘하는 학생과 그렇지 못한 학생 간의 보이지 않는 작은 차이가 실제로는 결정적 역할을 하는 것이다.

그러면 작지만 결정적인 차이를 극복하기 위해서는 어떻게 연습해야 할까?

바로 평소에 실전처럼 연습해야 한다. 보통은 연습장에 풀 때 줄이 있는 노트를 사용하거나 반으로 접어서 푸는 방법을 많이 이용할 것이다. 그러나 이렇게 아무리 연습을 해도 실력이 별로 늘지 않는다. 왜냐하면 실전시험에서는 그런 광활한 백지 연습장이 주어지지 않기 때문이다. 그럼 실전처럼 연습하려면 어떻게 해야 할까?

문제집 여백에 정리하며 푸는 훈련을 해야 한다! 특히 시간을 정해 놓고 풀면서 연습해야 효과가 좋다. 그리고 글씨를 작게 써야 한다.

원 x^2 [illegible] $y+9=0$을 y축에 대하여 대칭이동한 원의 중심이 원점을 지나는 직선 l 위에 있다고 할 때, 직선 l의 기울기를 구하여라.

원 $x^2+y^2-2x+2y+1=0$을 x축에 대하여 대칭이동한 원이 직선 $y=kx+2k$와 만나도록 하는 실수 k의 값의 범위는?

① $k\leq 0$　② $0\leq k\leq \frac{2}{3}$　③ $0\leq k\leq \frac{3}{4}$
④ $0\leq k\leq 1$　⑤ $k\geq 1$

도형 $f(x,\ y)=0$이 오른쪽 그림과 같을 때, 도형 $f(x,\ y)=0$, $f(-x,\ y)=0$, $f(x,\ -y)=0$, $f(-x,\ -y)=0$으로 둘러싸인 부분의 넓이를 구하여라.

원 $x^2+y^2=1$을 x축의 방향으로 m만큼, y축의 방향으로 n만큼 평행이동한 후 직선 $y=x$에 대하여 대칭이동하였더니 원 $x^2+y^2+2x+4y+4=0$과 일치하였다. 이 때, 상수 m, n에 대하여 $m-n$의 값은?

① -2　② -1　③ 0
④ 1　⑤ 2

점 P(8, 2)를 x축의 방향으로 m만큼, y축의 방향으로 n만큼 평행이동한 점과 점 P를 직선 $y=x$에 대하여 대칭이동한 점이 일치할 때, 상수 m, n의 합 $m+n$의 값을 구하여라.

점 $(x,\ y)$를 직선 $y=x$에 대하여 대칭이동한 후 x축에 대하여 대칭이동하고, 다시 y축의 방향으로 2만큼 평행이동한 점의 좌표는?

① $(x,\ -y+2)$　② $(-x,\ y+2)$
③ $(y,\ -x+2)$　④ $(-y,\ x+2)$
⑤ $(-y+2,\ x)$

직선 $y=x+1$을 x축의 방향으로 a만큼 평행이동한 후 원점에 대하여 대칭이동한 직선이 원 $x^2+y^2-2x-2y+1=0$의 넓이를 이등분할 때, 상수 a의 값은?

① 1　② 2　③ 3
④ 4　⑤ 5

점 $(a,\ 2)$를 점 $(3,\ 4)$에 대하여 대칭이동한 점의 좌표가 $(-1,\ b)$일 때, 상수 a, b의 곱 ab의 값은?

① 40　② 42　③ 44
④ 46　⑤ 48

[문제집 여백에 깔끔하게 풀기 예시]

수학을 잘하기 위한 능력

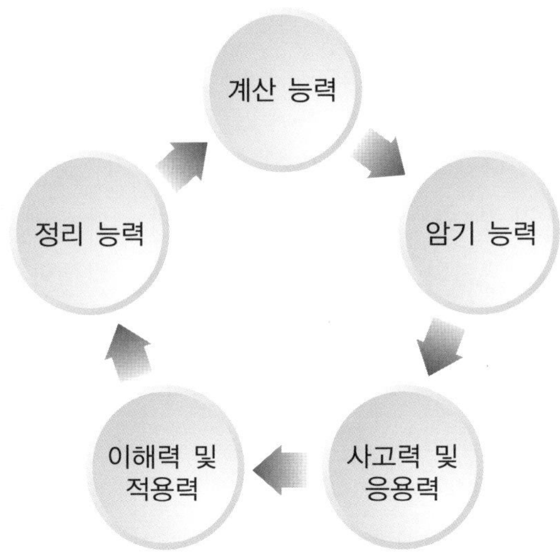

아래의 단계별 능력을 읽어 보고 자신이 어떤 능력에 취약한지 파악하여 순서대로 보완해야 한다.

1단계 : 계산 능력

얼마나 정확히 계산하는가, 얼마나 신속하게 계산하는가, 계산이 얼마나 숙달되어 있는가 등이 중요하다. 기초적인 계산 감각은 주로 초등학교 때 길러진다. 현재의 우리 입시제도는 한정된 시간 동안 많은 문제를 빨리 풀기를 요구하므로 기본적인 계산 능력은 매우 중요하다.

2단계 : 암기 능력

공식을 정확히 암기하고 있는가, 과정 유도를 암기하고 있는가, 전형적 문제의 풀이법을 암기하고 있는가 등이 중요하다. 이런 암기 연습은 중학교 때 많이 하게 된다. 중학교 수학은 내용의 깊이가 얕아서 기초적인 암기가 더 중요하기 때문이다.

3단계 : 사고력 및 응용력

새로운 내용이 나왔을 때 능동적으로 생각하는가? 문장으로 이루어진 응용문제를 잘 푸는가, 두세 가지 아이디어가 조합된 어려운 문제를 잘 푸는가 등이 중요하다. 이런 능력은 보통 중학교 말부터 고등학교 초에 걸쳐서 중요해진다. 이때부터 새로운 내용을 많이 배우고 문제도 많이 변형되기 시작한다. 또한 내용을 조합하는 형태도 늘어난다.

4단계 : 이해력 및 적용력

개념이나 공식을 잘 이해하는가, 문제에 주어진 전제조건, 함정을 잘 이해하는가, 문제를 이해하고 배운 내용을 잘 적용하는가 등이 중요하다. 새롭고 생소한 개념들이 무차별로 나오고 전제조건이 까다롭거나 함정이 많아져 문제 자체를 파악하기가 쉽지 않기 때문이다. 또한 내용을 배워도 문제를 보면 어떻게 적용해야 할지 막막해지기 쉽다. 고등학교 중반부터 특히 많이 요구되는 능력이다.

5단계 : 정리 능력

전형적인 문제를 잘 정리해 두고 자주 풀어 보는가, 오답을 정리하며 풀어 보는가, 시험 때 문제를 잘 정리하며 안정적으로 푸는가 등이 중요하다. 완숙해지고 완성된 단계로 도약하려면 이런 능력까지 보완해야만 한다. 고등학교 말에는 이런 능력에 따라 결과에서 크게 차이가 난다.

주의할 점

① 문제집 여백에 풀면서 연습하라는 말을 오해하면 안 된다. 줄이 있는 연습장을 사용하고 반 접어서 푸는 습관도 들이되 추가로 더 연습하라는 것이다. 연습장을 쓰지 말라는 뜻이 아니므로 혼동하지 말자.

② 수학 과목 단원별로 전형적인 문제를 풀고 깔끔하게 정리하면 비슷한 유형의 문제를 풀고 암기하는 데 크게 도움이 된다.
우리가 중고등학교 수학을 공부하는 것은 연구를 하거나 논문을 쓰기 위한 것이 아니다. 이해한 내용을 적용하고 숙달해서 주어진 시간 안에 빠르고 정확하게 많이 풀어야 하는 시험을 보기 위한 것이다. 따라서 단원마다 나오는 전형적인 유형의 문제들은 풀어서 잘 정리해 두어야 한다. 그래야 비슷한 문제가 나왔을 때 고민하지 않고 풀어낼 수 있다.

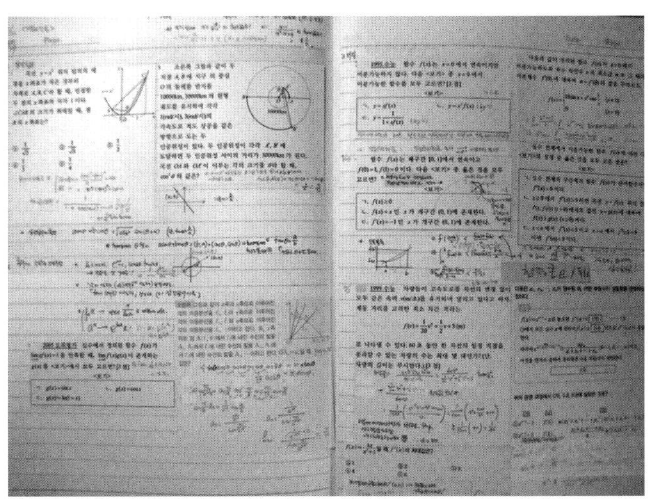

[전형적인 문제 깔끔하게 풀어서 정리하기 예시]

계산 실수나 시간 부족 해결하기

적용하기 좋은 과목 : 수학
적용하기 좋은 학년 : 중고생 전반
추천 학생
- 계산 실수가 많은 학생
- 아는 문제인데 실수로 틀리는 문제가 많은 학생
- 문제 푸는 속도가 느려서 항상 시간 부족으로 고생하는 학생

수학시험을 보면 자꾸 실수하거나 시간이 부족해서 끝까지 풀지 못하는 학생들이 있다. 이런 경우 대책 없이 '그냥 수학공부를 많이 하면 늘겠지' 라는 생각을 해서는 안 된다. 실수는 크게 두 가지 경우가 있다. 첫째, 단순 계산 실수를 많이 하는 경우가 있고, 둘째, 함정에 걸려드는 경우가 있다. 첫 번째 경우는 진짜 계산 실수지만, 두 번째 경우는 실수라기보다는 준비가 부족한 것이다. 그리고 시간이 부족한 경우도 두 가지가 있다. 시작 부분에서 너무 느리게 풀거나 몇 개의 문제에 시간을 너무 많이 할애함으로써 시간 안배에 실패한 경우와 문제 푸는 속도 자

체가 느린 경우이다. 이 중에서 시간 안배에 실패하는 경우는 시험전략 부분에서 다루기로 한다. 여기에서는 나머지 세 경우에 대하여 문제점을 발견했을 때 스스로를 단련해서 문제점을 없애고 수학 실력을 높일 수 있는 방법을 알아본다.

단순 계산 실수를 많이 하는 경우 계산을 끝까지 해서 답을 맞히는 연습

계산이 정확하지 않으면 자신감이 떨어진다. 언제라도 내가 아는 문제를 틀릴 수도 있다는 불안감이 있기 때문이다. 따라서 이런 학생들은 반드시 정답 맞히기 훈련을 할 필요가 있다. 이때는 난이도가 높은 문제보다는 쉬운 문제를 시간을 정해 놓고 많이 풀되 정답을 정확히 맞히는 훈련을 따로 해야 한다. 이를 위해서는 난이도별로 구성된 문제집을 사서 초 · 중급 문제들만 가지고 연습을 해야 한다. 또한 실전에서 문제를 풀 때 문제 하나하나를 너무 쉽게 생각하지 말고 정성들여 풀어야 하며, 답을 끝까지 구하지 않고 넘어가는 습관은 버려야 한다.

함정에 잘 빠지는 경우 자주 실수하는 내용을 정리하고 연습

고등학생들이 수학에서 자주 빠지는 함정에 대해 알아보자. 이 밖에도 많다.

- 음수에 산술기하평균을 쓰는 경우
- 무연근인지 모르고 근으로 착각하는 경우
- 로그 밑 조건이나 진수조건을 고려하지 않는 경우
- 분모는 0이 아니다라는 요건을 고려하지 않는 경우
- 무리수의 상등 성립요건을 고려하지 않고 적용하는 경우
- 자취방정식의 제한 변역을 고려하지 않는 경우

- 가수조건을 고려하지 않는 경우
- 행렬교환법칙 불성립을 고려하지 않는 경우
- 무한등비수열의 수렴조건을 고려하지 않는 경우
- 중간값 정리나 평균값 정리 성립요건을 고려하지 않고 적용하는 경우
- 조건부확률인지 모르고 구하는 경우

위에 정리해 놓은 것을 보면 알 수 있듯이 대부분 무언가를 고려하지 않거나 요건도 살피지 않고 적용하는 경우가 많다. 따라서 자기가 자주 빠지는 함정을 정리해 놓고 문제를 풀 때마다 한 번 더 생각하는 훈련을 해야 한다.

문제풀이 속도가 느린 경우 풀이 속도 훈련

풀이 속도가 느린 학생은 마음의 문제인 것이지 실력의 문제가 아니므로 반드시 훈련을 하면 고칠 수 있다. 누구라도 마음을 푹 놓고 느긋하게 풀면 절대로 빨리 풀 수 없다. 따라서 조금은 너무 하다 싶을 정도로 시간을 빠듯하게 정해 놓고 다양한 난이도의 문제들을 섞어서 풀어 보아야 한다. 이 훈련을 하기 위해서는 모의고사 형태의 책이 적절하다. 그리고 주변에 수학을 잘하고 빨리 푸는 친구가 있다면 그 친구의 속도에 맞추어서 풀어 보는 연습도 효과적이다.

주의할 점

① 단순 계산 실수를 많이 하는 학생 중에는 성격적으로 덤벙대서 그러는 경우가 많으므로 좀 더 꼼꼼하게 문제를 바라보는 훈련을 많이 해야 한다.

② 함정에 잘 빠지는 학생은 시험 보기 전에 자기가 잘 빠지는 함정에 대한 리스트를 만들어 둔다. 그리고 시험지를 받자마자 그 리스트를 써놓고 시작한다. 다 풀고 나서 검산할 때 리스트 내용을 적용하여 최종 확인을 하면 실수를 방지할 수 있다.

③ 단순하게 풀이 속도가 느린 게 아니고 아이디어를 잡는 속도가 느려서 늦게 푸는 학생은 속도 훈련이 소용없다. 뒤에 나오는 아이디어 잡는 방법을 읽어 보자.

꽉 막힌 문제를 술술 풀어주는 10가지 아이디어 발상법

적용하기 좋은 과목 : 수학

적용하기 좋은 학년 : 주로 고등학생

추천 학생

- 시험장에 가면 긴장되어 아이디어가 잘 안 떠오르는 학생
- 아이디어 잡는 속도가 남보다 느린 학생
- 공부한 내용인데도 문제만 보면 어떻게 풀지 생각이 안 나는 학생

실전시험에서 수학문제를 풀 때는 동물적인 감각과 기계적인 문제풀이 기술로 보자마자 풀 수 있어야 한다. 그러나 이런 감각과 기술은 고등학교 3학년까지 아무 생각 없이 열심히 문제만 푼다고 갖출 수 있는 것이 아니다. 감각과 기술을 갖추고 실력을 향상시키기 위해서는 한 문제를 풀더라도 나만의 아이디어 포착 원칙을 적용해서 풀어야 한다. 아래에 주어진 내용 외에 문제 형태에 따른 풀이방법도 있을 수 있다.

예를 들면 최대 · 최소에 관한 문제는 '미분, 극대극소, 절대부등식(주로 산술기하나 코시-슈바르츠 부등식), 부등식영역, 그래프, 도형에 관

한 것이라면 코사인 제2법칙을 고려' 이런 식으로 정리해 두는 것이다. 그리고 일반적인 문제풀이 원칙에는 다음과 같은 것들이 있다. 하나하나 잘 머릿속에 기억해 두었다가 문제를 풀 때 아이디어가 잘 잡히지 않을 때마다 적용하는 훈련을 해보아야 한다.

아이디어를 떠올리는 10가지 방법

① 규칙성이 있는지 찾아본다.

보통 규칙을 찾아내면 의외로 간단히 풀릴 문제가 그렇지 않으면 답을 구하지 못할 것처럼 보이는 경우가 있다. 이런 경우 규칙성을 발견하는 게 아이디어 잡기의 기초이다.

예 : 굉장히 큰 지수로 된 값을 구하는 경우(주로 w 문제, i 문제), 점화식으로 표현해 볼 수 있는 경우 등

② 가능하면 식보다는 그림이나 그래프로 생각할 수 없는지 고민한다.

식으로 주어진 것을 그림이나 그래프로 표현해 보면 쉽게 풀리는 경우가 많다. 반대로 그림이나 그래프로 주어진 것을 식으로 표현할 수 있는 경우도 있다.

예 : 근의 분리, 원의 위치관계, 부등식의 영역, 고차부등식 같은 경우

③ 동등한 것으로 변형해 본다.

그대로 두면 풀 수 없는 경우 또는 더 쉽게 풀기 위해서 다른 것으로 변형하는 경우가 있다.

예 : 완전제곱으로 변형, 양변을 같은 수로 나누어 보거나 빼보거나, 분자분모에 같은 것을 곱하거나, 부분분수로 변형해 보는 것, 대우명제를 생각해 보는 것, 분모 유리화, 로그 꼴과 지수 꼴의 상호 변형, 로그방정식에서 양변에 로그 잡기, 삼각함수

의 배각-반각-합-차-공식

④ 치환을 해본다.

복잡하고 긴 문제를 치환을 통해 간단하게 만들어 푸는 경우가 있다.

예 : $x+y=u$, $xy=v$로 두기, 지수로그방정식에서 치환, 복이차식 같은 경우

⑤ 대칭을 이용해 본다.

대칭성을 활용하면 그냥 푸는 것보다 훨씬 간단해지는 경우가 있다.

예 : 우함수, 기함수, 역함수, 이항정리 같은 경우

⑥ 경우를 나누어 본다.

그냥 푸는 게 아니라 각각의 경우를 나누어서 푸는 것이다.

예 : 경우의 수, 정수 분류해 보기, 홀짝 나누어 보기, 절대값 기호 안의 숫자 양음 나누어 보기

⑦ 대입을 해본다.

임의의~라는 표현이 나오거나 항등식이라는 표현이 나오면 꼭 대입을 고려해 본다.

예 : 항등식, 임의의~

⑧ 직접 하는 게 어려우면 그 외의 것을 이용한다.

본래의 것을 직접 구하는 것이 매우 어려운 경우에는 반대 경우를 생각하면 쉬워진다.

예 : 귀류법, 여사건 활용

⑨ 도움을 주는 존재를 생각해 본다.

문제 자체로 푸는 것보다 다른 내용을 첨가하거나 활용하면 쉬워지는 경우가 있다.

예 : 보조선, 벤다이어그램, 절대부등식, 판별식, 근과 계수 관계,

극값, 미분

⑩ 일반적인 원칙을 떠올려 본다.

일반적으로 성립하는 원칙을 적용하면 쉽게 풀 수 있는 경우가 있다.

예 : 실수의 제곱은 0 이상, 이차식은 $ax^2+bx+c=0$로 표현, $\sin^2\theta+\cos^2\theta=1$, $\tan\theta=$기울기, 두 직선이 수직이면 기울기의 곱$=-1$, 내적은 0

사회 성적을 점검하는 5가지 방법

다른 과목도 그렇지만 특히 사회는 다음의 다섯 가지 공부영역을 조화시키는 것이 중요하다. 여기서 다섯 가지 영역은 이해-사고-정리-암기-문제해결을 말한다. 이 다섯 가지 영역은 상대적으로 어떤 영역이 소홀한지 점검해 볼 때도 유용하다. 점검을 함으로써 성적이 원하는 만큼 나오지 않는 이유를 알 수 있기 때문이다.

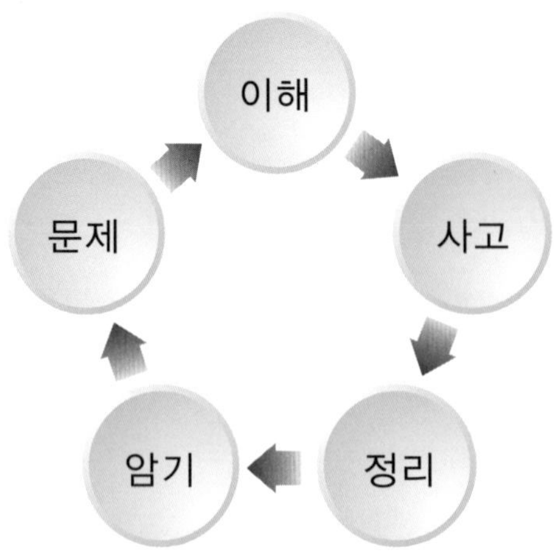

이해영역 : 기본 개념이나 사회 현상과 원인에 대한 이해, 용어의 이해 등이 중요하다.

사고영역 : 핵심, 즉 중요한 게 무엇인지 생각해 보고 본문의 내용과 연관 지어 공부해야 한다(학습목표, 그림이나 사진, 사례, 사료, 그래프나 통계 자료, 지도, 도표).

정리영역 : 기본서를 단권화하거나 서브노트를 만든다.

암기영역 : 암기는 머리로 해야 한다. 특히 단순 암기는 요령 있게 한다. 그리고 이해를 바탕으로 한 구조적 암기는 여러 번 공부해서 터득한다.

문제해결영역 : 문제를 통해서 본문의 내용을 입체적(강약을 달리해서)으로 공부한다. 오답을 정리한다.

이 중 앞에서 설명한 내용은 제외하고 나머지 부분에 대해서 구체적으로 살펴보기로 한다.

사회 과목 단권화 방법

학습목표
• 본문

1. 학습목표를 살펴본다. 그 단원을 읽으면서 학습목표에 대한 대답이 무엇일까 생각해 본다. 자세한 방법은 '정리를 잘해야 최종 게임에서 이긴다' 부분과 '효율적인 책 보기 팁'의 내용을 참조하자.

2. 본문을 읽기 시작한다. 내용을 찬찬히 읽어 본다. 줄을 칠 필요는 없다. 마음을 편하게 갖고 내용을 읽고 이해하는 데에 집중한다. 이른바 통독을 하는 것이다.

3. 한 번 더 다시 읽어 보면서 연필로 줄을 친다. 반드시 연필로 한다. 3-1. 이제 문제집의 문제를 풀어 본다. 3-2. 달달 외우지 않았어도 풀리는 문제와 암기가 안 된 상태에서 풀기 때문에 안 풀리는 문제가 있다. 어쨌든 끝까지 푼다. 답을 맞추어 보고 틀린 문제는 지우고 맞은 문제는 ○표 한 채로 둔다.

4. 세 번째로 읽을 때에는 연필로 줄 친 것 중에 별로 중요하지 않은 것을 지운다. 문제를 풀어 보았기 때문에 이제는 무엇이 중요한지 감이 잡힌다. 암기할 내용은 암기한다. 4-1. 문제집에서 틀린 문제를 다시 풀어 본다. 4-2. 틀린 문제 중에서 중요한 문제나 공부가 부족해서 틀린 문제는 다시

	기본서에 밑줄 긋기를 한다. 4-3. 문제에 따라서 다시 풀어도 틀릴 만한 문제나 처음 보는 유형의 문제는 문제와 힌트를 포스트잇 앞면에, 해설 내용이나 자신의 생각 등을 뒷면에 써서 기본서의 해당 부분에 붙여 둔다.
학습목표	5. 네 번째로 읽을 때에는 볼펜으로 중요한 것에 줄을 친다. 색깔은 두세 개 정도를 쓰는데 개인적으로 약속을 정해 두면 좋다. 빨간색은 학습목표에서 묻고 있는 내용에 대한 답을 표시한다. 나머지는 검은색으로 줄을 친다. 특별히 중요한 키워드는 파란색으로 박스 처리해도 좋다. 가장 중요하고 시험에 반드시 나올 것이라고 생각되는 내용에는 별표를 친다.
학습목표	6. 다섯 번째로 읽을 때에는 교과서에 나온 내용 중에 궁금한 것이나 부족한 내용에 관해서 추가 자료를 찾아 끼워 넣는다 (포스트잇이나 복사물).
학습목표	7. 여섯 번째로 읽을 때에는 이미 알거나 중요하지 않은 내용은 제거하면서 공부한다.

이제 국사 교과서 내용 중 일부를 예로 들어 실제로 어떻게 하는 것인지 알아보자.

1. 학습목표를 읽어 보자.	☞ 진흥왕의 영토 확장 과정은 어떻게 전개되었는가? 신라가 한강 유역을 차지한 의미는? 자, 이런 질문을 읽고 어떤 생각을 해야 할까? 신라가 한강 유역을 차지했다는 사실은 단순히 영토 보유 이외에 어떤 의미가 있는 것 같다. 그 의미가 무엇인지 본문을 읽고 찾아내야 한다. 또한 그 사실은 진흥왕이 영토를 확장해 나가는 과정 속에서 이루어진 것 같다. 따라서 진흥왕 시기의 발전 흐름을 찾아내야 한다. 정리하자면 ① 삼국 시대에 한강 유역의 확보가 주는 의미, ②

	진흥왕 시기에 영토를 확장해 나간 흐름, 이 두 가지를 알아내야 한다.
2. 학습목표에 대한 답을 염두에 두고 통독해 보자.	☞ 교과서를 읽어 보니 구성은 대략 이렇다. 우선 신라의 발전(중흥기)에 대해서 설명했다. 지증왕과 법흥왕에 걸쳐 강성한 나라의 기틀을 잡는 이야기가 나온다. 그다음에는 진흥왕이 꽃을 피운 영토 확장에 관한 이야기가 나오고 신라의 비약적 발전 사실을 정리한다. 마지막으로 '도움글'이라는 박스를 통해서 한강 유역 확보의 중요성에 대해서 설명하고 있다. 음. 그렇군!
3. 다시 읽으면서 중요한 내용에 연필로 줄을 친다. 그러고 나서 문제도 풀어 본다.	☞ 사실 한두 번 읽고 나도 무엇이 중요한지 별로 감이 잡히지 않기 때문에 중요해 보이는 것에 줄을 치면 거의 다 줄을 치게 된다. 그래도 괜찮다. 이제 문제를 풀어 본다. 그러면 무엇이 중요한지 확실히 감이 잡힌다. 간단히 문제를 살펴보니, 내물왕부터 진흥왕에 이르기까지의 업적 구별, 진흥왕의 한강 유역 점령기의 지도, 진흥왕 때의 비석, 진흥왕의 업적, 한강 유역 점령의 역사적 의의 등에 관한 문제들이 있다. 거의 진흥왕에 초점이 맞추어져 있으며 다른 왕들은 진흥왕과 연관하여 순서나 구별 등에만 문제에 등장하는 정도이다. 아! 지증왕이나 법흥왕보다는 진흥왕 쪽이 훨씬 중요하구나! 역시 학습목표가 제시하는 물음에 대한 답이 핵심임을 알 수 있군.
4. 다시 읽으면서 중요하지 않은 것은 밑줄을 지운다. 암기할 내용은 암기한다.	☞ 법흥왕 쪽이 여러 가지 내용이 많아서 줄을 쳤지만 대부분 진흥왕에 관련된 내용이 핵심이므로 법흥왕 관련 내용은 간략히 키워드만 빼고 지운다. 그러면서 밑줄 친 내용을 암기한다. 문제를 다시 풀어 보고 중요한 문제는 포스트잇에 써서 단원이 끝나는 부분에 붙인다.
5. 한 번 더 읽으면서 이제 볼펜으로 밑줄을 친다.	☞ 핵심이라고 할 수 있는 진흥왕의 업적이나 비석, 영토 확장 과정 등에 관한 내용은 빨간 줄로, 그 밖의 내용은 검은 줄로, 키워드는 파란 박스로 처리한다. 특히 시험에 나올 가능성이 높은 한강 유역 확보에 관한 내용은 별표로 처리해 둔다. 또 진흥왕 때 영토 확장 지도 역시 매우 중요하므로 별표를 친다.

6. 부족한 내용이나 궁금한 내용은 다른 책을 참고하여 붙여 둔다.	☞ 실질적으로 신라의 국력이 대외적으로 많이 발전한 시기가 진흥왕 시기이므로 이 부분이 가장 중요하다. 그러나 그에 못지않게 중앙집권적 국가의 틀을 마련한 법흥왕 시기도 중요하다고 볼 수 있다. 화려한 전성기는 반드시 그 이전에 기틀을 닦는 시기가 있기 마련이고 바로 그 시점이 법흥왕 때이기 때문이다. 그래서 교과서의 내용을 읽어 보니 너무 사실 정리로만 일관되어 있고, 특히 중요한 율령에 대한 설명이 별로 없다. 율령을 반포한다는 내용은 신라뿐만 아니라 여기저기서 나오는데 도대체 율령이 뭘까 궁금해서 찾아보았다. '율령제도는 법전제도를 말한다. 율은 형법법규, 영은 행정법규를 뜻한다. 중국의 것을 모범으로 우리나라에도 전해진 것이다. 본래 법이라는 것이 왕족과 귀족 등 지배층들이 정치·경제·사회적 지배의 편리와 독점을 위해 만드는 것이다. 따라서 이를 완비한다는 것은 국가 체제가 정비되고 강력한 왕권 아래 중앙집권적 정치조직이 완성됨을 의미한다.' 교과서를 읽다 보면 또 한 가지 궁금증을 자아내는 부분이 있다. 도대체 왜 네 개의 비석은 진흥왕순수비라고 하면서 유독 단양의 적성비는 진흥왕순수비에 들어가지 않았을까? 찾아보니 이런 이유에서였다. 본래 순수비는 왕이 자신의 영토를 둘러보면서 세우는 것이라고 한다. 즉, 진흥왕이 여기저기 확장된 영토를 둘러보면서 세웠다는 뜻이다. 그러나 단양적성비는 이사부라는 자가 진흥왕 시절 단양까지 진출한 것을 기념하여, 말 그대로 성을 세운 것을 기념하여 세운 비석이다. 따라서 진흥왕이 순수를 하면서 세운 게 아니라는 말이다.
7. 다시 읽을 때는 중요하지 않은 내용은 떼어 버린다.	☞ 이제 완벽히 머릿속에 들어갔거나, 다시 보니 별로 중요하지 않은데 끼워 붙인 내용이나 문제 등은 떼어 버린다.

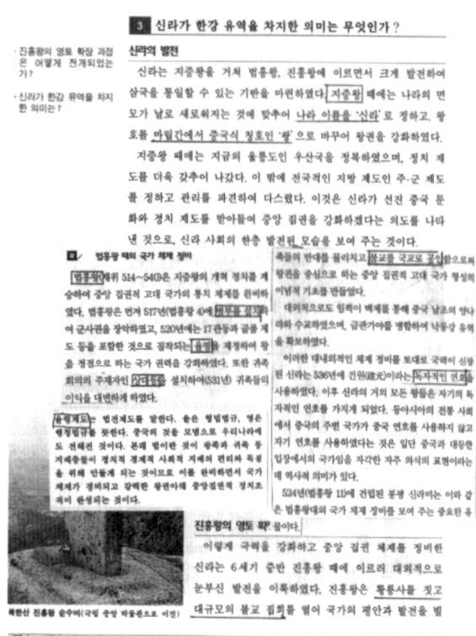

위의 그림을 보면 율령제도에 관한 보충 내용과 법흥왕 시대에 대한 더 자세한 설명 자료를 추가한 것을 볼 수 있다.

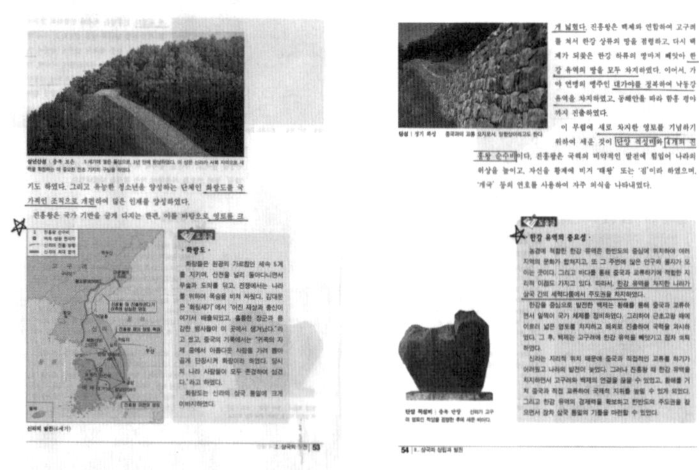

시험에 반드시 나올 만한 중요한 사항은 별표로 처리하고 보통의 중요한 사항은 검은색 밑줄, 학습목표에 대한 대답이라고 할 수 있는 핵심 사항은 빨간색으로 밑줄을 긋는다. 중요한 키워드는 파란 박스로 처리한다.

지도, 도표, 사진, 그래프를 읽는 방법

적용하기 좋은 과목 : 사회
적용하기 좋은 학년 : 주로 고등학생
추천 학생
- 사회공부를 하면 무엇이 중요한지 몰라서 고민인 학생
- 그림이나 도표, 그래프, 지도 등이 시험에 나오면 당황하는 학생

여러분이 사회 과목의 시험문제를 출제하는 출제자라고 가정해 보자. 어떤 방법으로 문제를 낼 것인가? 물론 시중에 나와 있는 문제집도 참고하고 출제자로서 중요하다고 생각하는 내용을 기반으로 문제를 만들 것이다. 하지만 가장 중요한 출제 원칙 중의 하나는 교과서 내용에서 중요한 것을 놓치지 않고 출제하는 것이다. 이런 측면에서 생각해 보면 학습목표, 지도, 도표, 그림이나 사진, 사료, 사례, 그래프나 통계 자료 등을 점검하고 이를 기초로 문제를 만들게 된다. 참고로 2007학년도 수학능력시험의 11개 사회 선택 과목을 살펴보았다. 이 중에서 그림이나 도표, 지도, 그래프, 사례, 사료, 통계 자료 등을 활용한 문제의 비율이 무

려 3분의 2였다. 이런 것들이 교과서에서 제시하는 가장 중요한 힌트이기 때문이다. 또한 이런 내용을 잘 공부하는 것은 서브노트 만들 때에도 도움이 된다. 서브노트를 만들 때에는 보통 핵심 내용 중에서도 잘 몰랐던 것, 중요한데 머리에 잘 안 들어오는 것, 그리고 자기가 잘 틀리는 부분을 정리하는 게 좋다. 그러나 단원의 내용을 보고 어떤 것이 핵심 내용인지 한 번에 알아차리기는 쉽지 않다. 이럴 때 학습목표, 지도, 도표, 그림이나 사진, 사료, 사례, 그래프나 통계 자료를 중심으로 중요한 내용이 무엇인지 찾아보면 좋다. 이 중에서 학습목표를 이용하는 법은 앞에서 설명했으므로 나머지를 이용하는 방법에 대해 알아보자. 이런 것들을 이용하면 '지도 핵심노트'라든가 '통계 자료 핵심노트' 혹은 '개념도표 마인드맵'과 같이 카테고리별로 서브노트를 만들 수도 있다.

책 읽기 내비게이터

학습목표를 활용하여 중요한 것을 찾는 방법이 궁금하다면 3장의 핵심 내용을 정리하는 습관, 4장의 효율적인 책 보기 팁을 참고한다.

지도

지도는 주로 역사나 지리 계통 과목에서 중요하다. 보통 지도가 주어질 때에는 참고용인 경우도 있지만 본문의 내용을 시각적으로 확인하거나 본문에 설명하기 힘든 내용을 표현하는 경우가 많다. 따라서 역사와 지리 계통 과목을 공부할 때에는 지도를 눈여겨보고, 지도를 단순히 외우는 게 아니라 본문 내용과 연결 지어 생각해 보면서 공부해야 한다.

신라 시대 6세기 진흥왕의 영토 확장과 관련하여 다음과 같은 지도가 주어졌다고 하자. 연도별로 보면 단양적성비–북한산비–창녕비–황초령비–마운령비 순이다. 물론 비석이 세워진 순서를 아는 것도 중요하지

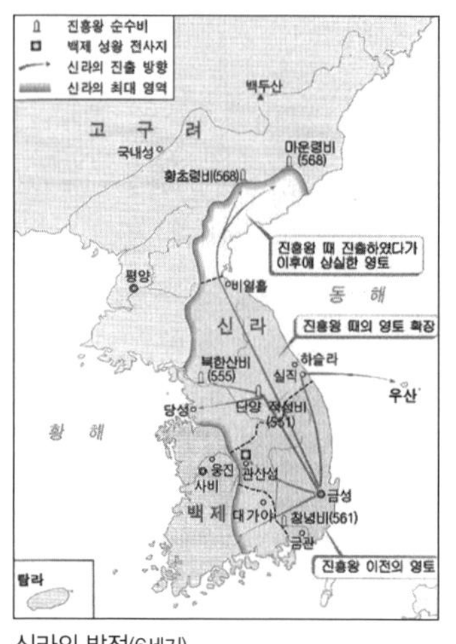

신라의 발전(6세기)

만, 본문의 내용과 관련하여 중요한 순서를 하나 더 알아 두어야 한다. 바로 진흥왕이 영토를 확장해 나간 흐름이다. 우선 단양까지 진출하여 단양적성비가 세워졌고, 가장 중요한 한강 주변을 확보한 후 북한산비를, 대가야를 정복하기 직전에 창녕비를, 마지막으로 함흥평야까지 진출하여 황초령비와 마운령비를 세우게 된다. 즉, 단양 부근-한강 주변-대가야-함흥평야의 흐름으로 영토를 확장해 나간다. 진흥왕의 영토 확장과 이를 기념하기 위해 세운 비석에 대해서 설명하는 본문의 내용과 일치하는 것이다. 물론 어느 정도까지 확장되었는지 혹은 지도를 보고 어느 왕 때 신라의 영토 확장이 이루어졌는지 아는 것도 중요하다. 따라서 지도만 눈여겨보아서는 안 되고 본문과 연관하여 핵심을 파악하고 공부하는 데 활용해야 한다.

세계사 책에서 왼쪽과 같은 그림을 공부하게 되었다고 하자. 본문의 내용은 아스테카 문명과 잉카 문명에 관한 위치와 대표적인 문화적 유산을 설명하고 있다. 그렇다면 일단 두 문명에 관한 내용이 본문의 다른 내용에 비해 더 중요하다는 것을 유추해 볼 수 있다. 또한 반대로 지도상에 위치만 주어진 상태에서 그곳에서 발달했던 문명에 대해 설명할 수 있는지 스스로 점검해 보아야 한다. 특히 두 문명을 굳이 한 군데에 그려 놓고 설명한다면 두 문명 간의 공통점이나 차이점 등을 알아 두는 것도 도움이 된다.

한국지리에서 다음과 같은 지도가 주어졌다면 어떤 식으로 공부를 해야 할까? 우선 지도에 나타난 그림만 보고 어떤 발전소의 입지를 표시한 것인지 알아 두어야 한다. 그리고 원자력 발전소는 왜 해안가 주변에

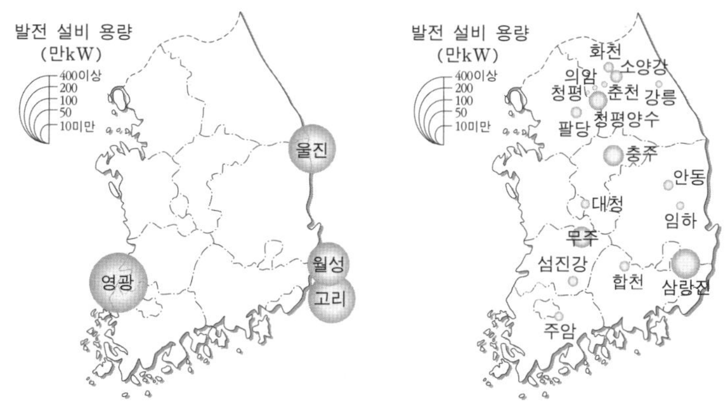

원자력 발전소 분포 : 지반이 견고하고 풍부한 냉각수를 확보할 수 있는 해안가에 분포한다.

수력 발전소 분포 : 낙차가 크고 풍부한 유량이 필요하며, 하천 상류에 입지한다(북한강 수계에 집중 분포).

분포하는지, 수력 발전소는 왜 하천 상류 주변에 분포하는지도 알아야 한다. 또한 이 둘의 장단점을 비교할 수 있어야 한다.

도표

도표는 대부분의 과목에서 중요한 의미를 가진다. 그중에서도 역사 계통 과목의 연대표나 일반적인 사회 계통 과목들의 개념 정리도표 등이 매우 중요하다. 이런 것들이 나오면 반드시 이와 관련된 본문 내용이

중요하다는 사실을 알고 연관 지어 가며 정확히 공부해야 한다.

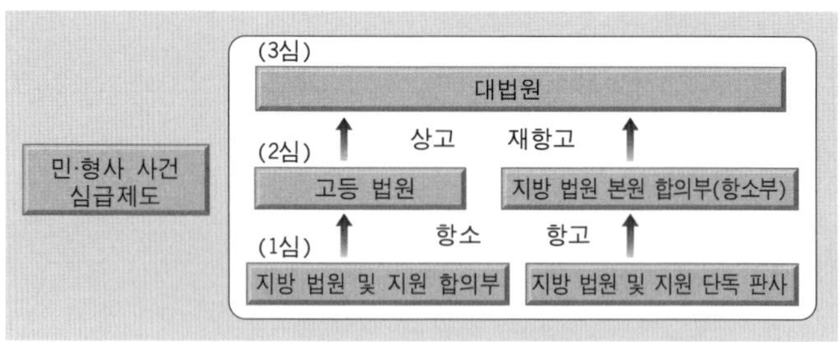

위의 그림은 법과 사회에서 주어진 도표이다. 보통 법원이 내리는 처분의 종류는 판결, 결정, 명령의 세 가지가 있다. 즉, 판결만 하는 것이 아니라 결정이나 명령도 있다. 이때 판결에 대한 불복 절차가 바로 항소와 상고이고, 결정이나 명령에 대한 불복 절차가 항고와 재항고이다. 이러한 심급제도는 매우 중요하고, 도표화하여 그 차이를 알아 두어야 하기 때문에 주어진 것이다. 재미난 점은 항고의 경우 2심 법원도 지방 법원이라는 점이다. 항소의 경우는 2심 법원이 고등 법원이다.

도래 시기	약 1만 년 전 농경 사회		18세기 중반 산업 사회		20세기 후반 정보 사회
정보 가치	정보 에너지 물질	→	정보 에너지 물질	→	정보 에너지 물질
핵심 산업	농업	→	공업	→	정보 산업
산업 기반	토지	→	공장	→	인터넷
주된 상품	농산품	→	농산품	→	정보 · 지식

이 그림은 사회문화 교재에 주어진 도표이다. 시대에 따른 사회 구조의 변화 양상과 그것을 구성하는 요소들의 변화를 설명하고 있다. 본문에 주어진 설명을 요약

하고 구조화하여 나타낸 것이다. 따라서 본문을 읽고 공부를 했다면 이런 표를 통해서 내용을 요약해 보고, 마지막으로 연습장에 표를 그려 가면서 자신이 이해하거나 암기한 내용을 되새겨 보아야 한다.

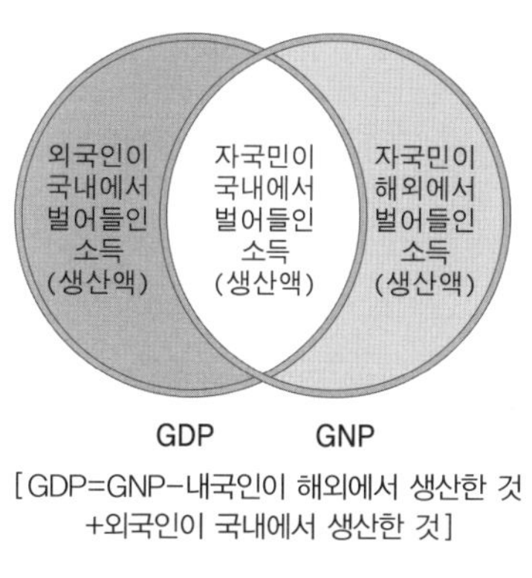

GDP와 GNP의 관계

이 그림은 경제 과목에 주어진 도표이다. 예전에는 GNP(국민총생산)를 중요한 척도로 사용하다가 최근에는 GDP(국내총생산)를 더 널리 사용한다는 도표이다. 예전에는 국적의 개념이 중요했기 때문에 그 나라 국민이 국내 또는 해외에서 벌어들인 소득이 곧 그 국가의 소득으로 간주될 수 있었다. 그러나 점점 세계가 국제화되고 돈과 사람이 자유롭게 이동할 수 있게 됨에 따라 국적을 불문하고 그 나라 영토 안에서 이루어진 내국인과 외국인의 소득이 더 정확하고 의미 있는 척도가 된 것이다.

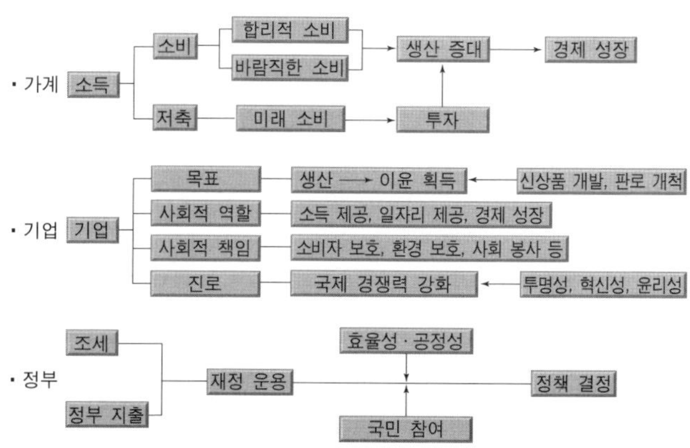

위의 그림은 사회 과목뿐만 아니라 여러 과목에서 많이 사용될 수 있는 마인드맵 혹은 가지 구조이다. 한눈에 전체 구조를 알 수 있어서 편하고 단편적으로 공부하는 것을 막아 줄 수 있으므로 효과적이다. 따라서 이런 내용이 주어지면 단순히 암기하려고만 하지 말고, 본문의 내용과 비교해 가며 확인하고, 본문을 공부한 다음에는 주어진 도표를 보지 않고 그려 보는 연습도 해보아야 한다. 그러면 핵심적인 내용에 대해서 빠짐없이 공부할 수 있다.

그림이나 사진, 사료, 사례

그림이나 사진, 사료, 사례가 문제와 연관되는 것은 법이나 역사 계통 과목의 특징이다. 역사 계통 과목의 경우 그림 또는 사진이 문제로 연결되는 경우가 있고, 사료는 수능 시험문제를 보아도 알 수 있듯이 문제로 직결된다. 법과 사회의 사례 역시 수능 시험문제를 보면 대부분 사례를 통해서 묻고 있음을 알 수 있다.

이 사진은 측우기로 15세기 우리나라의 과학 기술 발달을 보여 주는 대표적인 문화유산이다. 농사에 활용하기 위한 강수량 측정이 목적이다. 이런 사진이 주어졌다면 당시의 문화적 발전을 보여 주는 다른 유산들도 한꺼번에 알아 두는 것이 핵심이라는 것을 알 수 있다. 대표적인 것이 바로 훈민정음, 학문 발달을 보여 주는 다양한 책, 측우기, 혼천의, 해시계, 물시계, 인지의 등이다.

· 최승로의 개혁안(시무 28조의 일부 요약) ·

· 우리 나라에서는 봄에 연등회를 개최하고 겨울에는 팔관회를 열어서 사람들을 동원하여 힘든 일을 많이 시키니, 원컨대 이를 줄여서 백성들이 힘을 펴게 하십시오.(13조)

· 임금께서는 날마다 근신하시어 교만하지 말고, 아랫사람을 대할 때에는 공손함을 생각하며, 혹시 죄지은 자가 있거든 벌의 가볍고 무거움을 법에 따라 결정한다면 태평의 대업을 저절로 이룰 수 있을 것입니다.(14조)

· 불교를 믿는 것은 자신을 다스리는 근본이며, 유교를 행하는 것은 나라를 다스리는 근원을 구하는 것입니다. 자신을 다스리는 것은 내세에 복을 구하는 일이며, 나라를 다스리는 것은 오늘의 급한 일입니다. 오늘은 아주 가까운 것이요 내세는 지극히 먼 것입니다. 가까운 것을 버리고 먼 것을 구하는 것은 또한 그릇된 것이 아니겠습니까?(20조)

'고려사'

위의 내용은 최승로의 시무 28조 내용 일부를 요약한 고려사 사료이다. 개인을 다스리는 종교로서의 불교를 인정하되 나라를 통치하는 데 적합한 유교의 필요성을 설명하는 내용이 눈길을 끈다. 교과서 본문은 최승로의 건의가 성종 때 받아들여져 유교 사상이 통치 이념으로 자리 잡게 되었음을 설명하고 있다. 주어진 사료는 그 내용 중 일부를 밝혀서 제시하고 있다. 따라서 혜종-정종-광종의 기반 닦기에 이어 왕권이 안정되어 가는 성종의 중앙집권적 국가 틀이 형성되는 시기의 중요함을 알아야 한다. 또한 이때 중요하게 작용한 유교적 통치 이념 도입의 중요성도 잘 알고 있어야 함을 엿볼 수 있다.

(가) 21세의 갑은 슈퍼마켓에 고용된 배달 사원이다. 그는 전화로 주문을 받아 오토바이를 타고 물건을 배달한다. 어느 날, 갑은 배달 주문이 없는 시간을 이용해서 동사무소를 향해 오토바이를 몰았다. 근무 여건이 더 좋은 곳에 취직하기 위해 필요한 주민 등록 등본을 발급받기 위해서였다. 갑은 동사무소 근방에서 신호를 위반하여, 길을 건너던 어린이를 치었다.

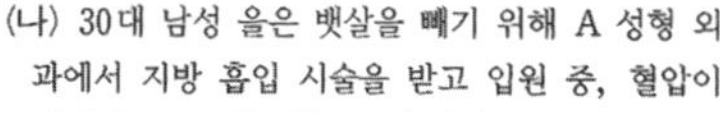

(나) 30대 남성 을은 뱃살을 빼기 위해 A 성형 외과에서 지방 흡입 시술을 받고 입원 중, 혈압이 떨어지고 구토를 하는 등의 부작용 증세를 보이다가 이틀 만에 사망하였다. 시술했던 의사는 경찰 조사에서, "폐에 문제가 있을 때, 지방 흡입 시술 과정에서 용해된 지방이 혈관에 들어가 폐혈관을 막는 폐색전증이나 합병증이 생길 수도 있다."며, "수술 전에 폐에 대한 검사를 해야 하는데, 을이 외관상 건강하므로 이를 하지 않았다."고 말했다. 부검 결과, 을의 사인은 폐색전증으로 밝혀졌다.

(다) 개인 택시 기사 병은 20여 년 간 모은 전 재산을 A 증권 회사 김 대리에게 맡겼다. 그러나 김 대리는 병을 포함한 많은 사람이 투자 자금으로 맡긴 수십억 원을 가지고 자취를 감추었다. 이에 병은 택시 운전을 그만두고 도망간 김씨를 추적하던 중, 그가 해외 이민을 추진 중이며, 출국 시간이 얼마 남지 않았음을 알게 되었다. 병은 일단 경찰에 이 사실을 알리고 공항에 나갔는데, 다행히 출국장에서 김 대리를 발견할 수 있었다. 경찰에 도움을 청할 시간적 여유가 없어서 격투 끝에 김 대리를 붙잡기는 했지만, 그 과정에서 전치 2주의 상처를 입혔다.

1. 각각의 사례에 나타난 행위는 불법 행위인가?
2. 불법 행위가 된다면, 손해는 누가 배상해야 하고, 그 이유는 무엇인가?
3. 손해 배상액을 산정할 때, 고려해야 할 내용은 무엇인지 토론해 보자.

위의 내용은 법과 사회 과목의 사례 정리 부분이다. 본문에서 설명한 불법행위의 성립요건, 손해배상 청구권의 발생, 특수한 불법행위에서의 손해배상 책임, 후유증에 대한 배상 등의 내용이 집약된 사례들이다. 이를 통해서 단순히 설명만 암기하는 것이 아닌, 실제 사례를 통하여 법적 지식을 적용하고 이해하는 과정을 요구하고 있다. 법과 사회에서는 이러한 사례에 대한 정확한 이해가 동반되어야만 피상적인 지식 습득에 그치지 않고 효과적으로 문제를 풀 수 있다.

그래프나 통계 자료

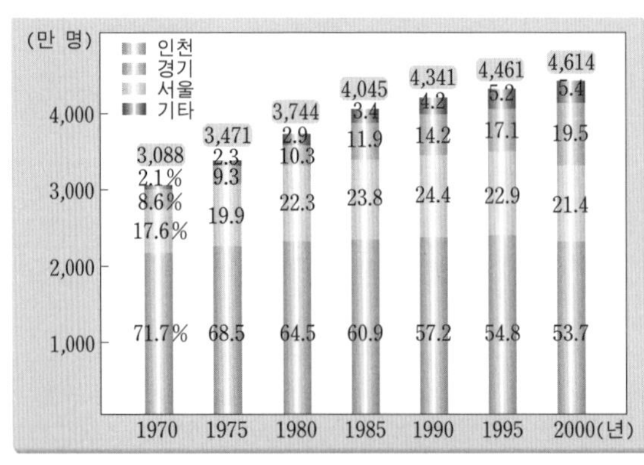

[수도권의 인구 변화]

그래프나 통계 자료 등은 주로 지리 계통 과목이나 경제 과목에서 비중 있게 다루어진다. 말로 하는 설명뿐만 아니라 현상을 그래프나 자료로 표현할 필요가 있기 때문이다. 또한 이런 내용이 중요한 핵심 사항이 된다.

이 통계 자료는 수도권의 인구 수 변화를 조사한 것이다. 통계 자료가 주어졌을 때에는 이로부터 어떤 경향성이나 현상을 발견하고 그 원인을 이해하는 것이 중요하다. 위의 자료를 살펴보면 서울 지역의 인구가 꾸준히 늘다가 어느 시점부터 줄어드는 것을 알 수 있다. 그러나 이 시점에 경기 지역의 인구는 계속 증가한다. 왜 그럴까? 1990년대 초까지는 서울로 인구가 몰리다가 서울 주변의 경기도 지역에 새로운 신도시들이 생겨나면서 단순히 서울로만 몰리던 인구가 수도권 주변으로 몰리는 경향으로 바뀐 것이다.

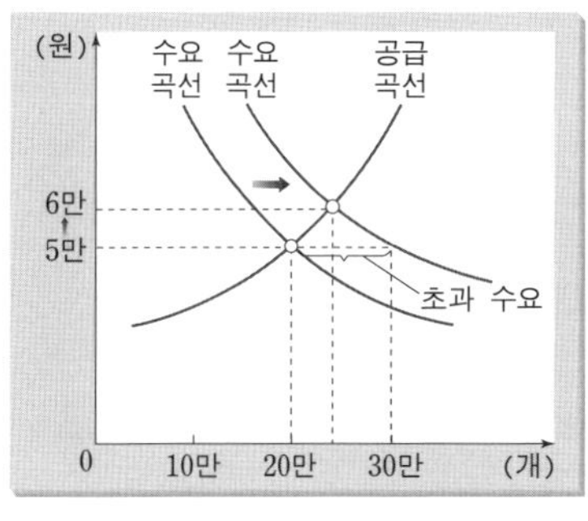

[수요 변동과 균형 가격의 변동]

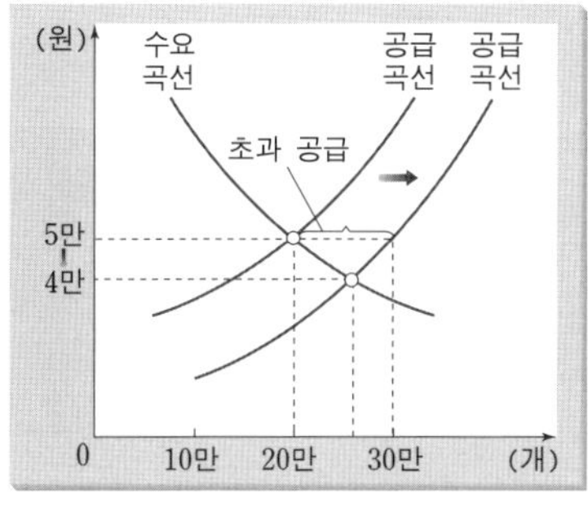

[공급 변동과 균형 가격의 변동]

앞의 그래프는 경제 과목에서 유명한 수요공급곡선이다. 이런 그래프를 통해서 어떤 원리를 표현하거나 해석하는 것이야말로 핵심이라고 할 수 있다. 특히 수학적인 해석이 많이 요구되는 경제 과목에서 그래프는 핵심 중의 핵심이다. 이 부분을 공부한 다음 그래프만 보고 설명할 수 있는지 점검해 보자.

구분	역사 계통 과목(국사, 근현대사, 세계사)
지도	본문의 상황을 지도상에 설명하는 내용이 많다.
도표	연대표나 계보 등이 있다.
그림이나 사진, 사료, 사례	유적이나 유물 등의 그림이나 사진이 많다. 특히 사료의 내용이 읽기 자료로 주어진 것들을 유심히 보아야 한다.
그래프나 통계 자료	주로 근현대사에서 제시하는 통계 자료나 그래프를 눈여겨보아야 한다.
총평	역사 계통 과목은 지도와 연대에 따른 흐름(종적 구조)이 중요하다. 특히 세계사는 횡적 구조(인문, 사회, 경제, 정치)도 중요하다.

구분	지리 계통 과목(한국지리, 경제지리, 세계지리)
지도	본문의 내용을 한눈에 알아보도록 지도상에 표시하는 경우가 많다.
도표	지리적으로 해석한 내용을 그림으로 도식화하여 설명하는 경우가 있다.
그림이나 사진, 사료, 사례	참고 자료로 그림이나 사진이 주어진다.
그래프나 통계 자료	설명된 내용을 입증하는 통계 자료가 많이 주어진다.
총평	지리 계통 과목은 지도와 통계 자료 등이 가장 중요하다.

구분	정치
지도	지도는 거의 사용되지 않는다.
도표	기본적인 개념을 구조화한 도표를 통해 개념을 정리한다.
그림이나 사진, 사료, 사례	참고 자료로 그림이나 사진이 주어진다.
그래프나 통계 자료	그래프나 통계 자료가 사용된다.
총평	과목의 특성상 개념을 정확히 이해하고 구조화하는 것이 중요하므로 도표를 잘 활용해야 한다.

구분	경제
지도	지도는 거의 사용되지 않는다.
도표	기본적인 개념을 구조화한 도표를 통해 개념을 정리한다.
그림이나 사진, 사료, 사례	참고 자료로 그림이나 사진이 주어진다.
그래프나 통계 자료	수학적 해석이나 그래프로 내용을 해석하는 것 중에 중요한 게 많다.
총평	내용을 도식화한 도표나 그래프가 가장 중요하다.

구분	법과 사회
지도	지도는 거의 사용되지 않는다.
도표	기본적인 개념을 구조화한 도표를 통해 개념을 정리한다.
그림이나 사진, 사료, 사례	참고 자료로 그림이나 사진이 주어진다. 사례로 제시된 내용이 매우 중요하다.
그래프나 통계 자료	그래프나 통계 자료는 거의 사용되지 않는다.
총평	과목의 특성상 개념을 정확히 이해하고 구조화하는 것이 중요하므로 도표를 잘 봐두어야 하고, 사례화된 설명 내용을 주의 깊게 공부해야 한다.

구분	윤리
지도	지도는 거의 사용되지 않는다.
도표	기본적인 개념을 구조화한 도표를 통해 개념을 정리한다.
그림이나 사진, 사료, 사례	참고 자료로 그림이나 사진이 주어진다.
그래프나 통계 자료	그래프나 통계 자료는 거의 사용되지 않는다.
총평	개념을 정확히 알고 암기를 해야 하는 특성상 도표를 구조화하여 공부하는 것이 중요하다.

문제를 보면 답이 있다

적용하기 좋은 과목 : 사회
적용하기 좋은 학년 : 중고생 전반
추천 학생
- 사회공부를 하면 무엇이 중요한지 몰라서 고민인 학생
- 사회 과목을 공부할 시간이 많이 부족한 학생
- 사회공부를 많이 하는데도 시험 점수는 별로인 학생

시간은 없고, 공부할 양은 많고, 도대체 사회 과목 책을 읽으면 무엇이 중요한 건지 모르겠다고 해서 포기할 수는 없다. 그러면 어떻게 해야 무엇이 중요한지 빨리 파악할 수 있을까? 생각보다 쉬운 방법이 있다. 앞에서는 학습목표라든가 지도, 도표, 그림이나 사진, 사례, 사료, 그래프나 통계 자료 등을 활용해서 찾아내는 방법을 알아보았다. 마지막으로 한 가지 방법을 더 소개한다. 어쩌면 이것이 과연 효과가 있을까 하는 생각이 들 수도 있지만 생각보다 효과 만점이다.

공부를 하다 보면 주어진 시간은 별로 없고 공부는 다 해내야 하는 상

황이 많이 발생한다. 이때 쓸 수 있는 방법이 바로 문제부터 살펴보는 것이다. 이 방법은 앞에서 수학이나 과학 공부를 효율적으로 하는 방법에서 설명했던 것과 비슷하지만 약간 다르다. 수학이나 과학의 경우는 공부를 해도 이해가 잘 안 될 때 거꾸로 문제를 먼저 풀어 봄으로써 그 내용을 쉽게 이해하기 위한 것이다. 그러나 사회의 경우는 방대한 내용을 우선순위 없이 모두 공부하는 것은 효율이 떨어지므로 보다 중요하고 핵심적인 사항을 찾아내서 공부하기 위한 것이다.

예를 들어 살펴보자.

세계사 교재를 살펴보니 신항로의 개척과 유럽 세력의 확대, 그리고 아메리카와 아프리카 세계라는 제목으로 내용이 나온다. 둘은 엇비슷한 분량을 차지하고 있어 그냥 보면 무엇이 중요한지 잘 알 수 없다. 이런 경우 학생 입장에서는 그냥 다 읽고 외우는 수밖에 없다. 이때 문제를 먼저 살펴보자. 여기에 관련된 문제를 살펴보니 이 책의 경우 25문제가 제시되어 있었다. 그런데 놀랍게도 15문제는 신항로 개척 자체 혹은 이것과 관련지어 뒤에 나오는 내용과 함께 물어보고 있었다.

분량은 반반 정도이지만 실제 문제는 60% 정도가 신항로 개척과 관련지어 물어보고 있는 것이다. 그렇다면 당연히 신항로 개척과 관련된 내용을 보다 정확하게 공부해야 한다. 그리고 아메리카 · 아프리카와 관련된 내용은 다소 비중이 적게 공부하되 신항로 개척과 관련 있는 내용, 예를 들어 삼각무역 같은 것을 잘 공부해야 한다는 것을 알 수 있다.

물론 이런 방법은 세계사를 제대로 공부하는 방법과는 거리가 있다. 세계사는 여러 나라에서 나타나는 역사적 사실들의 의미를 이해하는 것이 중요하다. 그리고 사회 · 정치 · 경제 · 문화적 사실들을 해석하고 거시적인 관점에서 시대를 꿰뚫는 관점을 형성하는 것이 중요하다. 그러나 이런 것을 요구하기에는 학생들이 너무 바쁘고 시간도 부족하다. 또한 처음 공부하는 학생들에게 요구하기에는 무리가 있다. 따라서 보다 효율적인 공부방법을 알아 두고 하나 둘씩 쌓아 나아가야 한다. 그러면 전체를 다 배우고 난 후 새로 복습할 때는 제대로 된 방법으로 공부할 수 있다. 그 상황과 시기에 맞는 공부법은 다를 수 있다는 것이다.

Tip

사회공부에 도움 되는 책

경제	· 빈민의 경제학 부자의 경제학 · 경제학 콘서트 · 죽은 경제학자의 살아 있는 아이디어 · 경제학 카페
국사	· 한국사 이야기 · 독학 국사
세계사	· 로마인 이야기 · 거꾸로 읽는 세계사
근현대사	· 20세기 우리 역사 · 역사신문 · 태백산맥 · 아리랑 · 한강
세계지리	· 말랑하고 쫀득한 세계 지리 이야기 · 이야기가 있는 세계 지도
한국지리	· 지리 이야기 · Let's go 지리여행 · 교실 밖 지리여행

과학 성적을 점검하는 5가지 방법

우리가 고등학교 때 과학을 부담스러워하는 이유가 뭘까? 딱 세 가지이다. 첫째, 과학까지 공부할 시간이 그리 충분하지 않다. 둘째, 공부할 분량이 많다. 셋째, 내용이 제법 어렵다. 쉽게 말해서 시간은 없고 할 것은 많은데 어렵다는 말이다. 이때 조심해야 한다. 급한 마음에 공식을 외우고 문제 좀 풀면서 1, 2학년 때 그때그때 넘기는 식으로 공부하다가는 고3 때 과학 전체를 다시 공부해야 하기 때문이다. 이를 방지하기 위해서 아래에 주어진 다섯 가지 영역을 살펴보고, 자신이 제일 부족한 영역이 무엇인지 파악하여 하나씩 고쳐 나가 보자. 과학도 시간을 투자하고 아끼고 보살펴 주면 충분히 정복할 수 있는 과목이다.

과학도 다음의 다섯 가지 공부영역을 조화시키는 것이 중요하다. 그러나 그 내용 면에서는 약간 차이가 있다.

이해영역 : 기본 개념이나 과학 용어를 잘 이해해야 한다.

사고영역 : 핵심, 즉 중요한 것이 무엇인지 생각해 보고 본문의 내용과 연관 지어 공부한다(학습목표 · 그림 · 그래프 · 실험 · 공식을 이용한 계산).

정리영역 : 기본서를 단권화하거나 서브노트를 만들어 둔다.

암기영역 : 암기는 머리로 해야 한다. 특히 단순 암기는 요령 있게 한다. 그리고 이해를 바탕으로 한 암기는 여러 번 공부해서 터득한다.
문제해결영역 : 개념이해가 잘 안 될 때는 문제부터 풀어 본다. 오답을 정리한다.

이 중 앞에서 설명한 내용은 제외하고 나머지 부분에 대해서 구체적으로 살펴보기로 한다.

실험과 그림을 이해하는 방법

적용하기 좋은 과목 : 과학
적용하기 좋은 학년 : 주로 고등학생
추천 학생
- 과학을 공부해도 무엇이 중요한지 감이 안 잡히는 학생
- 실험이나 그림이 나오는 문제를 많이 틀리는 학생

앞에서는 과학 과목의 핵심 중에서 학습목표를 활용하거나 그래프를 공부하는 방법에 대해서 알아보았다. 참고로 2007년 과학탐구 수능문제를 보면 그래프를 이용하여 출제한 문제가 약 25%에 달한다. 그래프 공부의 중요성을 다시 한 번 명심해야 한다.

책 읽기 내비게이터
학습목표 활용하기나 그래프 공부하기가 궁금하면 3장의 핵심 내용을 정리하는 습관 부분을 참고한다.

그러면 또 다른 핵심 사항인 실험이나 그림이 나오는 내용은 어떻게

공부할까? 그 방법을 알아보자.

실험

목표 : 교과서에 제시되는 실험도 여러 종류가 있다. 그러나 어떤 실험이든 항상 실험목표가 주어진다. 이 실험을 왜 하는지, 무엇을 알아보기 위한 것인지에 대한 정보이므로 제일 먼저 읽어 보아야 한다. 보통 '~을 이해할 수 있다', '~을 확인할 수 있다'와 같이 주어진다.

예를 들어 '자극에 대한 식물의 굴성을 통해 식물의 생장호르몬인 옥신의 성질을 이해한다'라고 실험목표가 주어졌다고 하자. 그러면 일단 굴성이나 생장호르몬인 옥신 등에 대해서는 미리 공부해 두어야 한다.

화학에서 '기체 발생으로 줄어든 반응 물질의 질량으로 반응 속도를 측정한다'라는 목표가 주어졌다면, 반응 속도가 무엇을 의미하는지 알고 있어야 한다. 혹은 '전해질 용액에서 각각의 극으로 이동하는 이온의 종류를 안다'라는 목표가 주어졌다면 전해질 용액이나 이온이 이동하는 이유 정도는 알고 있어야 한다.

즉, 실험목표를 통해 우리가 해야 할 일은 제시된 실험 내용에 관한 최소한의 배경 지식이 있는지 확인하고 공부하는 것이다.

과정 : 어떤 실험은 실험 과정의 순서가 중요한 경우가 있다. 이럴 때는 어떤 과정 다음에 어떤 과정을 해야 하는지 확인해 둔다. 그런가 하면 순서보다는 어떤 실험 과정이 무엇을 확인하기 위한 것인지 알아 두어야 하는 경우도 있다. 즉, 왜 그 과정을 거치는지 알아야 하는 것이다. 예를 들어 다음 두 가지 실험을 살펴보자.

다음 실험 과정은 순서가 중요한 경우이다. 어떤 과정 다음에 어떤 과정을 해야 하는지를 헷갈리지 말고 알아 두어야 한다. 또한 고정시켜

두는 변인은 무엇이고 변화를 측정하는 변인은 무엇인지 알아 두어야 한다. 즉, 물이나 이산화탄소와 같이 광합성량에 영향을 미치는 다른 변인들은 고정시켜 놓고 오로지 빛의 세기만을 바꾸어 가면서 실험하는 것이다.

1. 표본병에 물을 넣고 잎이 많이 달린 검정말의 줄기를 물속에서 잘라 깔때기 속에 2~3개를 거꾸로 넣는다.
2. 표본병에 탄산수소나트륨 수용액을 첨가한 후 물이 들어 있는 수조에 넣고, 깔때기 위에 유리관을 거꾸로 씌운 다음 고정시킨다.
3. 전구를 검정말로부터 10cm 거리에 놓고 빛을 비추어 기포가 고르게 발생할 때까지 기다려 1분 동안 발생하는 기포 수를 센다.
4. 검정말과 전구의 거리를 20, 30, 40, 50cm로 바꾸어 가면서 같은 방법으로 실험한다.

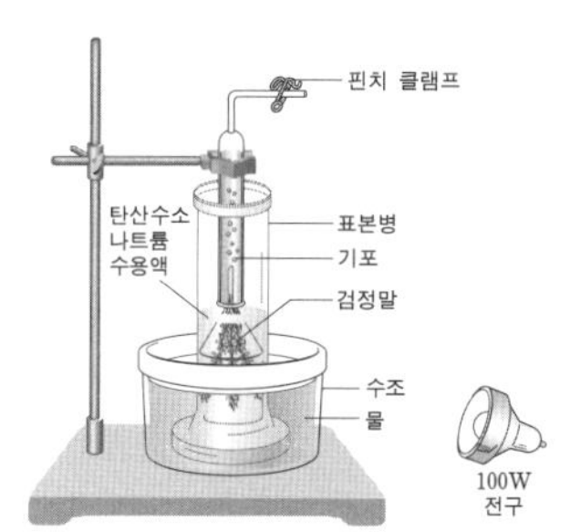

다음 실험 과정의 순서는 별로 의미가 없다. 다섯 개의 과정이 각각 무엇을 알아보기 위한 것인지 알아 두는 것이 중요하다. 1번 과정은 생장촉진호르몬이 어디에서 만들어지는지, 2, 3번 과정은 호르몬이 무엇을 통과하며 어디로 흘러가는지, 4, 5번 과정은 빛의 방향과 중력 방향을 고려할 때 호르몬이 어느 쪽으로 이동하는지를 알아보기 위한 것이다.

1. 자엽초의 끝을 잘랐더니 더 이상 자라지 않고 빛을 쬐어도 굽지 않았다.
2. 자엽초의 끝을 자르고 사이에 한천을 얹어 놓았더니 빛 쪽으로 굽어 자랐다.
3. 자엽초의 끝을 자르고 사이에 운모를 얹어 놓았더니 빛을 쬐어도 굽지 않았다.
4. 운모를 빛의 반대 방향에 끼웠더니 자엽초 끝이 굽지 않았지만, 빛의 방향으로 끼우면 빛 쪽으로 굽어 자랐다.

5. 자엽초 끝을 잘라 한천 조각 위에 올려놓고 몇 시간이 지난 후 한천을 자엽 초의 한쪽에 놓았더니 한천을 올려놓은 쪽의 반대 방향으로 굽어 자랐다.

실험 과정을 통해 결과를 얻어 내기 위한 중간 질문이 제시되는 경우도 있다. 중간 질문이 있는 경우 실험을 해보지 않으면 답을 모르는 경우도 있다. 따라서 어쩔 수 없이 자습서에 제공된 결과와 정리 부분을 참고해야 한다.

결과 및 정리 : 실험에서 얻은 데이터 결과를 정리하고, 이로부터 실험을 통해 알고자 하는 의미를 도출하는 것이다. 대부분 어떤 사실을 확인하거나, 변수 간의 상관관계를 그래프로 그려 보거나, 값을 계산하고 원인을 밝히는 것 등의 활동을 한다. 이것은 본문에서 설명한 내용을 뒷받침하는 역할을 하므로 반드시 정확히 알아 두어야 한다. 결국 실험을 공부하는 주된 목적은 바로 이런 결과를 알아 두고 원인을 이해하며, 사실을 확인하기 위해서이기 때문이다. 특히 실험 결과로 그래프를 그려 보게 되는 경우는 매우 중요하다. 그래프의 개형이나 특징, 혹은 꺾이는 점이나 최대 · 최소값 등을 잘 알아 두어야 한다.

그림

생물이나 지학의 경우는 본문의 내용을 설명하는 그림이나 도표가 많이 나온다. 그러나 그림만 단독으로 나오는 경우는 거의 없다. 대부분 그림과 함께 이를 설명하는 글자로 구성된다. 일단 그림을 통해 본문 내용을 이해하는 과정과 암기하는 과정을 반복한다. 그다음에 그림만 복사해서 과학 그림노트를 만든다.

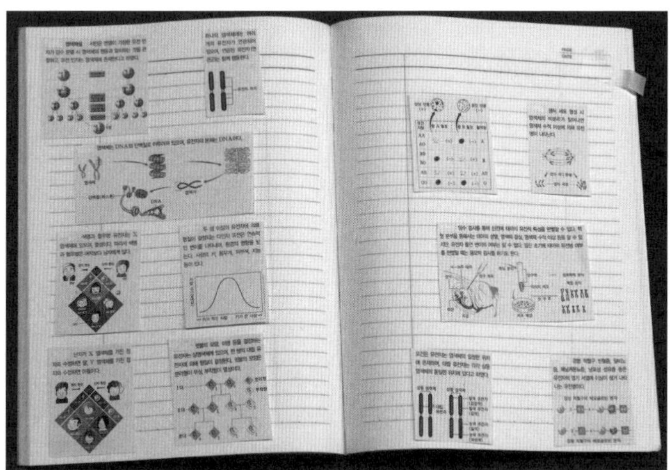

[과학 그림노트 예시]

그림노트를 활용하여 내용을 정리하고 공부가 완성되어 가면 그림과 함께 나오는 설명 부분을 수정테이프로 칠하여 빈칸 채워 넣기를 해본다. 노트를 예쁘게 만드는 데에 너무 신경 쓸 필요는 없다. 차근차근 붙여 나가면서 공부하는 용도에 맞게 써야 한다.

쉽게 푸는 계산과 공식

적용하기 좋은 과목 : 과학

적용하기 좋은 학년 : 주로 고등학생

추천 학생

- 물리나 화학 공부를 해도 무엇이 중요한지 감이 안 잡히는 학생
- 공식이나 계산이 나오는 문제를 많이 틀리는 학생

앞에서는 과학 과목의 핵심 중에서 실험이나 그림이 주어진 경우의 공부방법에 대해서 알아보았다. 이번에는 계산이 나오거나 공식을 알아야 하는 경우에 대해서 생각해 보자. 과학에서 계산과 공식이 나오면 백발백중 핵심 사항이라는 점은 이미 설명했다.

계산과 공식

과학을 공부하다가 계산과 그래프, 그리고 이로부터 도출되는 공식이 있다면 무조건 출제 1순위이다. 어떤 현상을 관찰하고 원인을 밝히는 과정과 여러 가지 현상을 통해서 귀납적으로 원리나 규칙을 발견해 내

는 과정이 과학의 가장 중요한 두 축이기 때문이다. 계산이 나오는 내용은 바로 후자에 관한 것이다.

고등학교 과학에서 계산이 많이 도입되는 순서는 물리〉화학〉〉지학 생물이다. 특히 물리나 화학은 숫자로 된 값을 구하는 경우도 많지만 중학교 때에 비해서 문자 계산이 상당히 많다. 따라서 변수를 바꾸어 가면서 공식을 유도하거나, 응용된 사례를 보고 변수를 찾아내어 식을 풀어 나가는 과정을 많이 연습해야 한다. 공식만 달달 외우면 문제를 보고 어떤 공식을 써야 할지, 어떻게 풀어 나가야 할지 막막해진다. 따라서 많은 문제풀이가 중요하다. 계산과 연관된 내용이 나오면 따로 계산노트로 정리해 두는 것도 좋다. 이과의 경우 3년 동안 배운 계산 관련 내용이 엄청나게 많아서 따로 정리해 두지 않으면 머릿속이 복잡해진다.

계산이나 공식이 나오는 내용은 어떻게 공부해야 할까? 이런 내용을 평소에 여러 번 공부하기란 쉽지 않다. 따라서 한 번을 공부하더라도 정확하게 할 방법을 찾아야 한다. 특히 방학기간을 이용해서 보충해야 한다.

공식이나 계산에 관련된 내용이 나오면 다음과 같이 한다.

① 변수들이 무엇인지부터 살핀다. 이때 단위도 주의 깊게 살펴야 한다. 문제 풀 때 단위를 하찮게 보다가 실수하는 경우가 많다.
② 변수가 의미하는 바를 확인한다.
③ 공식을 유도하거나 왜 그런 공식이 나왔는지 설명하는 내용이 나오면 찬찬히 읽어 보고, 책을 덮고 스스로 유도해 보거나 설명할 수 있을 때까지 반복해서 읽고 공부한다.
④ 문제를 풀어 보면서 공식이 어떻게 적용되는지 감을 기른다.
⑤ 계산과 공식 노트에 정리해 둔다.
⑥ 추가적으로 이해가 잘 안 되거나 더 정확한 설명을 알고 싶을 때

에는 대학 일반물리학이나 일반화학 교재를 구해서 본다.

예를 들어 이 단계들이 적용되는 모습을 보자.

보통 물리를 공부할 때 제일 처음에 많이 배우는 등가속도 직선 운동에 관한 세 가지 공식이 있다.

$$v = v_0 + at \quad \cdots\cdots\cdots (1)$$

$$S = v_0 t + \frac{1}{2}at^2 \quad \cdots\cdots\cdots (2)$$

$$2aS = v^2 - {v_0}^2 \quad \cdots\cdots\cdots (3)$$

등가속도 운동에 관한 문제가 나오면 그냥 세 가지 식을 외워 놓고 이것저것 대입해 보면서 문제의 답을 구하는 학생들이 많다. 그러나 이런 식으로 계속 물리공부를 하는 습관을 들이면 나중에 전 범위 시험을 보거나 응용된 문제가 나오면 난감해지는 경우가 많다. 자, 그러면 공부하는 방법을 찬찬히 알아보자.

우선 다음 네 가지 변수를 살펴보자.

① 시간 t, 단위는 sec

② 속도(최종 속도와 초기 속도) v, v_0, 단위는 m/s, 즉 단위시간당 이동 거리

③ 가속도 a, 단위는 m/s^2, 즉 단위시간당 속도 변화량

④ 거리 S, 단위는 m

일반적으로 속도는 $\frac{\text{거리}}{\text{시간}}$ 라는 것은 누구나 알고 있다.

그런데 문제는 이 경우 가속도 운동이라는 점이다. 즉, 속도가 계속 변한다. 천만 다행으로 가속도 자체는 변하지 않는다. 즉, 속도가 줄거나 느는 양 자체는 일정하다는 것이다.

그러면 속도가 변하지 않는 등속도 운동과는 어떻게 다를까?

등속도 운동일 때는 특별한 것이 별로 없다.

$v=v_0$: 처음 속도나 나중 속도나 같다.

$S=v_0t$: 이동 거리는 초기 속도에 비례한다.

그냥 이 두 개의 식으로 끝이다. 가속도 자체가 없기 때문이다.

그러나 가속도 운동이 되면 이동 거리를 어떻게 구해야 할까? 생각을 해보자. 계속 속도가 일정하게 변한다면?

처음 속도와 최종 속도의 평균을 내서 시간을 곱하면 어떨까? 이런 생각은 일차함수라면 성립한다.

$$S=\left(\frac{v_0+v}{2}\right)t$$

음, 등가속도 운동이라면 최종 속도는 처음 속도에 가속된 양을 더해주면 되지 않을까? 전체 가속된 양은 가속도에다가 시간을 곱하면 되겠지. 따라서

$$v=v_0+at \quad \cdots\cdots (1)$$

자, 이제 이것을 위의 식에 넣어 보자.

$$S=\left(\frac{v_0+v_0+at}{2}\right)t=v_0t+\frac{1}{2}at^2 \quad \cdots\cdots\cdots\cdots \quad (2)$$

오! 처음에 제시된 식 중에 첫 번째와 두 번째 식은 나왔다.

그럼 세 번째 식은 어디에서 나온 것일까?

도대체 무엇을 구할 때 주로 쓰려고 만든 것일까? 앞의 두 식이 이동한 거리나 최종 속도를 구하는 것이므로 일단 거리와 속도를 구하는 식은 아닐 것이다. 또 식 자체에 시간변수가 없으므로 시간을 구하려고 하는 것 같지는 않다. 그럼 어떤 상황에서 사용되는 식일까?

이런 문제를 생각해 보자.

● 어떤 자동차가 100km/h로 달리던 중에 저 멀리 정지해 있는 사람을 발견하고 50m 앞에서 급정거를 한다고 하자. 이 사람과 부딪치지 않기 위해서는 최소한 얼마의 가속도로 정지해야 할까? 또한 몇 초 안에 멈출 수 있어야 할까?

☞ 이 문제의 경우 (1)번 식 또는 (2)번 식 하나만으로는 구하기 힘들다. 왜냐하면 두 식은 모두 가속도(a)와 시간(t)이라는 변수가 함께 들어 있기 때문이다. 즉, 변수 두 개를 하나의 식으로 구할 수는 없기 때문이다. 결국 두 식을 모두 써서 연립방정식을 풀어야 한다. 그런데 다행히도 세 번째 식이 바로 이렇게 연립해서 정리해 놓은 식이다!! (1)번 식과 (2)번 식을 연립해서 시간 t를 소거하면 바로 (3)번 식이 나온다. 그래서 (3)번식에는 시간이 들어가 있지 않다. 따라서 여기에 대입하면 답이 한 번에 나온다. (이런 생각을 해보았다면 물리를 올바르게 공부하고 있는 학생이다!)

최종 속도는 당연히 0일 것이고 처음 속도는 100km/h≒27.78m/s이다. 이런 경우 세 번째 식을 이용해서 구해 보면,

$2aS=v^2-v_0^2$ ―――――――――――― (3)

$2a\times50=-27.78^2 \qquad \therefore a=-7.72\text{m/s}^2$이 된다.

즉, 최소한 초당 7.72m/s 이상씩 속도를 줄여 나가야 겨우 안 부딪칠 수 있다. 시간으로 바꾸어 보면 27.78에서 초당 7.72씩 줄여 나간다고 할 때 3.6초 안에 멈추어야 사고를 피할 수 있다는 뜻이다. 초당 7.72m/s만큼씩 속도를 줄여야 한다고 말하면 감이 안 잡히지만, 100km/h로 달리다가 3.6초 안에 완전히 멈추어야 한다고 생각해 보면 굉장히 힘든 일이다. 갑자기 사람을 발견하고 급브레이크를 밟는 데까지 기본적인 시간이 걸리는 데다가 브레이크를 밟아도 완전히 멈출 때까지 미끄러지기 때문이다. 따라서 이런 경우는 멈추기보다 사람을 회피해서 가는 게 더 옳은 판단일 수 있다.

이제 마지막으로 위의 내용을 계산과 공식 노트에 정리하면 끝이다. 계산과 공식이 나오는 내용은 이렇게 공부하는 것이다.

고등학교 1학년용 과학 책에서 계산에 관련된 것을 개략적으로 간추려 뽑아 보았다. 한눈에 봐도 물리에서 쏟아져 나오는 공식이 얼마나 많은지 알 수 있다. 이것은 1학년 때 배우는 공통 과학이라서 이정도고 선택 과목으로 들어가면 훨씬 많은 공식을 배운다.

물리	힘과 가속도 법칙 등가속도 운동 공식(3) 중력 전기력 쿨롱의 법칙 마찰력 탄성력 운동량, 충격량 운동량 보존법칙 반발계수 옴의 법칙 전력, 전기에너지 저항연결(직렬, 병렬) 전기에너지와 열에너지 관계 자기장의 세기(도선, 원형도선, 솔레노이드) 자기장에서 전류가 받는 힘 유도기 전력 변압기 파장, 속력, 진동수, 주기 관계 위치에너지(중력, 탄성력) 운동에너지 역학적 에너지 보존법칙
화학	반응 속도
생물	베버의 법칙
지학	지진파와 전원까지의 거리 염분 태양의 크기 측정 별의 거리, 거리지수
기타	소음의 정의

중학교 때 몇 안 되는 공식을 단순히 외워서 문제를 풀던 때와는 상황

이 다르다. 따라서 공식이 나오는 내용들만 따로 묶어서 암기카드나 서브노트를 만들어 나가야 한다. 물론 그냥 내용 순서대로 정리해도 된다. 그러나 이렇게 주제별로 서브노트를 만들어 두면 찾기도 좋고 공부의 지루함도 막을 수 있다.